예술대학은 어떻게 혁신하죠?

예술대학은 어떻게 혁신하죠?

2023년 1월 20일 초판 인쇄
2023년 1월 25일 초판 발행

지은이 오창일 | **펴낸이** 이찬규 | **펴낸곳** 북코리아
등록번호 제03-01240호 | **전화** 02-704-7840 | **팩스** 02-704-7848
이메일 ibookorea@naver.com | **홈페이지** www.북코리아.kr
주소 13209 경기도 성남시 중원구 사기막골로 45번길 14 우림2차 A동 1007호
ISBN 978-89-6324-990-2 (93320)

값 19,000원

* 본 도서의 수익금은 학교발전기금으로 사용될 예정입니다.
* 본 도서는 2022년 '학교법인 동랑예술원의 연구과제(보고서)'의 수정 보완 및 사회공유 본입니다.
* 본서의 무단복제를 금하며, 잘못된 책은 구입처에서 바꾸어 드립니다.

예술대학은
어떻게 혁신하죠?

경영과 교육 혁신을 통한 서울예술대학교의 특성화 전략 분석

오창일 지음

북코리아

'교육이념'이 무엇인가요?

창학 60주년을 맞이한 서울예술대학교는
국내 최초의 종합 예술전문 대학교이며, 한류의 원조로서
명실상부한 교육적 성과와
차별화된 교육이념을 갖고 있습니다.

'우리 전통 예술혼을 현대적으로 재해석하고
실험정신으로 신예술(New Form Arts)을 창작하여
세계인의 보편적 정서와 소통'하고 있습니다.

특히 디지털 시대에 '예술과 과학의 접목'으로 융합예술을 지향하며,
인공지능(AI), 로봇, 빅 데이터를 활용한 미래예술에 도전하고,
현대사회의 화두인 '나노 · 바이오 · 네이처 예술'로 창작의 본질을 모색하고 있습니다.

또한 플랫폼 시대에 예술의 역할이 무엇인지 질문하며,
국제적 경쟁력을 가진 프로 창작인의 핵심역량을 함양하는 데 주력하고 있습니다.

서울예대의 특성화 이념을 공유하고, 제 2 창학의 사명을 함께 하며,
신 한류의 주역을 양성할 교수님을 초빙하고자 하오니,
패기 있는 분들이 적극적으로 동참하시길 기대합니다.

2023. 1. 2.
학교법인 동랑예술원, 서울예술대학교

2019학년도 서울예술대학교 입시광고 1 (오창일 CD, 신문광고용)

누가
우리 예술에
한 획을 그었나?

텔레프레젠스를 통한 인터랙티브 아트

'3+1' 체제로 4년제 학사학위 수여

특성화 전문대학 예술교육 50년 성과

'인촌상' 수상·서울예대 예술교육 50년 성과

탤러프레젠스를 통한 인터랙티브 아트

새로운 뉴롬아트 'ONENESS' 제작 및 공연

국내 최고 예술가(마이스터)를 교수로 초빙

동아리가 제2의 전공

칼아츠(California Institute of the Arts)와 MOU 체결

예술교육의 새로운 융합 콘텐츠 구축

예술 국제화를 위해 세계7지역 '얼치허브' 구축

현장중심교육과정(PACS) 개발

15개 전공의 연계순환
교육시스템으로 예술계에
새로운 한 획을 그을
예술인재를 키웁니다

• **2019학년도 서울예술대학교 신입생 모집**
  전문학사학위 수시
  : 2018.09.10(월) ~ 2018. 09.28(금) 18:30

  전문학사학위 정시
  : 2018.12.29(토) ~ 2019.01.11(금) 18:30

  학사학위(전공심화과정)
  : 2018.11.05(월) ~ 2018.11.14(수) 18:30

• **문의**: 031-412-7123 www.seoularts.ac.kr

예술의 프로, 프로의 예술
서울예술대학교
SEOUL INSTITUTE OF THE ARTS

2019학년도 서울예술대학교 입시광고 2(오창일 CD, 신문광고용)

'선(線)을 넘어도 괜찮아'

선을 그어본 적이 있는가? 선은 '금, 줄, 획, 라인(line)'이다. 선은 규칙이고 법이고 영역이면서 금기이고 하나의 고정관념과 배타성을 낳은 기호이기도 하다. 중용을 지키라는 경험치를 강조하는 개념이기도 하다.

초등학교 때 짝꿍과 함께 한 책상을 나누어 쓰던 시절이다. 둘의 영역을 긋는 선을 사이에 두고 다투기도 했다. 행동경제학에서는 합리적인 선택을 위해서 선을 긋는 사람과 양분된 자리를 선택하는 사람이 다르게 하면 공평해진다고 한다. 이런 선은 조금이라도 넓은 땅(영역)을 차지하기 위한 본능적 욕심에서 나온다. 넓은 땅은 이기적인 욕망과 다른 사람을 지배하거나 자신을 과시하기 위한 '보여주기' 욕구에서 나온다. '동물의 왕국'에서 보여주듯이 견고한 나만의 영역을 침범하지 말라는 구별하기이다. 내가 남보다 강하고 부자고 힘이 세다는 과시욕이다. 차이를 인정하여 공존하려고 하지 않고 자기만의 성을 쌓아 생존하려는 안전욕구이다.

어릴 때는 '줄넘기 놀이'도 자주 했었다. 특별한 놀이기구가 많지 않았던 시절이라 '줄' 하나로 여럿이 즐길 수 있었기 때문이다. 긴 동아줄의 양쪽 끝을 잡고 돌리면 타원형의 공간이 생긴다. 그 공간 안으로 친구들이 한 명씩 두 명씩 들어가서 뛰는 놀이이다. 다 함께 노래도 부른다. '한 들어오고, 둘 들어오고, 셋 들어오고, 한 나가라, 둘 나가라, 셋 나가라…' 하면서 깔깔거렸었다. '줄' 하나로 공간은 안팎으로 경계가 나뉘고 공간 출입의 성공 여부를 즐기는 놀이였다. 놀이하는 인간이라는 '호모 루덴스(homo ludens)'의 추억이요 미학이라고나 할까? 갈등은 사라지고 화합과 웃음이 만발했었다. 가장 원초적인 놀이에서도 최신 '하이브리드 개념'의 공간 분리와 초월의 의미를 가진 첨단놀이라고도 할 수 있을 것이다.

'라인(line)'을 잘 타야 한다는 말도 있다. 자기 사람으로 인정하는 범위 안에 들어올 수 있는 사람을 정하고 각종 이권과 편의를 독차지하려는 의식이다. 사실 네트워크를 만들고 끼리끼리 상부상조하는 조직은 약자들의 행진일 뿐이지만 우리 사회는 이익공동체를 서슴없이 만들려고 한다.

갈라치기 말고 구분하기 말고, 클수록 좋다는 욕망을 스스로 다스리면서, '다 함께 공존공영'하려는 욕구가 생기려면 이 '선 긋기' 본능을 작게 만드는 노력부터 해야 한다. 사회공동체 속에서 상생하기 위해서도 욕구를 억제하고 다른 사람을 배려하고자 하는 마음이 필요하다. '선'을 명확하게 긋고 자신만의 영역을 확고하게 하려고 하면 '갈등'이 생긴다.

선을 말할 때 뺄 수 없는 게 '정치적 선'이다. 한반도의 비극이었던 삼팔선은 이데올로기 전쟁이라는 비극을 낳았다. 형제와 친구를 적으로 만들어 서로 죽이는 '태극기 휘날리며'의 영화를 만들었다. 아프리카의 국가들을 독립시키면서 국경을 제국주의 서구열강이 임의로 손쉽게 두부 자르듯 직선으로 선을 그어 나누었다. 고유의 민족과 언어와 문화를 지켜왔는데 인위적으로 그어진 직선에 따라 다른 나라 사람이 되는 황당한 일이 벌어졌고, 갈등이 만들어지고 있다.

봉준호 감독의 오스카상 수상 영화 '기생충'은 빈부 갈등을 잘 표현했다고 평가받고 있는데, 사회계급을 나누는 요소인 '선'을 넘지 말라는 대사를 상징적으로 쓰고 있다. 영토화(領土化)된 계급제를 타파하는 철학적 사고는 인간의 본능영역을 초월한다고 봐야 할 것이다. 신분제부터 파벌의식은 자신의 이데올로기를 세상의 중심에 놓으려는 욕망일 뿐이다. 자기 것을 자기만 사용하려는 '독점 의식'은 사회 생활을 극도로 긴장시키거나 피폐하게 만든다. 같은 아파트 단지에서도 동별 놀이터를 독점하려고 하고 보행통로를 단독으로 사용하려고 싸우는 주민들을 가끔 보게 된다.

드라마 '오징어 게임'에서 456억을 차지하려는 승부는 목숨을 건 밀림의 생존 방식이고 '적자생존'이요 '각자도생'이다. 자신만의 선(영역)을 지키려는 욕구에서 나온다. 우리 사회가 경쟁사회로 달음질하면서 생긴 비인간적 현상이다. 인간 내면에 숨어 있는 악마인 남을 죽이고자 하고 내가 살아남기 위한 험악한 사회를 극명하게 표현하여 공감을 얻었다.

'선이 굵다'는 말이 있다. '성격이나 행동 따위가 대범하거나 통이 크다'고 할 때 쓰는 말이다. 장기적인 안목을 가지고 세상을 바라보며 콘셉트가 명확하고 강해 문제해결력이 높을 때나 미래지향적인 큰 그림(big picture)이 보일 때 사용하기도 한다.

그리고 자연은 곡선이고, 도시는 직선이라는 말이 있다. 자연스럽다는 말도 유연성을 강조한 곡선의 함의이고, 효율성을 강조한 도시문명은 직선으로 생산성을 높이는 방향으로 발전했기 때문이다. 도로의 차선도, 도심의 빌딩도 모두 직선이다. 자연의 곡선이 가미되면 새로운 디자인으로 미학을 탄생시키는 사례가 된다. 자연과 문명의 융합으로 신개념이 생기는 것이다. '선을 넘어서'의 사례가 될 수 있을 것이다.

선을 넘기 위해서는 먼저 연결(connected)해야 한다. 비밀리에 만나는 것보다 공개적으로 선을 넘어 만나고 얘기하고 소통해야 한다. 사선(死線)을 넘듯이 필사적으로 선을 넘어야 하지 않을까? 선을 쉽게 빨리 가깝게 넘으려면 '진정성'(authenticity)을 가지고 있어야 한다. 자신을 발가벗겨 거의 모든 것을 보여줄 수 있는 진정성이다. 남들이 경계를 풀게 만들고 거짓없이 다가오게 만들어야 한다. 선(경계) 안이 보이지 않을 때는 두렵기도 하고 불안하기도 하다. 내가 무서운 만큼, 다가올 준비를 하는 남도 두려울 것이다. 그것은 '보이지 않는다'는 공포 때문이기에 차라리 거리낌 없이 다 보여주겠다는 생각을 가져야 할 것이다.

인터넷 세상도 사실은 선으로 이어지는 사회다. 이제 온라인 선을 넘어 모바일과 오프라인으로도 소통하지만 무선으로 보이지 않는 전파가 있기에 선으로 이어져 있다고 봐야 할 것이다. 세상 사람이 다 따로따로 떨어져 사는 것처럼 보이지만, 사실은 연결성(connectivity)으로 상호영향을 주고받고 있으며, 연대하지 않으면 집단지성도 없고, '복잡한 사회문제'를 풀지 못하는 세상이 되었다. 소위 경계를 넘는 융합사고를 하지 않으면 창의적인 발상이 되지 않는다는 것이다. 자연계의 남녀의 만남부터 사회갈등을 해결하는 방법은 '선을 넘는 통합사고'에서 나온다. 우리는 순결주의를 지켜온 왕족들의 결혼은 열성인자를 낳게 하지만, 선을 넘는 이종교배가 건강한 열매를 맺게 한다는 자연의 법칙을 알고 있다.

현실세계와 가상세계로 구분되던 시대에서 이제는 선(경계)을 넘나드는 '메타버스의 세계'가 탄생했다. 인간은 아바타로 활동하면서 현실과 가상에서 경제활동을 할 수 있는 세상이 된 셈이다. 현대물리학의 발견으로 '과거-현재-미래'의 시계열적인 시간의 개념도 무너지고 있다. 인간이 하나의 패러다임으로 설정해 놓은 개념은 '그때는 맞고 지금은 틀리다'는 말처럼 '진실의 붕괴'가 이루어졌다. 선형적으로 체계화되는 게 아니라 비선형적으로 재편집되는 세상이 된 것이다. '선적 사고'는 파괴되고 '비선형 사고'는 융합이라는 새로운 규범(new normal)을 만들어 냈다. 기존의 정의는 고정관념으로 버려지거나 재정립되어 새로운 생각이 세상을 지배하게 되었다. '선을 넘어서'는 또 다른 의미를 갖게 된다.

선은 눈에 보이는 경계로서 '금, 줄, 획, 라인(line)'이다. 그러나 '눈에 보이지 않는 선'이 있다. '유리 천장'도 하나의 선을 정하고 넘지 말라는 경고의 뜻을 담고 있다. 남녀차별, 승진의 벽, 계급의 구별로 이어지며 영역을 긋고 침범하지 말라는 신호이다. 특정 집단만의 안전지대를 만들어 기득권을 독차지하려는 의도라고 할 수 있다. 우리 사회의 학연, 지연, 혈연도 세력화(cartel)하여 승자독식과 약육강식의 원시적인 사고방식을 퍼트리는 구조가 남아있다. 공동체의식을 강화하고 연대의식을 높이는 방향으로 바뀌어야 할 것이다.

이런 선을 치면 '넘사벽'이 되고 다른 집단은 범접하려고도 하지 않아 바로 인간이 만든 '생각의 감옥'이라는 선을 만들게 된다. 심리적인 억압이고 사회적인 금기로서의 선을 넘어야 할 것이다. 인간을 위축시키고 자유로운 창의성을 묶어 버리는 족쇄를 끊고 탈출하는 것이야말로, 또한 자유인(Creator)이 되어야 하는 것이 중요한 일일 것이다. 선을 넘기 위해서는 역설적으로 혁신(innovation)을 실행해야 하는데, 존속적인 혁신으로는 안 된다. 파괴적으로 해야 창조적 혁신이 된다. 바로 '선을 끊어야 한다' 아니면 '선을 넘어야 한다'는 뜻이다.

혁신(革新)은 낡은 풍속, 고정관념, 편견, 선입견, 방법 따위를 완전히 바꾸어서 실용적으로 가치를 더해서 '새롭게(新) 함'이다. 급진적이든 점진적이든 낯선 것처럼 다르게 보일 때 우리는 혁신했다고 말할 수 있다. '기존'에 존재하지 않았던 새로운 '가치'를 더하는 행동을 말한다. 이른바 변화하는 사회의 새로운 규범(new normal)이 되는 것이다.

혁신(革新)은 잘못된 것, 부패한 것을 새롭게 바꾸거나 고치는 것이기도 하다. 패러다임, 조직, 과정 등을 적절한 방법으로 참신하게 대체하고 창조적으로 변형(transformation)시키는 것을 말한다.

혁신은 구성원에게 어렵고 힘들며 귀찮기도 한데 왜 '혁신'이 필요한가? 그

것은 '성장의 필요충분조건'이기 때문이다. 그러므로 생활 속에서 작은 것부터 '구조적'으로 개선해 나가는 노력이 필요하다. 예를 들면, '변화의 시대'에서 혁신(innovation)은 기업명('SK Innovation')에 사용할 정도로 시대정신을 반영하는 핵심가치가 되었다고 할 수 있다. 유명 디자인 회사명이 '이노 디자인'이고, 세계 수준의 한국 광고 회사명으로 '이노션'이 있다.

혁신은 우리의 정체성을 지키면서 시대정신을 비춰보는 거울이고 경쟁을 압도하는 힘이 되어야 한다. 그래서 혁신은 기존의 관행·사고방식·태도를 뒤집는 역발상이 필요하다. 선은 경계를 만드는 것이지만, 도전자에게는 이겨내야 할 장벽이고 목표이다.

높이뛰기는 장대 높이를 넘어서야 하는 육상종목이다. 이 목표 높이를 올리고 기록을 뛰어넘는 방법이 혁신이다. 몸을 뒤로 눕혀서 뛰는 '배면 뛰기'(Fosbury Flop) 기술이다. 우상혁 선수를 비롯한 거의 모든 선수가 활용하고 있다. 기존의 등을 위로 향하게 하던 방식을 혁신한 새 규범이다.

가치사슬을 만들기 위해 개인 간 업종 간 협업도 활성화되어 있다. 한국관광공사의 홍보영상은 국악밴드 이날치와 앰비규어스 댄스 컴퍼니의 협업으로 이루어져 세계적인 화제작을 만들었다. 화제작으로 공감을 얻는 것은 우리 소비자(사용자)에게 '새로운 경험'을 겪어보게 하여 새로운 '삶의 만족'을 얻을 수 있도록 했다는 것이다. 바로 혁신이 주는 '창조성의 대전환'이다.

선은 규칙이고 법이고 영역이면서 금기이고 하나의 고정관념을 낳은 기호이기도 하다. 그래서 '선을 넘어서'가 필요한 시대가 되었다고 할 수 있다. 지배적인 담론과 우상에 압도당하지 말고, 당당히 비판하면서 관점을 객관화하여 새롭게 발상해야 한다. 현대카드의 광고영상은 '옆길로 새'라는 주제(concept)와 'I make break make'('규칙을' 만들고-부수고-만든다)라는 슬로건으로 실험정신을 강조하고 있다. 전위적인(avant garde) 남다른 길(different way)을 찾기 위해서는 시대정신을 반영한 혁신이 필요하다는 점을 설득하고 있다. 지난 20세기 말에 뉴밀레니엄의 Y2K 표기 문제와 제도개혁의 시대상을 반영한 대중가요 '바꿔'(이정현)의 '바꿔, 바꿔, 바꿔 모든 걸 다 바꿔'라는 도발적인 메시지가 대유행이었던 시절을 다시 떠올린다. 그런데 PDCA 시스템(콘셉트 설정, 기획회의 방법, 업무처리 과정, 피드백, 정보공유)에서 본다면 아직도 미흡하다고 생각한다. 비판적인 목소리를 내는 '레드 팀'(red team)의 반대 논리도 이겨내고 '가두리 양식장'의 그물망을 걷어내는 발상과 위험 감수(risk taking)도 필요하다.

　　'비대면 사회적 거리두기'로 팬데믹 시대를 살고 있었지만, 우리는 지혜롭게 랜선 콘서트를 하고 줌(Zoom)회의를 하면서 새로운 규범을 만들고, 강력한 연대의식(connectivity)을 가지고 새로운 문화를 만들었다. 새로운 환경에 적응하면서 생존에 머무르지 않고 효용성과 생산성을 창조하는 사회를 만들었다.

　　지적 탐구라는 인간본능은 디지털 전환(digital transformation)의 사회혁명을 진화시키고 있다. '선을 넘어서' 연결하고 융합하여 문제를 해결하는 능력을 개발한 셈이다.

　　바로 4차 산업혁명 시대와 엔데믹 시대에 필수요건인 혁신은 선을 넘는 사고 방식에서 온다고 할 수 있겠다. 상호작용하면서 영향을 주고받아 상생하는 사회와 조직 공동체를 만들어 가야 할 것이다. 수학계의 노벨상으로 알려진 필즈상을 수상한 허준이 교수의 해법은 넘으려고 하지 않았던 벽(선, 경계)을 넘어선 '기하와 도형'의 융합사고라고 한다.

　　'선 너머'에는 무엇이 있을까, '왜 선을 넘으려고 하지 않았을까'하는 '호기심 천국'이 발동하면 기존의 틀을 깨는 '발상의 전환'이 자연스럽게 이루어지기도 한다. 예술과 과학(기술)을 융합하여 감성과 이성을 넘나들고, 공연예술과 미디어 예술을 통합하는 '혁신의 시대'를 주도해야 신예술(New Form Arts)을 창작할 수 있을 것이다.

　　그렇다면 '예술대학은 어떻게 혁신하죠?'라는 질문에 내 '생각대로, 나답게' 대답한다.

　　이제는 '선(線)을 넘어도 괜찮아'.

2022. 12.

오창일 배상

차례

그림 차례

표 차례

1. 서언

'아마추어는 관심(interest)이 있지만, 프로는 관점(perspective)이 있다.'

"10마일로 기어가는 교육체계가, 100마일로 달리는 기업에 취업하려는 학생들을 준비시킬 수 있겠는가?"(부(富)의 미래)

대학의 위기/반성과 각오/전망과 대책에 대한 논의가 활발한 가운데 2015년 서울대 공대가 처절한 자기반성을 담은 '2015 서울대학교 공과대학 백서'를 발간했다. 백서는 서울대 공대가 정부·산업계의 연구·개발(R&D) 투자 대비 탁월한 성과가 나오지 않고 있다고 했다.

여기에는 '실패 위험이 높은 창의적인 연구를 회피하려는 교수들의 책임'이 무엇보다 크다고도 했다. 한국 최고 대학의 자기 고백이자 각성인 셈이다.

'좋은 대학을 넘어 탁월한 대학으로'라는 부제가 달린 이 백서에서 서울대 공대는 연구의 질보다 양을 강조하는 시스템 때문에 탁월한 연구성과가 부족했다고 참회했다. 눈앞의 단기 성과에만 집착하는 연구 풍토를 야구에 비유하며 자성하기도 했다.

"홈런(실패 확률이 높은 어려운 연구)을 치려는 노력보다 배트를 짧게 잡고 번트를 친 후 1루 진출(단기성과, 논문 수 채우기 등)에 만족하는 타자였다."*

이는 새로운 동력을 찾지 못해 허둥대고 있는 한국의 현 상황과 맥이 닿아 있어 시사하는 바가 크다 하겠다. "'우수한 대학(excellent university) 중 하나'가 아니라 독보적인 연구성과를 내는 '탁월한 대학(outstanding university)'으로 거듭나겠다는 의지도 밝혔다"고 보도했다.

---

*   오창일(2017). 4차 산업혁명 시대의 우리 대학 발전전략 연구(보고서). 서울예술대학교

왜 서울대 공대는 참회에 가까운 반성을 했을까? 서울대는 국내 최고의 대학이라고 자부하지만, 세계 속의 서울대는 경쟁력 면에서 초라하다. 영국의 대학평가기관인 'THE', 'QS'의 순위는 세계 36위 수준이다. 특히 공대로 특화된 카이스트나 포스텍과 비교해도 압도적으로 경쟁력이 있다고 말하기 힘들다.

1962년 창학 이래 지난 60년 동안 서울예대(이하 우리 대학과 혼용)는 '교육을 통한 창작, 창작을 통한 교육'의 연계 · 순환 · 통합 시스템으로 글로벌 창조적 예술가(Global Atists)를 양성해 왔고 공연예술과 미디어 예술의 학제적(Interdisciplinary) 통합으로 계열을 확장하면서 전공을 심화하는 콘텐츠 창작가(Contents Creator)를 배출해 왔다. 그 결과 한류 세계화의 산실로 성장하고 창조산업의 역군을 선도적으로 교육해 왔다.

이런 교육적 성과는 아직 대중예술에 대한 사회적 관심도와 평판이 낮았던 블루오션(blue ocean) 시장에서 선견지명(先見之明)을 갖고 경영했기 때문이라고 생각한다.

그동안 우리 대학(이하 서울예대와 혼용)은 예술 전문 '특성화의 특성화'를 실행해 왔지만, 이제 세계적 예술대학의 랭킹을 따지면 과연 몇 위에 올라갈 수 있을까?

우리 대학은 '예술'만으로 특화되었다고 하지만, 기본적으로 대학구조개혁과 특성화에 대한 성찰이 부족하거나 내부적인 통렬한 자각이 없으면, 외부적인 요인이 '개혁'을 강요할 것이다.

우리 대학도 스스로 민낯과 속내를 드러내고 백지상태에서 재설계해야 한다고 생각한다.

1-1. 창학 60주년과 팬데믹(COVID-19)으로 대전환점이 왔다

남산 '드라마센터'는 우리 예술혼으로 '계몽운동'을 한 곳이었다. 예술이 수단이었고 대상은 한민족이었다. 서울예대(남산공간 포함)는 한류를 넘는 '뉴폼 아트'의 메카이었다. '실험과 도전으로 창작정신'이 살아있는 크리에이티브 공간이었다. 이제 '뉴폼 아트'는 항상 현대성(modernity)을 가지면서 동시대와 호흡하고 '미래예술'의 신호탄을 쏘는 예술로 자리매김해야 한다.

창학 60주년을 맞이하여 남산공간과 안산공간은 '세상을 변화시키는 창작의 산실'이 되어야 한다. 국제화의 역량을 강화하여 '세계일류' 예술대학교를 지향해야 한다. 시대를 선도하는 장인들의 '예술적 감수성'을 공유할 수 있는 '화제작 창작' 과 '지속가능성'을 지향해야 한다.

이제 남산 '뉴폼 아트 센터'(가칭)는 특화된 '예술운동'을 하는 곳이어야 한다. 예술이 목적이고 대상은 글로벌 시민이다. 특히 4차 산업혁명 시대의 '예술과 과학 의 융합'으로 세상을 바꾸는 선도자임을 선언하는 것이다.

이런 기본 콘셉트와 전략을 바탕으로 2022년은 '새로운 60년'을 준비하는 대 전환점이라는 인식이 필요하다.

'역사는 과거와 현재의 끊임없는 대화이다'(E.H. Carr)
'History is an unending dialogue between the present and the past'(Carr)

2022년은 오늘과 미래를 연결하는 '새로운 창학의 원년'이 되어야 하며, '창학 60주년 기념의 콘셉트는 '왜, 어떻게, 무엇을' 할 것인가를 생각하는 성찰에서 나와 야 할 것이다.

2022년 이후 팬데믹(pandemic)이 종료될 때 서울예대의 기본역량을 축적하여 '지속가능성과 경쟁력'을 무엇으로 할 것인가를 숙고해야 한다.

그래서 2022년은 대전환점이고 다양한 이벤트와 작품발표로 '컨벤션 효 과'(convention effect)를 얻을 수 있어야 할 것이다. 지난 60년 동안 축적된 교육적 성 과와 연구개발(R&D) 능력을 창작물로 발휘할 시간이다.

다만 일회성으로 '행사'를 해서는 안 되고, 진정성으로 '역사'를 쓴다고 생각해 야 가능한 일이다.

1-2. 대전환 시대와 '재정지원대학'으로 선정

전 세계에서 500만 명 이상을 죽음으로 몰아간 팬데믹(코로나19)의 완화와 '위드 코로나'로 일상을 회복하기 시작한 2022년도부터 우리사회는 재활력 분위기를 찾을 것으로 예상되었지만, 델타 변이와 오미크론 변이까지 나와 '코로나 우울증'(corona blue)이 심해지고 있다. 하지만 심신이 지친 시민들을 위로할 수 있는 대책을 찾아야 한다. 이럴수록 예술의 존재가치와 치유 및 솔루션 기능을 강화해야 할 것이다.

소셜 네트워크 서비스(SNS)에 '하루 2시간 이상 접속하는 사람은 30분 이하 접속하는 사람보다 외로움을 느끼는 정도가 2배, 매주 58회 이상 방문한 사람은 9회 이하 방문하는 사람보다 3배 높다'는 '포모(FOMO)족'*이 생겼다.

젊은이 사이에서 유행된 '카페인 증후군'과도 연계된다. '카카오톡과 페이스북과 인스타그램'에 게시된 맛집 순례와 고급 의상과 미모를 보고 자신만이 뒤떨어진 생활을 하고 있다고 느끼는 상대적 열등감이나 스트레스 현상을 말한다.

이런 사회변화에 시민의식도 바뀌는 2022년도는 우리 대학이 창학 60주년을 맞이하는 해다. 60주년은 '논어' 식 의미부여를 하면 '이순(耳順)'이다. '귀가 순해진다'는 직역에서 알 수 있듯이 '이제 예술과 교육이 뭔지 알겠다'는 경륜이고 자신감이다.

서울예대의 과거 60년을 성찰하고 새 시대의 60년을 설계할 수 있는 시간이기도 하다. 국내 최초 예술대학의 위상을 강화하고, 한류의 원조로서 역량을 재평가 받을 수 있는 기회이기도 하다.

대학 기본역량 평가에서 '재정지원 대학'으로 선정되어 교육부로부터 3년간 (2022년~24년) 100억 내외의 예산을 확보할 수 있게 되었다. 우리 대학의 지속가능성을 고민하고 경쟁우위력을 무엇으로 할 것인가에 대한 전략을 구상해야 할 시점이다.

---

* FOMO 증후군: '소외되는 것에 대한 두려움'을 뜻하는 영문 'Fear Of Missing Out'의 머리글자를 딴 '포모(FOMO)'와 일련의 병적 증상인 '증후군(Syndrome)'을 조합한 용어이다. 우리말로 '소외불안증후군' 또는 '고립공포증' 등으로 해석할 수 있다. 주로 소셜미디어의 게시물에 의하여 유발됨.(두산백과)

학령인구 급감 시대가 가시화되고 있다. 교육부는 2024학년도부터 최소 30% 이상 정원 감축을 의무화할 것으로 예상해야 한다. 겉으로는 '대학자율'이라고 하지만 내용적으로는 입학자원이 부족하여 '충원율'이 70% 이하의 대학은 폐교 수준으로 갈 것이다.

1-3. 창학 60주년의 의미와 '탈영토화'(脫領土化) 사고

대학 공동체의 구성원은 기본적으로 '공유가치'(shared value)를 가지고 있어야 한다. 특히 사립대학은 창학이념이 있기에 조직의 정체성을 강화하고 확산하는 구조를 가지고 있다.

서울예대는 '하나됨'(Oneness Spirit)이라는 철학을 유지해 왔으며 대학 공동체의 '공용어'로 사용해 왔다고 생각한다. '서울예대 유파'를 형성하고자 각종 정책과 교육이념을 창작에 담아 왔고, 그 결과로 '한류의 원조'라는 명성을 얻게 되었다.

조직의 공유가치의 중요성은 아마존의 발전사례에서 확인할 수 있다, 소위 '선교사와 용병'론*이다. 어떤 조직에 문제가 생겼을 때 즉시 해결할 수 있는 '용병' 역할을 하는 구성원도 필요하지만, 조직의 이념을 현장에서 적용하고 구성원에게 전도하고 장기적으로 내면화하여 문제를 근본적으로 해결하려는 '선교사' 역할이 중요하다는 것이다.

이런 선교사 역할이 활성화될 때 우리 대학의 성과인 '한류'의 재평가도 이루어지고, '신한류의 산실'로 '재포지셔닝'하는 전략으로 새로운 전기를 맞이할 것이다.

창학 60주년에 즈음하여 탈영토화 해야 할 관점은 다음과 같이 제시할 수 있을 것이다.

첫째, '연극의 메카'에서 '종합예술의 메카'로 메시지 전환
둘째, '동문' 중심의 축소지향에서 '시민 대중'으로 확대지향 사고

---

*   콜린 브라이어, 빌 카, 유정식 역(2021). 순서 파괴 – 지구상 가장 스마트한 기업 아마존의 유일한 성공원칙. 다산북스

셋째, '올드 팬'에서 '뉴 영 팬'(MZ세대)을 지향하는 미래지향적 사고

넷째, 국가, 지역, 세대, 장르의 경계파괴로 '시공간의 확장 및 국제화' 사고

다섯째, 공동체 구성원(동문, 교직원, 재학생, 학부모)의 적극적인 참여 유도

결국 역사는 과거와 현재의 끊임없는 대화이고, 서울예대가 60년 동안 해왔던 교육은 선도적으로 해온 '오래된 미래(현대성, Modernity)' 만들기였다는 점이다. 실험과 도전정신으로 창작(교육)을 해왔기에 '오늘이 바로 내일'이라는 자부심이라고 생각한다.

또한 '창학이념'의 재인식이고 '현대적 재해석'이기 때문에 가능했다고 본다. 항상 교육방법론의 혁신과 '사고의 확장'을 실행한 결과라는 의미이다.

1-4. 대 유행병 이후 시대에 예술대학의 존재이유와 ESG 경영

4차 산업혁명이란 2016년 이래 인공지능, 빅데이터, 사물인터넷 등 첨단 ICT(정보통신기술)가 경제사회 전반에 융합해 혁신적 변화가 나타나는 새로운 산업시대를 의미한다.

여기에 2020년 코로나(COVID-19)의 급습으로 전 세계인이 공포에 떨었으며 기존의 패러다임이 완전히 붕괴되는 이중고를 겪었다. 비대면 인터넷 강의가 불가피해졌으며, 대학교육의 방법론에 대한 대안이 모색되고, 각종 화상수업(ZOOM 회의)이 채택되었다.

이런 불행 가운데 4차 산업혁명의 각종 첨단디지털 기술들이 코로나19 상황에서 유효 적절히 사용되어 우리 사회의 공황상태를 피하게 했다는 역설이 생겼다. '위기 속에 기회'를 포착한 것 같은 착각이 들 정도다.

과학기술정보통신부는 4차 산업혁명의 기반인 데이터 · 네트워크 · 인공지능(D.N.A.)의 성장과 혁신의 성과를 보여주는 '2021 4차 산업혁명 지표'를 발표하였다.

이는 4차 산업혁명*이라는 첨단디지털 과학과 융합 시대 속에서, 대유행병(pandemic) 이후 시대라는 두 가지 혁명시대에 '예술대학은 무엇을, 어떻게 해야 하는가?'의 과제를 해결해야 하는 시점이다.

● ESG 경영과 거버넌스의 이해

ESG는 환경보호(Environment) · 사회공헌(Social responsibility) · 윤리경영(Governance)의 약자이며, ESG경영이란 기업이 환경보호에 앞장서며, 사회적 약자에 대한 지원 등 사회공헌 활동을 하며, 법과 윤리를 철저히 준수하는 투명경영 활동을 말한다.

ESG경영은 기업의 '지속적 성장'을 평가하는 기준으로서, 재무성과보다는 비재무적 성과를 측정하는 방법이며 '국제적 표준'(global standard)으로 사용되고 있다.

최근 화두가 되어 있는 'ESG경영'에서 거버넌스(Governance)는 통치, 관리, 지배구조의 뜻이며, 통치(관리) 방식을 뜻하기도 한다. '거버넌스'의 의미는 공동의 목표를 달성하기 위하여, 주어진 자원 제약하에서 모든 이해 당사자들이 책임감을 가지고 투명하게 의사결정을 수행할 수 있게 하는 장치이며, '지속가능성' 경영이다.

결국 거버넌스는 조직 생태계에서 무엇을 달성할 것인지, 누가 참여할 것인지, 어떻게 성과를 분배할 것인지, 어떻게 갈등을 해결할 것인지, 공유가치(shared value)에도 일련의 연계성이 있다고 할 수 있다. 또한 '거버넌스'는 부(富)를 창출하고 가치(의미)를 늘이는 데 참여한 이해당사자들에게 공정하고 투명하게 배분하는 데도 목적이 있다고 생각한다.

ESG경영은 MZ세대의 세계관과 시대정신을 반영한 결과임을 확인할 수 있다. 이것은 기후변화가 기후위기에서 기후정의로 의미가 진화하는 이유처럼 사회적 공감과 반향과 실천의지가 그만큼 크기 때문이라는 것이다.

이런 ESG경영의 환경변화에 선도적으로 우리가, 우리 대학이 '미래예술과 콘

---

*   미국이나 유럽에서는 4차 산업혁명이라는 용어는 많이 사용하지 않는다. 독일에서는 '인더스트리 4.0'이라고 하고 일본에서는 '소사이어티 5.0'이란 용어를 사용하며 미국에서는 '디지털 트랜스포메이션'이라고 부른다.(콘텐츠진흥원)

텐츠의 콘셉트'(주제)에서 무엇을 수용해야 할지가 숨어있다고 본다.

● ESG경영과 '나노 · 바이오 · 네이처 예술'의 연계성을 확신한다

초미세 · 초정밀의 첨단디지털 테크놀로지로 현대산업의 쌀인 반도체를 생산하는 기술 나노(Nano)를 적용하고, 인간 생명과 인간성 존중에 연관된 '바이오(Bio)'와 기후변화(Climate change)로 인한 지구환경 위기(crisis)와 생태계 파괴에서 발생한 '자연(Nature)'의 화두를 예술창작에서 어떻게 표현할 것인가가 팬데믹 이후 시대의 '핵심 콘셉트'가 될 것이다.

새 술은 새 부대에 담아야 하듯, 시대전환의 분기점에서나 '거버넌스' 차원에서도 우리 대학의 경영진과 구성원이 어떤 경영전략과 콘텐츠를 창작해야 하는가를 따져봐야 할 것이다.

유파(類派) 형성을 목표로 해왔던 우리 대학은 '우주관(자연관)-이념-목적-목표-방안-지표'의 구조를 갖는 '연계 · 순환 · 통합의 교육시스템'과 '교과과정 개발' 전략은 유지해야 할 것이다. 이런 유파 의식은 교수와 학생 개개인의 창작 속에서 독창적인 '세계관'으로 발아될 것이다.

유파라는 고난도 솔루션을 만들기 위해서는 구성원의 집단지성을 동원해야 하고 창학이념이라는 '공유가치'를 재작동시켜야 할 것이다.

예술의 본질은 바뀌기 어렵다고 할 수 있겠지만, 시대정신에 맞는 새로운 형식(New Form)을 실험하고 창조할 수 있는 예술철학과 창작방법론과 교육과정을 탐색하는 '커리큘럼 디렉터 마인드'(curriculum director mind)도 필요할 것이다.

또한 서울예대의 교육이념을 실현하기 위한 조직이 '시대정신'에 맞게 개편되어야 한다. 선택과 집중의 효과와 '승자독식'의 콘텐츠 무한 경쟁 시대에 우리 대학이 견지해야 할 생존전략이다. 조직 포트폴리오를 BCG 모델 같은 전략경영 이론에 적용시켜 탐색적인 연구를 시도했다.

이 연구과제의 '연구방법론'으로는 기본적인 사례연구와 문헌연구를 바탕으로 대학 공동체의 구성원에 대한 간이 면담 인터뷰나 경험적 직관, 경영이론의 적용 등을 취합하는 '질적 분석'과 '논의'였다.

그래서 창학이념에서 교육현장의 연계성을 가지고 구조화하고 구체적인 실행방안을 도출하는 데 중점을 두었다. 현황을 파악하고 미래 대책을 모색하는 백서의 형태로 보고서를 채택했다.

또한 지난 2017학년도의 '4차 산업혁명 시대의 우리 대학 발전 전략연구' 보고서를 수정하고 보완한 2차 시리즈 기획물이기도 하다. 교육환경의 변화에 선도적으로 대응하기 위한 5년 주기의 연구보고서라고 할 수 있다.

연구자 개인의 현미경 시각으로 본 백서 형태의 이 보고서가 '나비효과'를 내길 기대해 본다. 팬데믹 이후 시대에 우리 대학이 가야 할 방향과 조속히 실행해야만 할 액션플랜(action plan)을 대학 공동체 구성원이 공유하고 내면화함으로써 '혁신의 바람'이 '소용돌이'처럼 불었으면 하는 기대감 때문이다.

이 과정 또한 '소통의 대화'이고, 긴 '축적의 시간'이라고 생각한다.

2017년의 보고서가 '사람을 바꾸는 예술, 세상을 바꾸는 대학 서울예술대학교'이었다면, 2022년의 보고서는 콘텐츠 시대를 선도하는 콘셉트로 바뀌어야 할 것이다. 콘텐츠 경쟁 시대에 '창작의 예대'는 프로페셔널의 경연장에서 진검승부를 걸어야 한다.

바야흐로 서울예술대학교는 '예술의 프로, 프로의 예술'을 실행하는 글로벌 예술대학교가 될 기회를 새롭게 포착해야 할 것이다.

2. 우리 대학의 일별과 탐색적 분석의 전제

'아마추어는 생각한 뒤 뛰지만, 프로는 뛰면서 생각한다.'

2-1. 서울예대의 일별(一瞥)

2022년, 창학 60년이 되었고 문화 예술적 업적과 교육적 성과도 괄목할 만하여 국내에서는 타의 추종을 불허하지만, 아직도 세계 최고 수준의 예술교육 기관으로서의 위상에는 미치지 못하고 있다.

더구나 세상은 4차 산업혁명 시대와 팬데믹 이후 시대로 바뀌어 패러다임 전환을 강요하고 있는데, 아직도 우리는 '의식 전환'이 미흡하다고 본다.

이에 우리 대학의 발전전략에 관한 책무성을 갖게 되었고, 보고서를 작성하면서 공동체 구성원과의 공론장을 마련하고 싶다.

첫째, 학령인구의 급감으로 인한 대학의 위기에 대응하는 전략과 비전이 추상적이다. 눈앞에 있는 단기적인 성과주의가 압도하여 장기적이고 구체적인 성장전략에 대한 고찰이 부족하다.

둘째, 당면한 문제해결을 위한 교수와 교직원의 역할과 의무를 등한시하는 '모럴 해저드'(moral hazard)를 만연시키고 있다.

셋째, 공동체 구성원의 주인의식이 미약하고 의사결정권자의 경영 리더십이 공감을 얻지 못하고 있다. 예술대학다운 창의적인 지성이 나타나지 않고 있다.

넷째, 학부(세부전공)별 집단 이기주의와 일부 학부(세부전공)의 기득권 유지 차원의 관점이 심각할 정도로 무책임하다. 마치 우리 사회의 책임전가 풍조에 불신사회의 뒷담화, 일부 교직원의 무사안일 의식을 보는 듯하다.

객관적인 설문조사나 통계자료는 부족하지만, 현황분석을 하고, 핵심과제를 도출하는 과정과 질적 분석 속에서 다양한 논의를 하고자 한다.

개괄적으로 우리 대학의 일별부터 시작한다.

① 창학이념의 연계성이 부족하다

이념과 목적과 목표와 성과의 가치사슬(value chain)이 논리적이지 않다. 최근 부각된 트랜스미디어 전략의 '세계관'을 포함한 '특성화'를 위해 과감한 패러다임 전환이 미흡하다.

② 4대 지표의 연계성도 미흡하다

4대 지표와 특성화가 연계된 목표가 명쾌하지 않고, 경쟁력 확보방안으로 활용되지 못하고 있다. 아직도 디지털 테크놀로지 융합과 국제화 역량 함양에 부족하다.

③ 기대효과의 가시화 문제 - 와해적 혁신

사회변화의 주요 흐름(main stream)에 대한 수용도가 낮고 혁신에 대한 체감지수가 낮다. 창조적 파괴처럼 '와해적 혁신'이 이루어지지 않고 있다. 재구조화 수준이 되어야 하는데 리모델링 수준이어서 가시적인 효과가 미흡하다.

④ '교육과정의 혁신'이 없는 혁신은 무의미하다

교육기관으로서 내용적 실천적 교육과정의 혁신이 없으면 허위다. 일등의식에 안주하면 '냄비 속의 개구리'*가 된다. 기존 교육과정의 레이아웃 변경이 아니라, 선도자의 이점으로 '선제적 혁신'이 필요하다. 외국예술대학의 도전을 혁신의 관점에서 리뷰 해야 한다.

⑤ 조직혁신의 자신감이 없어 보인다

수직조직이냐 전공 협업의 수평조직이냐, 아메바 조직이냐, 매트릭스 조직이냐 등 공동체 '집단의 지혜'가 요구된다. 학부장의 의지와 동참이 없으면 NATO(No Action, Talking Only)족이 될 가능성이 높다.

---

*   '끓는 물 속의 청개구리 증후군(Boiled Frog Syndrome, 온수주청와(溫水煮靑蛙))'으로 온도가 천천히 올라가는 냄비(가마솥) 물속에 있는 개구리는 결국 뜨거움을 느끼지 못하고 죽게 된다는 뜻. 위험을 감지하지 못하거나 변화에 제대로 적응하지 못하는 사람과 조직을 비판할 때 쓴다.

⑥ 구체적 교육성과에 대한 전망이 없다

퍼포먼스와 산업화와 프로화의 성과에 대한 사례제시가 미흡하다. '질적인 취업률' 제고나 파일럿(pilot)과 시뮬레이션 창작물에 대한 제안이 필요하다. 수용자인 학생의 잠재력을 발현할 수 있어야 하고, 학생다운 크리에이티브 중심의 저예산 창작(교육)이 권장되어야 한다.

⑦ 교내외 홍보전략이 미비하다

정체성(이념, 콘셉트)을 현대적으로 재해석하여 트렌드를 반영한 구체적 이미지를 형성하지 못하고 있다. '확장성의 기본'인 간결한 메시지나 이미지가 미약하고 중심이 없다.

⑧ 팬데믹(pandemic) 이후 시대의 '지속가능성'에 대한 시급한 대안이 필요하다

위기의식이 부족하여 각종 위원회의 아젠다 발굴과 정책이 개발되지 않고 있다. '미래예술'의 본질에 대한 포럼과 세미나를 작동시킬 방안이 시급하다고 본다.

● **탐색적 분석의 전제**

- 내재성: 창학 60년 역사의 성과와 향후 10년 '미래성장'의 내적 역량 축적
- 차별화: 이념과 특성화에 연계된 교육과정 개발
- 공동체: 구성원의 주인의식과 공동체 의식 및 원니스(ONENESS) 공유가치의 확산
- 혁신성: 다양한 아이디어의 충돌과 융합으로 경영과 교육의 혁신 방안 창출
- 구체성: 뉴폼 아트와 킬러 콘텐츠의 생산 및 융합인재 양성으로 특성화 목표 실천방안

2022년 연구 보고서는 위에 적은 전제를 바탕으로 작성한 2017년 보고서의 목적과 방향과 지침을 이어 '연구의 누적효과'를 노리고자 한다.

2-2. 왜 '한류의 메카'에서 '서울예대 디스카운트'까지 나왔는가?

우리 대학은 2010년 전후까지만 해도 '한류의 메카'라는 명성을 얻을 정도였

고, '스타양성 사관학교'라는 탁월한 교육성과를 자랑해왔지만, 최근엔 사회적 임팩트가 강한 이슈를 생산하지 못했다.

로마가 하루아침에 이루어지지 않았듯이 특히 연구(창작)성과는 온실처럼 속성재배가 되지 않는다. '축적의 시간'*이 필요하다. 기획부터 프로덕션 과정과 공연 티켓판매까지 각 단계별로 지난한 숙성의 시간을 거쳐야 한다. '시간은 흘러가는 게 아니라, 쌓이는 것'이라고 했다.

이런 명명백백한 사실을 외면하면서 연명 치료하듯 교육하고 있는 것은 아닌지 그래서 과거의 명예를 회복하지 못하는 것은 아닌지 반성할 시간을 가져야 할 것이다.

그렇다면 왜 서울예대의 디스카운트(discount) 요인이 생겼는지를 분석할 필요가 있다.

첫째, 서울예대의 대체재가 많이 생겼기 때문이다. 대중예술에 대한 인식이 재고되어 관련전공이 양산되었다. 예술교육 시장이 블루오션에서 레드오션으로 바뀌었다.

둘째, 지방대학으로 치부되는 안산 소재 대학이다. 수도권이지만 서울에 있는 4년제 대학을 선호하기 때문이다.

셋째, 스타탄생이 미흡하고 스타교수가 부족하기 때문이다. 교수의 경쟁력에서 학생의 경쟁력이 나온다. 변화하는 신입생의 대학 선택준거를 따라잡지 못했다는 뜻이다.

넷째, 일부 인기 전공에 의존도가 높고 비인기 전공에 대한 투자가 부족했기 때문이다.

다섯째, 교육과정의 혁신이 미진했다고 본다. 실험정신이 부족하여 사회적 임팩트가 강하지 못했기 때문이다.

여섯째, 구성원과 부서의 이기주의와 본부 경영진의 갈등으로 불명예 사건이 발생했고, 언론의 비판을 피할 수 없었다. 대처도 미온적이었고 당당한 사실 확인(fact check)이 미흡했기 때문이다.

---

*   이정동(2015). 축적의 시간. 지식노마드

아직도 우리 대학의 '사회적 평판 지수 1위'*는 유지하고 있음에도 불구하고, 서울예대의 디스카운트(discount)는 내부적인 본질가치보다 외부적인 교육성과가 미흡하여 저평가받는 현상이다.

결국 서울예대가 지닌 잠재력과 역량은 '과거 60년의 브랜드 자산'일 뿐이고, 미래가치가 최대한 발휘되지 못해 생긴 '기회손실'이거나 '평가절하'되고 있다는 뜻이다.

이런 문제를 해결하는 데는 '창작을 통한 사회적 소통'이 중요하다. 또한 '교육혁신'과 '경영혁신'을 통한 특성화 방안을 혁신적으로 실행하여 '예술적 주목도'를 제고 할 필요가 있다고 생각한다.

우리나라와 비슷한 일본은 '초고령화 사회'로 진입했고, 인구는 감소하고 있으며 국민들의 평균 연령은 증가하고 있다. 낮은 출산율과 극단적인 수명 증가로 소사이어티 5.0과 관련된 산업기술을 제 4차 산업혁명으로 설정하고 있다. '소사이어티 5.0'(Society 5.0)은 수렵,농경,산업,정보를 잇는 다섯 번째 뉴 노멀(new normal) 사회이고, 초스마트 사회로 정의하고 있다.

사이버 세계와 물리적 실제 시계의 기반기술 향상 그리고 소사이어티 5.0 플랫폼 구축에 나서고 있다. 2017년 5월 '지적재산전략본부 회의'에서 발표된 '문화산업 콘텐츠 역량 강화'는 콘텐츠 해외 진출 확대 · 산업 기반 강화, 영화 산업 진흥, 디지털 아카이브 구축 등의 내용을 담았다.**

2021년 소사이어티 5.0 엑스포는 일본 정부가 바람직한 미래 사회로 제안한 소사이어티 5.0 콘셉트를 조명한다. 소사이어티 5.0은 산업과 사회 전반이 인공지능(AI), 사물인터넷(IoT), 로봇, 빅데이터 등 여러 혁신적 기술을 도입해 중대한 문제를 해결하는 인간 중심 사회를 꿈꾸는 콘셉트라고 하겠다. 치욕적인 '저팬 디스카운트'를 당하지 않겠다는 기술 선진국의 방아쇠 장전이다.

우리 대학도 일본을 반면교사로 삼고, '사람과 기술 그리고 상상력'이 연계 · 통합된 혁신전략으로 '프리미엄'(premium)을 받고, 문화예술 환경변화에 대응할 준

---

*   여성소비자신문(2021.11.26.). 한국기업평판연구소 브랜드 빅데이터 분석 인용.

**   오창일(2017). 전게서.

비를 해야 할 것이다.

2-3. 서울예대 60년은 노후화의 시작인가? 활성화의 시작인가?

창학 60년은 역사적인 기록이다. 세계적인 경쟁력을 가지고 있는 한국의 대기업 역사에서도 '탄생 60주년'이 드물다. 일부 100년 사학이 있지만, 문화방송(MBC)이 60년이고, 농협이 60년이다. 현대자동차가 55년이고, 농심이 56년이다. 삼성전자도 52년이다.

그러나 자칫 '승자의 오만'에 빠지거나 '관행의 타성'에 안주하면 혁신이 어려워지고 지속가능성은 얇아진다. 서울예대는 과연 어느 방향으로 가게 될 것인가? 새로운 '성공 신화'를 쓰기 위해서는 무엇을 어떻게 활성화해야 할까?

변화와 혁신(革新)의 환골탈태 이야기가 '솔개 우화'로 전해진다. 일명 '솔개 경영'이다(정광호). 기대수명이 22년인 솔개는 나이가 20년쯤 되면 높은 절벽 위에 올라가 혼자 외롭게 '부리'로 먼저 자신의 낡은 깃털을 다 뽑아내고, 그다음엔 발톱을 뽑아내고, 그리고 남은 부리를 암석에 부딪혀 뽑아내면 새롭게 깃털과 발톱과 부리가 재생되어 20년을 더 산다고 한다.

'혁신'의 사전적 의미인 '묵은 풍속, 관습, 조직, 방법 따위를 완전히 바꾸어서 새롭게 함'의 깊은 뜻을 알 수 있다.

'붉은 여왕의 가설'(Red Queen's hypothesis)도 있다. 어떤 대상이 변화하려고 해도 주변 환경과 경쟁 대상 역시 끊임없이 변화하기 때문에 상대적으로 뒤처지거나 제자리에 머무는 현상이 생긴다.

그래서 다른 사람보다 앞서가기 위해서는 그 이상을 달려야(race) 겨우 앞지를 수 있다는 '적자생존 전략' 이론이다. '중단없는 전진'이 필요하고 방법론이 달라서 효율성을 높여야 하는 이유이다.

이런 '레드 퀸(Red Queen) 효과'는 아프리카 초원에서 영양과 치타가 왜 그렇게 빨리 달리는지를 설명하는 데 도움을 준다. 처음부터 치타가 잘 달렸던 것은 아니다. 발 빠른 영양을 사냥하기 위해 부단히 노력했기 때문에 지금의 치타가 빨라졌고, 영양도 마찬가지로 살아남기 위해 부단히 빨리 달려왔다는 것이다.

'레드 퀸 효과'는 생태계에서 공진화(共進化)라고도 한다. 여러 종들 사이에서는 '상호작용 관계'를 통해 서로 진화적 변화를 일으킨다는 것을 말한다.

경쟁(competition)과 협력(cooperation)으로 동반성장을 이끄는 효과가 있다는 뜻이다.

각종 현안에 대해서 구성원의 집단지성을 취합하고 트렌드를 파악하기 위한 '크리에이터 콘퍼런스'(Creator conference) 같은 토론회와 연구개발(R&D) 활동을 주기적으로 개최하고 그 결과를 자산으로 만들고 공유해야 하는 이유가 될 것이다.

콘퍼런스는 '공유가치'를 확인시켜주어 줄탁동기(啐啄同機)가 되도록 한다. 줄탁동기는 '병아리가 알에서 나오기 위해서는 새끼와 어미 닭이 껍질 안팎에서 서로 쪼아야 한다'는 뜻이다. 두 손바닥이 마주쳐야 박수 소리가 나는 것과 같다. 공동체 조직의 안과 밖에서 변화의 필요성을 절실히 인식하고 실행할 때 효과가 나타난다는 말이다.

● 서울예대의 '변화 속도'는 시속 몇 Km인가?

미국의 미래학자인 앨빈 토플러(Alvin Toffler)는 『부의 미래』(2006)에서 '사회조직의 변화'를 속도로 비유했다.

기업이 시속 100마일로 달리고 있다면, 시민단체가 90마일로 질주하고 있다. (미국의) 가족제도는 60마일로 달리고, 노동조합이 30마일로 달리고 있다. 정부의 관료조직이나 규제기관들은 25마일로, 학교는 10마일로 달리고 있다. UN과 IMF 등 국제기구가 5마일로 달리고, 정치조직은 3마일, 법과 법 기관은 1마일의 속도로 변화하고 있다는 것이다.*

'트렌드 코리아 2021'에서 키워드인 브이노믹스(V-nomics)는 바이러스(virus)의 V에서 출발한 단어로 '바이러스가 바꿔놓은, 그리고 바꾸게 될 경제'라는 의미다. 팬데믹은 대유행병이다. 소리 없이 인류를 병들게 하는 질병이다. 바이러스의 재생산 감염지수가 높고 확산속도가 빨라 전 세계가 거의 동시에 침윤되었다.

---

*   엘빈 토플러, 하이디 토플러, 김중웅 역(2006). 부의 미래(Revolutionary Wealth). 청림출판

이렇게 대면접촉이 불가능하고 언택트(untact) 시대에 맞춘 신속한 대책이 나오려면 '속도의 공진화'가 일어나야 한다. 상황에 대한 인식을 공동체 구성원이 '함께 해야 한다'는 뜻이다.

물론 프로젝트를 선정할 때 속도가 만능은 아니다. '의사결정의 질'이 중요하다. 실행가능성과 예산도 점검해야 한다. 무엇보다 '의사결정의 질'을 담보할 수 있는 전문지식과 경험 및 경청을 통해 자신감을 쌓는 것이 필요하다. 그리고 지속가능성을 높이기 위한 '비전 공유'가 가장 중요하다고 본다.

특히 의사결정 시에는 이해당사자의 의견과 관련 부서의 역량도 필요하다. 범죄 현장에 대한 목격자가 많을수록 목격자 중의 한 명이 경찰에 신고하는 데 걸리는 시간은 늦어진다고 한다.

혼자 책임을 지고 싶지 않은 사람들의 '책임감의 분산'(Diffusion of Responsibility) 심리이고 '방관자 효과'이다. 먼저 내가 해결하겠다는 '주인의식'이 필요하다고 본다. 야구에서 공중에 뜬 볼을 잡으려고 할 때, 야수가 선택을 선언하는 '마이 볼(my ball)' 정신이다.

급변하는 디지털 시대에는 의사결정의 '속도'가 과거 그 어느 때보다 중요한 화두가 되고 있다. 물론 기업 경영의 '방향'과 '거리'가 더 비중 있게 논의되어야 할 경우도 있다.

기술혁명과 대유행병이라는 두 마리의 검은 백조(black swan)가 나타났을 때를 감안해서 판단해야 할 것이다.

의사결정의 속도는 사전에 '비전 공유'라는 방향성과 주인정신으로 무장되어 있을 때 가능하다. 무조건 '빠른 결정을 해라'고 요구하기 전에, 충분한 시뮬레이션과 비전에 대한 공감대를 키워야 자연스러운 의사결정을 할 수 있고, '먼 거리'까지 갈 수 있을 것이다.

의사결정에는 항상 '심리적 방어 메커니즘'이 작동된다고 생각한다. 최고경영자의 의사결정 시에 '지연', '보류', '검토', '외면', '폐기' 같은 행동을 보인다. 이럴 때는 '반대를 위한 반대'를 허용하고 격렬하게 논의하는 '악마의 변호'(Devil's

Advocate) 과정을 의도적으로 마련하는 방법도 효과적이다.

특히 '혁신의 확산'은 그 속도가 생각만큼 빠르지 않다는 것도 기억해야 한다. 관행과 기득권이 조직의 변화를 거부하는 경향이 크기 때문이다.

'속도'를 높이면서도 '조직의 활성화'까지 유도하는 방법을 수립해야 하는 이유이다.

3. 환경분석: 변화의 시대

'아마추어는 검색(searching)만 하지만, 프로는 사색(thinking)을 한다.'

이 연구과제는 우리 대학의 내외부 환경분석을 통한 우리 대학의 특성화 전략의 탐색적 분석과 대안 모색이다. 그래서 사회문화 환경의 변화와 분석은 복잡하고 다양한 '이해당사자(stakeholder)'가 있어 '불확실성'과 '불예측성'과 '불만족성'이라는 '3불(不)'의 특성을 해결할 수 있어야 한다. 또한 예술창작(교육)에 특화된 방법론까지 제안할 수 있어야 하는 중차대한 과제이다.

2010년대 미국에서 시작된 뉴 노멀(New Normal)*은, '시대변화에 따라 새롭게 떠오르는 기준 또는 표준'이다. 뉴 노멀 이론으로 보면, 과거의 기준과 관점으로는 해석하거나 해결할 수 없는 신상태(新常態)가 모든 분야에서 발생하고 있다는 것이다.

검은 백조(black swan) 같은 낯선 경제관과 가치관과 세계관 등에 '예측 불가능성'을 더해 신상태에서도 예상할 수 없는 뉴 애브노멀(New Abnormal) 시대로 진입하여 혼돈기가 더 깊게 이어지고 있다고 한다.

그만큼 현대사회의 변화에 대비하기 어렵다는 말이기도 하다. 그러나 우리는 '세상에 살아남는 것은 가장 강한 종이나 가장 똑똑한 종이 아니라, 변화에 가장 잘 적응하는 종이다'(찰스 다윈)는 말을 알고 있다.

3-1. 경영환경의 변화

2016년 1월 20일 스위스 다보스에서 열린 '세계경제포럼(WEF)'의 클라우스 슈밥 회장은 '4차 산업혁명의 이해'(Mastering the Fourth Industrial Revolution)를 주요 의제

---

*   피터 힌센, 이영진 역(2014). 뉴 노멀-디지털 혁명 제2막의 시작. 흐름출판

로 설정했다. 그간 저성장, 불평등, 지속가능성 등 경제 위기 문제를 다루어온 다보스포럼에서 과학 기술 분야가 의제로 꼽힌 것은 포럼 창립 이래 최초였다.

4차 산업혁명이라는 용어는 앞서 독일이 2010년 발표한 '하이테크 전략 2020'의 10대 프로젝트 중 하나인 '인더스트리 4.0(Industry 4.0)'에서 '제조업과 정보통신의 융합'을 뜻하는 의미로 먼저 사용됐다. 포럼 이후 세계의 많은 미래학자와 연구기관에서 제4차 산업혁명과 이에 따른 산업·사회 변화를 논의하기 시작했다.

2020년에는 인류의 재앙에 가까운 대유행병(Pandemic) 코로나19(COVID-19)가 확산됐다. 백신이 개발되지 않은 상태에서 '3밀'(밀폐, 밀집, 밀접), '사회적 거리', '자가격리', '돌발변이', '부스터 샷', '오미크론', '마스크 맨', '백신 패스' 등으로 인간이 사회적 동물임을 비웃듯이 '혼자서도 잘 해요'를 강요당해왔다.

가게나 상점은 영업시간을 단축했고, 1명이라도 감염이 확진되면 '전면 폐쇄'라는 획일적 봉쇄를 당했다. 개인주의 성향이 강한 사람들은 '백신접종 거부'라는 저항운동을 펼치고 집단항체 생성이 가능한 '접종률 70%'를 넘어서도 예방효과는 나타나지 않아 '의학의 신뢰성'까지 훼손당하는 사태가 생겼다.

말하자면, 4차 산업혁명의 기술 소용돌이와 대유행병(pandemic)의 돌풍 앞에서 우리 사회는 초토화되었다. 퍼펙트 스톰이었고 카오스 세상이었다.

퍼펙트 스톰(perfect storm)은 둘 이상의 태풍이 충돌하여 그 영향력이 폭발적으로 커지는 현상을 의미하는 기상 용어이다. 그 외에 특정 분야에서 안 좋은 요소들이 겹쳐 최악의 상황이 닥쳤을 때를 비유적으로 표현하는 데 쓰인다.

카오스(chaos)는 컴컴한 빈 공간, 곧 혼돈(混沌)을 뜻한다. 이 공황상태를 해결하려는 이론이 카오스이론이다. 겉으로 보기에는 불안정하고 불규칙적으로 보이면서도 나름대로 질서와 규칙성이 있는 현상들을 설명하려는 이론이다. 이것은 작은 변화가 예측할 수 없는 엄청난 결과를 낳는 것처럼 안정적으로 보이면서도 안정적이지 않고, 안정적이지 않은 것처럼 보이면서도 안정적인 여러 현상을 설명하려는 이론이다.

'나비효과'로 잘 알려진 카오스이론은 '초기 조건에의 민감한 의존성', 곧 작은 변화가 결과적으로 엄청난 변화를 일으킬 수 있다는 사실을 보여 준다(네이버 지식백과).

복잡하고 다양한 이유로 생긴 문제(퍼펙트 스톰)를 해결하는 방안은 입체적이고 종합적인 의사결정을 하게 만든다. '제도개선 하나', '관행타파 하나', 정책 제안 하나'가 경영환경 변화에 '민감한 의존성'으로 나비효과를 내길 바란다.

3-2. 교육환경의 변화

교육부는 인구구조의 변화와 4차 산업혁명에 대응하기 위한 「대학혁신 지원 방안」(2019)을 발표하며 미래사회를 대비한 교육으로 '연구 혁신'을 강조했다. 미래 융합형 인재 양성을 위해 대학교육을 혁신해야 한다는 것이다.

'학과별·전공별 칸막이'로 인해 경직적 방식의 교육이 운영되고 있는 대학교육의 현실을 개선하기 위해, 다양한 '학문 간 융합'을 활성화하고, 유연한 교육시스템을 갖출 수 있도록 융합학과 설치 요건을 완화하고, 집중이수제, 융합전공제, 학습경험 인정 확대 등 유연한 학사제도가 대학 현장에 정착되도록 '학사제도 운영 컨설팅'을 실시한다(한국강사신문).

2021년 10월 교육부의 대학기본역량진단을 통과한 대학은 4년제 일반대 136개교, 전문대 97개교 등 총 233개교다. 진단에 참여한 대학의 약 73%다.

이번에 선정된 대학들은 2022년부터 2024년까지 3년간 대학혁신지원사업 일반재정지원을 지원받는 대신 대학별 계획에 따라 구조조정을 추진해야 한다. 교육부는 2022년 3월까지 여건 및 역량, 발전전략 등을 고려해 정원조정 계획이 담긴 계획을 제출하도록 예고했다.

정원감축 외에도 일정 기간 입학정원 일부를 묶어뒀다가 필요할 때 다시 모집할 수 있게 모집정원을 유보하거나 특성화 학과나 대학원으로 정원을 조정하는 방법도 가능할 전망이다.

이제 '자율혁신'과 '규모의 적정화'와 '규제의 네거티브 방식화'로 대학혁신의 가이드라인이 설정되었다고 하겠다.

교육부장관(2019)은 "대학의 위기는 곧 국가의 위기이며, 대학이 살아야 지역이 살고, 우리 미래를 이끌어 갈 인재를 키워낼 수 있다"고 강조하면서, "대학의 진정한 혁신은 대학이 주체가 되고 지역과 정부가 함께 지원하는 노력을 통해 실현될 수 있다"고 말했다(한국강사신문).

그리고 제4차 산업혁명 시대의 제조업은 지능화, 자율화, 초연결화로 사물인터넷 시대를 열게 될 것이다. 인공지능과 센서를 기반으로 로봇과 자율주행차가 생활 속으로 들어올 것이다. 인공지능과 로봇, AR(Augment Reality), VR(Virtual Reality) 기술, Iot(사물인터넷), 나노, 바이오 기술이 연극, 건축, 영화, 사진, 디자인, 광고 등에 적용되고 엔터테인먼트 산업의 핵심 경쟁력으로 부상할 것이다. 공연예술과 미디어 예술을 넘나드는 장르 파괴의 주역이 될 것이다.

이에 따라서 문화예술 시장과 교육사회 문화 환경도 급속히 변하고 있다. 제3차 산업혁명의 결실인 개방화와 산업화와 디지털화와 수용자의 변화를 초월하여 새로운 '지능화, 자율화, 초연결화'라는 새로운 패러다임을 강요하게 될 것이다.

이를 전략경영학자들은 '뉴 노멀(new normal)'이라고 하며, 수많은 사물들의 연결로 이루어지는 사물인터넷 시대에는 '언제 어디서나 어떤 기기'(Any Time, Any Where, Any Device)에서나 상호작용하면서 복잡한 세상(complex adaptive system)을 운행하게 되기에 불확실성을 일상화해야 한다는 논의도 하고 있다.

현대는 급변하는 교육환경으로 혁신적인 사고와 패러다임 쉬프트가 필요한 시기라고 한다. 그럼에도 불구하고 현재 논의되는 사안들이 너무 지엽적이고 개별 학부중심주의라고 본다. 지속가능성을 담보하는 미래지향적이고 선도적인 혁신이 부족하다고 할 수 있다.

● 관리의 예대에서 '자율의 예대'로

우리 대학은 링크(LINC+)사업과 특성화 사업으로 교육부 지원금을 받아오는 것도 중요하다. 그러니 행정과 금전 만능주의로 관리하려고 한다. '관리의 예대'가 어울리는 옷이 아니라고 생각한다. '창작의 예대'로 바꾸는 일관된 차별화 전략이 필요하다고 본다.

교육부의 평가항목에서 요구하는 숫자 놀음인 '단기적인 정량 평가'도 중요하지만, 우리 대학의 이념과 목표를 지향하는 '지속가능성의 정성 평가' 항목을 내실화하는 게 더 시급하다.

교육공간의 개선이 중요하다, 그러나 '외화내빈'이나 '전시효과'가 되어서는 안 된다. 그 공간에서 일어나는 플립러닝 방법론과 교육내용이 중요하다고 생각한다. 하드웨어보다는 '소프트웨어'가 더 강조되어야 한다.

학생 불만의 해결로 임시방편의 조치나 임기응변적인 실습예산의 결재도 필요하지만, '예산의 타당성과 목표지향성'을 연계해서 집행해야 한다.

교수의 연구역량을 향상시키는 정책도 더 시급하다고 본다. 교육의 핵심주체로서 갖추어야 할 교수의 연구와 창작역량을 제고하고 교육방법론을 개발하기 위한 지원에 투자를 아끼지 말아야 한다.

학령인구 절벽 시대의 미래전략을 우리는 마련해야 한다. 교육계에서도 거대 담론과 교육현장에서의 실행방안을 활발히 논의하고 있다. 시대와 사회를 선도해야 할 예술대학교가 주목해야 할 내용들이다. 산학일체형 교육과 융합을 내포하는 인재를 양성하라고 한다. 우리 대학은 '교육기관'이면서 '학습기관'으로 바뀌어야 한다.

"앞으로는 통합(integration) 능력, 학습 역량(learning capability)이 중요하겠다. 21세기 교수가 하지 말아야 할 것은 '가르치지 말라'는 것이다. 빌 게이츠나 스티브 잡스 등 이 시대에 성공한 이들은 대학 수업에 연연하지 않았다.

앞으로 대학이 살아남기 위해서는 학교 수업을 전적으로, 과감하게 바꾸지

않으면 안 된다는 생각이 든다."(2017 UCN 프레지던트 서밋 제2차 컨퍼런스[*])

"4차 산업혁명 시대에는 시각을 넓혀 기업으로 가야 한다. AI, ICT 등 각 학교별 특화된 분야에서 국내 기업과 함께 산학협력이 아니라 '산학일체'로 가야 한다. 대학의 교육이나 경험뿐 아니라 학·연·산까지 넓혀서 1~2년 뒤에는 4차 산업혁명 시대에 어느 기업과 손잡고 어느 분야까지 들어갔다는 연구가 나오길 바란다"고 강조했다.

제조업 중심의 관점이지만, 예술의 관점에서도 융합과 기술 채택 및 학습기관의 운용은 크게 다르지 않다.

'제4차 산업혁명과 대학교육'을 주제로 대학이 고등교육기관으로서 산업혁명 시대에 요구되는 지식과 기술, 인재상과 교육과정 개편 방향 등에 관해 제언했다.

4차 산업혁명의 가장 중요한 요소로는 CPS(Cyber Physical Systems), 데이터(Date), 연결성(Connectivity)을 꼽았고, 한 가지 전공에만 전문성을 가진 'T형 인재'에서, 두 가지 이상 분야에서 두각을 드러내는 'H형 인재'를 대학이 양성해야 한다고 강조했다(2017 UCN 프레지던트 서밋).

3-3. 문화산업 현장의 변화

빅블러(Big Blur)는 흐릿해진다는 의미로, 빠른 변화로 인해 기존에 존재하던 것들의 경계가 모호하거나 뒤섞이는 현상을 말한다. 특히 사물인터넷(IoT), 핀테크, 인공지능(AI), 드론 등 4차 산업혁명의 혁신적인 기술이 등장하면서 빅블러 현상이 대두되었다. 비즈니스 모델에 대충돌을 일으키는 상황이나 맥락으로 설명하며 '경계 융화'라고도 한다.^{**}

예컨대 금융회사 대신 핀테크를 이용해 해외 송금을 하는 것, 온라인 결제 서

비스가 온라인 가맹점을 내는 것, 온라인으로 신청해 오프라인으로 서비스를 받는 우버(Uber)나 에어비앤비(Airbnb) 등이 이에 해당된다.

생산자이면서 소비자를 말하는 프로슈머(prosumer)의 개념도 좋은 사례다. 각종 비즈니스의 고유영역이 소멸하여 '혁신'이 일어나게 된다.

공연예술과 미디어예술의 융합이나 경계파괴는 물론이고, 팬데믹 이후 '언택트 문화'가 일상이 된 현상이나 가상세계와 현실세계의 경계도 허물어지는 메타버스까지 확장해서 사용할 수 있을 것 같다.

① 세계 문화예술 시장의 무한경쟁 시대에 적극 대응해야 한다

세계의 문화산업 시장도 대전환기와 무한경쟁 시대에 접어들었다. 대중예술도 세계적 스타양성을 목표로 해야 문화산업의 첨병이 될 수 있다. 세계적 경쟁력을 확보하기 위한 교육과정 개편이 필요하다. 유명 연예기획사가 '현지화 전략'을 쓰는 이유이기도 하다.

② 한국 문화예술 산업의 글로벌 경쟁력에 부응해야 한다

한국의 문화산업은 한류우드로 인정받고 있다. 2020년 봉준호 감독의 '기생충'이 칸 국제영화제와 아카데미 영화상의 그랑프리를 획득했다. 2021년 '오징어 게임(황준혁 감독)'으로 넷플릭스 94개국 시청률 1위를 달성했다. '한국적 스토리텔링'을 세계인이 공감하고 있다는 사실에 자부심을 가져도 될 것이다.

③ 콘텐츠 시대와 플랫폼 시대의 속성을 이해해야 한다

콘텐츠는 고부가가치를 창출하는 상품으로서 국민경제의 성장동력이 되어야 한다. 넷플릭스(Neflix)는 '오징어 게임'에 250억 제작비를 지원하고 1조 원을 벌었다고 평가받았다. 문화강국으로 업그레이드 하는 전략이 무엇이고 어떤 인재를 양성해야 하는지를 명확히 해야 한다.

④ 프로페셔널과 융합 창작을 목표로 해야 한다

프로페셔널은 최고의 완성도를 지향해야 한다. 문화콘텐츠가 작품성과 상업성을 얻으려면 주제의식과 함께 뉴폼 아트(New form arts)의 요건을 만족시킬 수 있어야 한다.

세계적 보편성을 확보하기 위한 외국 문화이해력도 필요하며 인접 학문에 대한 수용도 필요하다. 그 방법론은 융합을 통한 실험작 생산과 장르 충돌을 통한 신 감각을 새로운 규범(new normal)으로 설정해야 한다.

⑤ 예술창작의 전문화와 심화과정이 필요하다

마스터(Master)가 되기 위한 과정은 길어질 수밖에 없다. 외국의 아티스트가 대학원까지 가는 이유다. 향상 기간과 양성 기간이 길어졌다. 융합하고 숙려할 절대적인 시간이 필요하다. 예술의 본령을 교육하고 프로로 양성하기 위한 절대적인 시간이 부족하다. 프로페셔널(Professional) 수준의 전문성을 획득하기 위한 연한이 길어질 수밖에 없다는 뜻이다.

사회변화와 첨단기술의 발달로 학습량이 과다하게 늘었다. 과학기술을 예술에 도입해야 하기 때문이다. 뉴폼 아트를 창출하기 위한 신기술을 습득하기 위한 시간이 요구된다. 상대적으로 학생들의 기초학습능력은 부족한 편이다.

우리 대학이 '마이스터(Meister) 대학원'을 개설해야 하는 이유이기도 하다.

⑥ 현대는 메타버스(metaverse) 시대로 대전환하고 있다

메타버스는 '가상', '초월' 등을 뜻하는 영어 단어 '메타'(Meta)와 우주를 뜻하는 '유니버스'(Universe)의 합성어로, 현실세계와 같은 사회·경제·문화 활동이 이뤄지는 3차원의 가상세계를 가리킨다. 메타버스는 가상현실(VR, 컴퓨터로 만들어 놓은 가상의 세계에서 사람이 실제와 같은 체험을 할 수 있도록 하는 최첨단 기술)보다 한 단계 더 진화한 개념이다. 아바타를 활용해 단지 게임이나 가상현실을 즐기면서 실제 현실과 같은 사회·문화·경제적 활동을 할 수 있다는 특징이 있다.

메타버스는 1992년 미국 SF작가 닐 스티븐슨(Neal Stephenson)이 소설《스노 크래시(Snow Crash)》에 언급하면서 처음 등장한 개념으로 알려져 있다. 2003년 린든 랩(Linden Lab)이 출시한 3차원 가상현실 기반의 '세컨드 라이프(Second Life)' 게임이 인기를 끌면서 메타버스가 널리 알려지게 되었다.

1999년 영화 매트릭스(Matrix)나 트루만 쇼(Truman Show)나 아바타(Avatar)가 가상현실과 연계된 작품으로 세계관이 비슷하다고 하겠다. 영화 마이너리티 리포트의 증강현실(Augmented Reality), 아바타(Avatar)의 3D 콘텐츠, 모바일 기기(Mobile devices)와 아이폰의 혁명, RFID(Razer Frequency Identification) 등의 실현으로 테크놀로지는 수용자의 생활과 사고방식과 가치관을 근본적으로 혁신시키고 있다. 아마존고(amazonGO)가 생활용품 구매와 결제 패턴을 혁신시키고 있지 않는가?

철학적인 배경으로는 보드리야르의 시뮬라시옹(Simulation)을 참고할 수 있다.

특히 메타버스는 초고속 · 초연결 · 초저지연의 5G 상용화와 2020년 전 세계를 강타한 코로나19 팬데믹 상황에서 확산되기 시작했다. 즉, 5G 상용화와 함께 가상현실(VR) · 증강현실(AR) · 혼합현실(MR) 등을 구현할 수 있는 기술이 발전했고, 코로나19 사태로 비대면 · 온라인 추세가 확산되면서 메타버스가 주목받고 있는 것이다(네이버 지식백과).

메타버스 세상이 전개되면 뉴 테크놀로지와 뉴미디어를 활용한 '뉴폼 아트'가 새로운 문화예술의 패러다임을 선도하게 될 것이다. 방송과 통신의 대융합처럼 새로운 유형의 예술창작인을 양성해야 경쟁력을 갖게 되었다. 테크놀로지(technology)와 기능과 이론을 겸비한 현장연계 체제의 인재양성이 절실하다.

⑦ 인간의 고유영역이라 생각했던 '예술'까지 넘보고 있는 인공지능(AI)

4차 산업혁명 시대의 현대미술에서 기술의 도전은 인공지능이다. 2016년 칸 국제광고제에서 수상한 '넥스트 렘브란트'(Next Rembrandt) 프로젝트*가 인공지능으로 초상화를 그렸다. 마이크로소프트와 렘브란트 미술관이 공동개발한 인공지능은 단순히 사진을 따라 그리는 수준을 넘어 주입된 정보를 통해 새로운 작품을 만드는 경지에 이르렀다. 렘브란트의 화풍과 정밀도를 잘 반영했기 때문에 현대미술품으로 공인받을 수 있는지가 궁금해진다.

그렇다면 이 초상화의 가격은 얼마이고, 원본으로 인정해야 하는지, 시리얼 넘버는 몇 번까지 할 수 있는지. 예술로서의 권위(Aura)는 크게 훼손되지 않아 보인다. 재현과 재해석과 개념의 문제인가? 미래에 수용자의 태도는 어떻게 바뀔지 기대된다.

---

*   중앙일보(2016.4.7.)

그뿐만 아니라 가사 쓰고, 원하는 분위기만 입력하면 바로 음악이 뚝딱 나온다. "음악적 지식이 전혀 없어도, 새로운 음악을 만들 수 있습니다"라는 평론가의 기사도 보인다. 얼마 전 일본에선 인공지능이 쓴 SF소설이 공모전 1차 심사를 통과해 화제가 되기도 했다.

4차 산업혁명의 신기술이 전방위적으로 예술시장에 침투하고 있다. 예술은 과연 어디까지 진화할 것인지 논쟁이 일 수밖에 없다. 인공지능(AI)는 예술을 대작해 줄 수는 있지만, 예술을 즐길 수는 없다고 자만하고 있을 것인가?

인간의 뇌처럼 스스로 생각하고 창작하는 초거대 인공지능(hyperscale AI)이 생산되면 차원이 달라지는 문제다. 인공지능의 정보전달과 학습 능력을 향상하는 파라미터(parameter) 수가 급속히 늘고 있기 때문이다.

⑧ 능동적 수용자(active customer)가 창작에 개입한다

저자적 텍스트(writerly text)와 독자적 텍스트(readerly text)란 개념을 대비한다. 저자적 텍스트란 독자가 마치 저자인 것처럼 텍스트를 재구성하는 등 적극성을 보이는 것을 말한다. 반면 독자적 텍스트는 수동적 독자의 입장에서 텍스트를 대하도록 텍스트가 수용자들의 적극적인 개입을 유도하지 않는 것을 말한다.

전자적 텍스트가 가능한 이유는 텍스트가 열린 텍스트로서 다의성(polysemy)을 갖고 있기 때문이다. (네이버, 정재철)

더구나 문화 수용자는 콘텐츠와 예술작품에 대한 해석력과 수용도가 프로페셔널 수준이다. 수용자는 단순한 문화 소비자가 아니라 스스로 적극적으로 작품에 참여하고 개입(engagement)하여 의미와 재미를 재창출한다는 것이다.

그래서 예술창작가는 주제의식과 완성도에 더욱 집중해야 한다. 향후 주류 문화 수용자가 될 디지털 원주민(digital native)은 디지털 이주민(digital immigrant)과 수용태도에서 다르다는 인식을 가져야 한다.

⑨ 학벌사회라는 외부환경은 점진적으로 변해가고 있다

아직도 고학력 사회로 급속히 이동하고 있지만, 블라인드 채용과 역량 중심의 능력사회를 말하고 있고, 구직난에 시달리는 학생에게 취업의 질*을 제고해야

---

* 취업의 질은 전공적합도와 업무만족도와 경제적 대우의 3요소를 모두 만족해야 높다고 평가한다.

하는 부담을 갖게 되었다. 일반 4년제 대학을 졸업하고도 전문대학에 'U턴 입학' 자가 2020년 10,000명을 넘어서면서 사회 분위기도 많이 달라지고 있다. 외국에서도 명문대학교 졸업장보다는 MOOC가 개설한 특별 강좌를 이수했느냐가 주요 입사기준이 되고 있다는 보도도 있다.

특히 예술 분야에서는 '공개 오디션'이 활성화되어 있고, '예능 천재'에 대한 선호도가 높아 과거 학벌사회와는 다른 모습을 보여주고 있다. 재능 발굴 교육의 심화로 맞춤형 예술교육을 실현하기 위한 대안을 제시하면 충분하다고 본다.

⑩ OTT 시장과 미디어 빅뱅의 현실화다

미국의 AT&T는 타임워너를 인수한 직후에 낸 공식 자료에서, '비디오의 미래는 모바일이고, 모바일의 미래는 비디오'(future of video is mobile and the future of mobile is video)라고 인수 이유를 설명했다. AT&T는 이동통신 가입자 1억 3100만 명을 보유한 미국 2위 통신 업체다. 1위는 버라이즌(약 1억 4200만명)이다.

이런 AT&T가 '통화 요금'이 아닌 '영화, 드라마와 같은 비디오'가 통신 업체의 미래라고 선언한 것이다.*

타임워너는 할리우드의 영화 제작·배급사인 워너브러더스와 24시간 보도 채널 CNN, 유료 케이블 영화 채널 HBO 등 보유한 미국 3위 미디어 그룹이다. 인수·합병이 완료되면 흥행 보증수표로 불리는 워너브러더스 제작 영화 '배트맨' 시리즈, '해리포터' 시리즈, HBO가 만든 인기 드라마 '왕좌의 게임', '밴드 오브 브러더스' 등이 AT&T로 넘어간다.

AT&T는 우선 타임워너의 콘텐츠를 자사 휴대전화 가입자에게 독점 제공해 1위 버라이즌을 따라잡는 전략을 펼 것으로 보인다. 다음은 유료 방송 시장의 위상 강화다. AT&T는 지난해 가입자 2000만 명을 보유한 미국 최대 위성방송 업체 디렉TV를 485억달러(당시 49조 7000억 원)에 인수했다. 현재 자사 가입자를 포함해 유료 방송 가입자 2600만 명을 확보하고 있다.

2021년 국내 독주를 이어가던 넷플릭스, 11월 초 서비스를 시작한 애플tv+에 이어 디즈니+까지 국내 시장 공략을 본격화하면서 국내 온라인 동영상 플랫폼

---

*   중앙일보(2016.10.24.)

(OTT) 시장은 '춘추전국시대'를 맞았다. 디즈니+는 '디즈니(Disney)', '픽사(Pixar)', '마블(Marvel)', '스타워즈(Star Wars)', '내셔널지오그래픽(National Geographic)', '스타(Star)' 등 디즈니 핵심 브랜드의 영화 및 TV 프로그램 콘텐츠를 제공하는 온라인 스트리밍 서비스다.

디즈니+가 제공하는 독보적인 스토리텔링과 우수한 창의성, 무한한 엔터테인먼트를 언제 어디서나 즐기며 앞으로도 다양한 크리에이터들과의 협업을 통하거나 '오리지널 제작'에 직접 투자해 독창적인 콘텐츠를 지속적으로 선보인다고 한다.

유명 미국 드라마 왕좌의 게임과 영화 해리포터 등을 보유한 HBO맥스도 국내에서 서비스를 시작하면 군웅할거 하는 시장이 될 것이다.

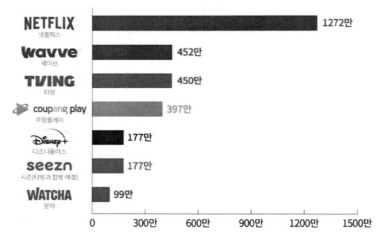

그림 1. OTT 국내 시청자 수(명)(모바일인덱스, 시사인)(2022년 8월)

통신사와 인터넷 회사 간의 치열한 인수합병은 디지털 세상의 승자독식과 맞물려 있다. 영역파괴로 인해 비즈니스 모델의 경계가 무너졌기 때문이다. 거대한 하나의 플랫폼(platform)만 독점한다면 '게임 체인저'(game changer) 역할을 주도할 수 있기 때문이다.

이런 추세이기에 글로벌 경쟁에서 크고 작은 인수합병이 일상적으로 발표될 것이다. 그에 대비하지 않으면 인재양성의 방향도 정하지 못하지 않겠는가?

3-4. 현대예술의 혁신

현대미술의 계기는 20세기 초 '사진'의 등장이었다고 전한다. 재현을 미술이라고 생각했는데 복제력에서 따라갈 수 없으니 미술의 종말이었을 것이다. 예술 본연의 가치를 바꾸고 실제를 '재현'하는 역할에서 벗어나서 미술만이 할 수 있는 일을 찾아 나선 게 바로 현대미술의 시작이라고 볼 수 있을 것이다.

현대미술 작가들은 작품 속에 자기만의 독창적인 생각과 개념이나 철학을 담기 시작했다. 재현은 개념을 표현하는 부차적인 작업으로 치부해버린 것이다. 그래서 작가들은 작품을 만드는 장인이 되는 것도 중요하지만, 작품을 구상하고 기획하는 설계자에 더 가까워졌다. 작품의 외형보다 '아이디어'가 중요해진 것이다.

물론 후기인상파의 3대 거장인 세잔과 고흐와 고갱의 패러다임 쉬프트가 현대예술의 문지기(gate keeper)요 등대임을 잊지 말아야 할 것이다.

현대미술사에서 배우는 주요 관점은 다음과 같다. 기존 트렌드나 고정관념과 경향성을 뒤집기 한 혁신사고이다. 천재 예술가들의 크리에이티브 전쟁*이었다고 한다.

3-4-1. 현대 미술가들의 크리에이티브 전쟁

첫째, 피카소가 주창한 입체파이다. 2차원 평면에서 3차원의 입체로 관점의 전환이었다. 사물의 본질을 추구하게 되니 해체하게 되고 보이지 않는 부문을 발견하게 된다. 눈에 보이는 측면만 묘사하는 게 아니라 보이지 않는 뒷면까지 재현해야 사물의 실상을 파악할 수 있다는 논리이다. 표현기법이 새로운 관점을 획득하게 되는 과정을 강조한 사도라고 하겠다.

둘째, 액팅 페인팅(acting painting)이다. 잭슨 폴록에 의해 실행된 새로운 미술사조다. 평면인 사각 캔버스에 물감을 붓으로 그리는 고정 틀을 깬 셈이다. 화가가 행위자(performer)로서 작품을 창작하고, 창작 과정까지도 작품의 일부로 생각하게 만든 혁신이다. 천년을 이어온 전통 원근법에 의문을 제기하며 평면에 사물의 실

---

*   윌 곰퍼츠, 김세진 역 (2014). 발칙한 현대미술사 - 천재 예술가들의 크리에이티브 경쟁(What are You Looking Art?). 알에이치코리아

체를 온전히 재현하려는 사조이다.

셋째, 개념예술이다. 사건이나 사물엔 존재로서의 의미가 있을 것이고, 그 의미가 무엇인지를 개념으로 정의할 수 있어야 할 것이다. 아니면 혁신하기 위한 새로운 개념을 창안하거나 숨어있는 의미를 개념(단어)으로 규정할 수 있어야 한다. 그래야만 문제를 푸는 해결책이 명확해질 수 있다는 뜻이다.

마르셀 뒤샹의 '샘'이 주는 물신주의 비판이나, 베이컨의 '기관 없는 신체'처럼 현대인이 겪는 의식의 혼재나 유목성 등으로 관객의 공감을 유발하고 있다.

넷째, 추상표현주의자로 알려진 마크 로스코(Mark Rothko)이다. 말년에 우울증과 자살충동으로 시달렸다는 번뇌를 미니멀리즘다운 간결성으로 표현하였다고 한다. 우리나라의 이우환 화백도 철과 돌의 대립구조로 절제된 현대인의 이분법 사고를 묘사했다고 보고 싶다.

다섯째, 미디어 아트의 창시자인 백남준이다. 첨단과학 기술의 도입 없이는 복잡한 현대사회를 분명히 재현할 수 없으며 현대인의 고뇌를 표현할 수 없다는 논리였다고 본다. 사회 문화를 반영하는 미술사에서 배우는 비판적 시각은 예술적 감성으로 승화되고 창의력이라는 새로운 세상을 펼쳐 보여주고 있다.*

3-4-2. 하이 콘셉트(high concept)와 현대예술의 혁신

미래학자인 대니얼 핑크가 "새로운 미래가 온다"라는 저서에서 미래는 디자인, 조화, 공감, 놀이, 스토리, 의미가 중요시되는 하이 콘셉트 시대일 것이라고 예측하면서 유명해졌다. 전통적인 예술관과는 거리가 먼 디지털 시대의 예술관이라고 하겠다.

친숙한 이야기를 콘셉트로 잡는 대신에 변형과 첨가를 거쳐 신선하게 느껴지도록 만들어야 한다. 구체적인 줄거리나 세부적인 내용에서는 시의적절한 소재나 대중의 관심사를 반영하고 기획에 잘 맞는 스타를 캐스팅한다(네이버). 일반 기성의 예술 관념이나 형식을 부정하고 혁신적 예술을 주장한 예술운동이나 그 유

---

* 니코스 스탠고스, 성완경 외 역(2014). 현대미술의 개념(Concepts of modern art). 문예출판사

파라고 할 수 있겠다.

개인화되고 복잡다단한 현대 디지털 사회에서 '예술이 무엇을 말해야 하는가'를 웅변하고 있는 사례는 무엇일까? '가장 개인적인 것이 가장 창의적인 것이다'라는 마틴 스코세이지의 명언이 연상된다. '가장 한국적인 것이 가장 세계적인 것이다'라는 말도 우리에게는 익숙하다.

그동안 우리 대학이 실험해온 창작활동이 '오래된 미래'(현대성, modernity)라는 사실을 확인한다면 우리 대학은 예술에 관한 한 자부심을 가져도 되리라 생각한다.

● 현대예술의 혁신은 뱅크시(Banksy)에서 극명하게 나타난다

뱅크시(Banksy)는 신원을 밝히지 않고 활동하는 영국의 그래피티 작가이자 영화감독이다. 분쟁지역 등 세계 곳곳에서 활동하며, 스텐실 기법을 활용해 건물 벽, 지하도, 담벼락, 물탱크 등에 거리 그래피티 작품을 남긴 것으로 유명하다. 특유의 사회 풍자적이며 파격적인 주제의식으로 전 세계의 주목을 받고 있다.

특히 벽화(street art)로 처음 그려진 〈풍선과 소녀〉(2002)는 2018년 영국 소더비 경매에 나와 104만 파운드(약 15억 원)에 낙찰됐는데, 낙찰 직후 액자 틀에 숨겨진 소형 분쇄 장치가 가동되면서 절반이 파쇄기에 잘린 듯 가늘게 잘리는 사건이 일어나기도 했다.

이는 뱅크시가 고의로 행한 퍼포먼스로 확인됐으며, 이후 해당 그림의 제목은 〈사랑은 쓰레기통에 있다〉로 변경됐고, 뱅크시의 에이전시에 의해 작품으로 공인받았다.

이렇게 개념미술가들은 예술의 본질은 '개념(concept)'에 있다고 보았다. 즉 예술가의 창조적 발상이 실행(창작)이나 결과(작품)보다 더 중요하다는 것이다.

이 경우 미술은 문학에 가까워진다. 개념미술의 논리를 엄격히 적용하면, 작품은 미술관에 전시할 것이 아니라 잡지에 기고하는 게 나을 것이다. 미니멀리스트들은 팔릴 수 없는 작품을 만들기를 원했다.

여기서 그들의 '아방가르드(Avant-garde) 정신'(전위예술)을 엿볼 수 있다.

우리 대학이 가야 할 길의 하나라고 생각해야 할 것이다.

3-5. 교육현장의 학령인구 변화

통계청은 2021년 47만 6200 명의 만 18세 학령인구가 2022년에는 4만 명 가까이 줄어 43만 9천 명일 것으로 예측했다. 2040년에는 현재의 절반인 28만 4천 명으로 감소할 것으로 예상하고 있다.

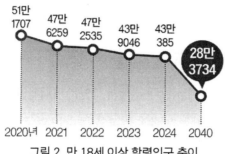

그림 2. 만 18세 이상 학령인구 추이

교육부는 학령인구 감소로 2023년 대학 초과정원이 16만 명(2013년도 대비)에 이를 것으로 예상되자 2014년 대학 구조개혁 추진계획을 수립해 2016~2024학년도를 3주기로 나누어 정원감축을 추진하고 있다.

- 1주기(2016~2018학년도) 구조개혁으로 5만 9163명(2013학년도 대비)의 정원을 감축했으나 '대학의 자율성 침해'라는 비판을 받았다.
- 2주기(2019~2021학년도)부터 대학의 자율적 혁신을 강조하는 '기본역량 진단'을 도입해 진단대상 323개교 중 116개 역량강화대학 1만여 명의 정원 감축을 권고했다. 나머지 207개 자율개선대학에는 중장기 발전계획 등 자체 발전전략에 따라 자율적 정원조정을 추진하도록 했다.

그러나 감축 권고를 받지 않은 대학의 경우 주요 수입원인 학생정원을 적극적으로 줄이지 않고 있어 대학의 정원조정을 유도하기 위해 실효성 있는 평가 및 지원방안 등이 필요하다고 감사원은 지적했다.

교육부가 자율개선대학에 '중장기 발전계획'을 통한 '자율 혁신'을 조건으로 재정을 지원하는 '혁신지원 사업'의 평가도 문제가 있는 것으로 드러났다. '중장기

발전계획'의 '정원조정' 방안 포함 여부를 점검한 결과 조사대상 78개 대학 중 중장기 발전계획에 정원조정 방안을 포함한 곳은 18개교에 불과했다.

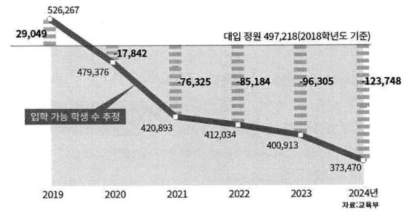

그림 3. 학령인구 변화에 따른 입학자원 추이

감사원은 자율개선대학의 정원감축 부진으로 2021학년도까지 입학정원 감축이 7만여명(2013학년도 대비)에 그쳤다고 발표했다. 2021학년도 대입은 수험생 숫자가 대학 입학정원보다 적은 '데드 크로스'가 처음으로 발생한 입시다. 특히 지방대는 이러한 영향으로 미충원 대학이 속출했다.

또한 2021년 5월 교육부 발표에 따르면 2021학년도 일반대학과 전문대학의 입시 미충원 인원이 4만 명에 달하는 것으로 나타났다(2021년 3월 등록률 기준). 문제는 학령인구(입학 가능 학생 수)는 시간이 흐를수록 감소한다는 점이다.

이에 따라 대학의 입학정원이 변하지 않을 경우, 미충원 규모는 더욱 커질 전망이다. 교육부는 지난 2019년 발표한 '학령인구 변화에 따른 대학 입학자원 추이'에서 대학의 정원이 변하지 않으면, 미충원 규모가 2023학년도 9만 6,305명, 2024학년도 12만 3,748명에 이를 것으로 전망했다. 미충원이 20%~25%이다(대학저널).

21년 5월 20일 교육부가 발표한 '대학의 체계적 관리 및 혁신 지원 전략'에는 대학 구조조정 방안이 담겨 있다. 대학 정원감축의 경우 전국 5개 권역별로 이뤄진다. 권역별 기준(유지충원율)을 맞추지 못하면 하위30~50% 대학은 입학생 규모를 줄여야 한다. 이에 응하지 못하면 '정부 재정 지원'이 중단된다. '한계대학'은 재정부실 대학의 오명을 쓰고 2023년부터 정부 정책에 따라 문을 닫는 대학이 나오게 된다.

특히 '대학 기본역량 평가'에서 재정 지원대학을 선정하면서 '자율 혁신'을 통한 '적정 규모화'를 조건으로 내세웠다. 입학정원 감축을 강제하는 조치라고 하겠다.

또한 지방대학의 민원으로 제기된 '정원 내외 전형 선발인원 총량'을 기준으로 '혁신계획'을 수립하도록 예고하고 있다. 현행 고등교육법 시행령은 농어촌학생 · 특성화고 졸업자 · 저소득층 등을 대상으로 입학정원의 11%까지 정원 외 특별전형을 허용하고 있다. 그러나 외국인 유학생과 외국인이 부모인 학생, 탈북학생은 제한 없이 무제한 선발이 가능하다.

최근 대학가는 12년간 등록금 동결, 입학금 폐지, 학령인구 감소, 정원감축, 물가 인상 등 연이은 재정적 악재로 인해 몸살을 앓고 있다. 재단교체 등의 특별한 계기가 없는 이상 자체노력으로 '부실대학'에서 빠져나오긴 힘든 상황이다.*

서울예대도 교육통계 자료(수시, 정시, 정원 내 지원현황)에 의하면, 2019학년~2021학년을 기점으로 미미하지만 지원자가 감소하고 있음을 알 수 있다(부록 1 참조).
성장곡선이 꺾이는 징후라고 봐야 할 것이다. 이 징후는 급격히 하강곡선을 이룰 것으로 예상되기도 한다.

그래서 한국 교육시장은 글로벌 경쟁시대에 진입해야 하고, 정원 외와 외국인 모집을 강화해야 할 시점이다. 한류 중심의 '우월성'을 바탕으로, 세계일류의 질(質) 제고에 집중해야 할 것이다. '창조적 파괴'와 '역동적 사고'로 구조조정에 대비한 전략이 시급한 시점이기도 하다.

문화예술 시장과 사회 환경은 급속히 변하고 있다. 정보화와 디지털화와 수용자의 변화이다. '복합 소용돌이'가 몰아치고 있다. '시속 10 마일로 기어가는 학교, 100 마일로 달리는 기업'에 '1,000 마일로 날아가는 개인'(digital native)의 시대에 살

---

*   베리타스 알파 (2017.8.23.)

고 있다.

이런 혁신의 변화를 '생각의 속도'라고도 표현했다. 교육 및 창작 혁신이 절실한 시점에 와 있다. 더 이상 '19세기 건물'에서 '20세기 교수'가 '21세기 학생'을 가르치는 촌극을 연출할 수는 없다고 본다. 교육환경과 시스템과 교육과정과 패러다임과 방법론을 혁신해야 한다.

3-5-1. 대학교육 패러다임의 변화

교육제도의 다양화(열린 교육, 사이버 교육, 학점은행제도, ZOOM 강의), 팬데믹으로 인해 '인터넷 강의 비율 20%' 이내 제한 철폐, 교육시장 개방화(해외 유학 자율화) 등으로 현행 우리 대학 체계로는 수용자의 다양한 욕구를 만족시키지 못한다.

국내 예술 전문대학 교육시장의 황폐화가 우려된다. 예술창작인을 양성하는 차별성은 '도제식' 집중교육이 효과적이지만, 그 대안은 계속 개발되고 있다.

세계 유명 대학교에서 개설한 MOOC(Massive Open Online Course, 대규모 온라인 공개수업)는 장르와 영역을 구분하지 않고 다양한 교육 수요자를 확보하고 있다. 일정 수강료를 내면 공식 졸업(이수)을 발행하며, 일부 회사에서는 취업예정자에게 특정 강의의 수료확인증을 제출하도록 한다. 교육시장의 변화는 사이버대학의 확산 같은 사회변화와 함께 급속히 확산되고 있다. 새로운 패러다임으로 무장하지 않으면 생존이 어렵게 되었다.

특히 교육방법론의 변화를 주목해야 한다. 전통 학교교육의 기본철학은 교수와 학생의 수직관계를 바탕으로 주입식 교육이었다. 산업화 시대에 팽창하는 인력 수요를 감당하기 위해 인적 자원을 대량 공급해야 했기에 효과적인 교육방법이었다. 그러나 현대사회는 인터넷 정보화 사회이고 검색엔진의 도움으로 지식의 전수는 효용성이 떨어졌다.

이제는 지식이 어디에 있는지를 다 알고 있고 경험이 부족한 학생들에게 교수의 역할이 불필요 졌다. 오히려 장애요소가 될 수도 있다.

'교육(teacher)'이 아니라 '학습(learning)'이라는 방법론의 교체가 불가피해졌다.

이제 교수와 학생은 수평관계인 '코치'이고 '조력자'이고 '멘토'역할이 요구된다. '교학상장'(教學相長)의 의미로 전환되어야 할 것이다.

화학생물공학부의 경우 물리 화학 수학 엔지니어링 분야의 핵심 기초 과목과 영어, 컴퓨터, 프레젠테이션(발표) 능력만 탄탄히 갖춰도 충분하다는 설명이다.

통섭의 시대에 맞는 이공계 리더를 육성하려면 인문학적 소양과 사회과학적 문제의식을 함께 갖추도록 해야 한다고 말한다. 예술 창작인을 양성할 때도 적용될 수 있는 관점이라고 본다.

교수들은 '내 과목이 과연 인재 양성에 필요한 것인가'를 돌아보는 성찰의 시간을 가져야 할 것이다. 전공 발전을 위해선 '내 강의와 자기 과목'을 과감히 버릴 수 있는 자세가 필요하다. 특히 국제화와 연관해서 글로벌 경쟁력을 가져야 하며 외국인 교수와 협업할 수 있는지도 고려해야 할 것이다.

문제를 발굴하고 정의하며 실제로 제작하여 해결책을 제안하는 '자립형 교육제도'가 일반화 하고 있다. 소위 '캡스톤 디자인 수업'과 '디자인 씽킹 수업'으로 자발적인 수업참여를 유도하면 효율성이 높다고 평가한다. 다양한 전공자가 다양한 관점에서 문제해결책을 창안하기에 실전에서도 효과적이다.

협업시스템이 필수화된 산업현장에 적응이 쉽도록 프로젝트 기반 학습(project-based learning)별로 운영된다. 과거 일방적인 지식전달 방식이 아니라 코치 개념의 적용인 셈이다. 이런 흑묘백묘론(黑猫白猫論) 같은 변화를 선도하기 위한 참신한 교육과정 개발이 절실하다.

그리고 창업 휴학 허용, 다학기제 실시이다. '오래된 미래'가 된 교육법과 교육부 지침과 학교 학칙 및 규정에 얽매여 급변하는 사회경제 환경에 부응할 수 없는 상황을 개혁해야 한다. 특히 1년 휴학제나 1년 2학기제에서는 가사휴학과 군입대 휴학 정도만 인정되고 있다.

사회는 창업을 권장하고 창업 예비학기를 허용하여 새로운 도전의 기회를 제공할 수 있어야 한다. 스티브 잡스, 마크 저커버그는 모두 창업 지향의 기업가 정신이 충만했던 '대학중퇴생'이다. 예술가 지향의 학생은 더욱 도전정신이 강해야 할 것이다.

특히 유연학기제나 다학기제를 조속히 도입하여 자유분방한 예술교육의 메카로 성장해야 할 것이다.

3-5-2. 글로벌 무한경쟁과 스마트 캠퍼스 구축이다

제4차 산업혁명 시대와 팬데믹 이후 시대를 주도하는 첨단기술을 바탕으로 유비쿼터스 공간 연출이 가능해야 한다. 사물인터넷을 비롯하여 세상의 모든 디바이스를 연결하는 '공간초월 시대'에 대응하고, 인공지능 기반의 스마트 캠퍼스 환경 조성이 요구된다.

비대면 수업이지만 대면 수업보다 더 치열한 '질문과 토론'이 가능한 강의 시스템을 구축해야 할 것이다. '디지털 트랜스포메이션'의 혁신과제의 하나이다.

또한 문화산업만큼 승자독식의 정글은 없을 것이다. 예술의 완성도는 적자생존을 위한 무한경쟁이며 1등만이 살아남는 최고 프로페셔널의 세계이다. 또한 승자는 모든 명예와 자본과 수익을 독차지하는 비즈니스 모델을 가지고 있다.

지속가능한 성장을 위해 끊임없이 변화하는 생명체이기도 하다. '혁신에 혁신을 다하다'는 기업 슬로건을 사용하기도 한다. 기업을 긍정적인 측면에서 보면, 기업의 존재이유는 단순한 이익창출이 아니라, '가치창출'을 통해 세상을 변화시키겠다는 무한도전이다. 일반 학생은 '기업이 필요한 인재'로 육성되겠지만, 예술창작인은 '세상이 필요로 하는 인재'로 육성되어야 할 것이다.

3-6. 퍼스트 무버(First Mover) 기업의 변화

신기술이나 인기 있는 상품을 빠르게 모방하는 기업이 '패스트 팔로어'(fast follower, 추격자)라면, 시장의 변화를 주도하고 새로운 가치를 만들어내는 기업을 '퍼스트 무버'(first mover, 선도자)라 한다. 지금까지는 남들을 좇는 추격자의 태도로도 버텨 왔다면 이제는 도태되지 않기 위해서라도 퍼스트 무버로의 대전환이 필요하다.

삼성과 애플의 특허 경쟁에서 삼성은 모방자(copycat)로 낙인찍혔고 미국법원의 판결로 배상금을 물었었다. 첨단기업의 생존경쟁에서 디자인과 기술의 지적재산권이 얼마나 중요한지 알 수 있는 사례였다. 독창성을 생명으로 하는 예술 장르에서도 마찬가지다.

'추격자'와 '선도자' 각각의 개념을 여러 기업들의 성공과 실패 사례를 통해 비교하고 선도자가 되기 위해 갖춰야 할 태도를 학습해야 한다. 문샷 씽킹*(Moon shot thinking)으로 대변되는 무한도전과 세상문제를 해결하려는 솔루션 창조자에게서 다각도의 관점을 배워야 한다.

2021년 7월 버진 갤럭틱과 블루 오리진이 최초로 민간인 준궤도 우주여행을 시작했고, 9월에는 스페이스X가 최초로 민간인 궤도비행 우주여행을 시작했다. 항상 '온리 원(Only 1)'이 되겠다는 도전정신이며 생각의 감옥을 탈출하는 실험정신이다. 우리 대학이 배워야 할 독창성의 '문샷 씽킹'이다.

아직까지는 현재진행형인 4차 산업혁명 시대와 팬데믹 이후 시대에서 선도자나 선도 기업이 되고 '퍼스트 무버'가 되기 위해서는 불확실성이라는 위험을 극복할 수 있어야 한다.

미디어 기업뿐만 아니라 대기업, IT기업, 엔터사, 게임사까지 콘텐츠 전쟁에 뛰어들고 있다.

세계 최첨단 기업을 퍼스트 펭귄(First Penguin)으로 부르는 이유는 불확실성을 감수하고 용감하게 도전하는 선구자이기 때문이다. 남극 바다에는 펭귄의 먹잇감도 많지만 바다표범 같은 천적도 많기 때문에 펭귄 무리는 머뭇거리게 된다.

먼저 바다에 뛰어든 퍼스트 펭귄은 숱한 역경과 실패도 목표를 이루기 위한 과정으로 받아들이는 '기업가 정신'의 다른 표현이기도 하다.

퍼스트 펭귄은 기존 사업이 성장 한계에 부딪혔을 때 고정관념을 뒤집고 판을 뒤흔드는 창조적 파괴(disruption)를 통해 새 길을 모색한다. 퍼스트 펭귄은 바로 바다로 뛰어드는 실행력(enablement)이 특히 독보적이다.

그러나 퍼스트 펭귄이 늘 도전에 성공하는 것은 아니다. 무수한 실패를 경험

---

* 오잔 바롤, 이경식 역(2020). 문샷, 극한상황에서 더 크게 도약하는 로켓과학자의 9가지 생각법. 알에이치코리아.

하는 경우가 다반사다.

　　퍼스트 펭귄의 '실패'는 성공으로 가기 위한 '실험'(experiment)으로 받아들여야 한다. 새로운 시장을 여는 개척자 정신(pioneership)은 퍼스트 펭귄의 큰 특징이다.

3-6-1. IP(지적재산권)와 '대세' 플레이어 파워

　　IP(지적재산권) 활용 등 높은 미래 성장성을 가진 콘텐츠 시장 규모가 커지면서다. 콘텐츠의 생산과 유통, 소비까지 판이 빠르게 바뀌면서 더 늦었다간 콘텐츠 비즈니스에서 자리잡을 수 없다는 위기의식이 시장 전체에 퍼지고 있다.

　　코로나 19 전염병 대유행은 전 세계 OTT(온라인 동영상서비스)의 성장에 불을 붙였다. 2020년 글로벌 OTT 시장 규모는 1100억달러(125조원) 수준에 이른다. '대세' 플레이어가 바뀌면서 기존의 콘텐츠 공급 공식도 깨졌다.

　　미국의 워너브라더스 픽처스는 올해 공개하는 모든 자체 제작 영화를 계열 OTT인 HBO맥스에 동시 개봉하기로 했다. 디즈니는 2억 달러(2,200억원)를 들인 대작 영화 '뮬란'을 극장보다 자체 OTT인 디즈니플러스에 먼저 공개했고, '오징어 게임'도 전 세계 94개국에 9부작 전체를 동시에 공개했다(조선일보).

　　기술의 발전과 함께 플랫폼은 변하겠지만, 콘텐츠의 가치는 계속 커질 수밖에 없다. 예로 자율주행차 시대가 오면 콘텐츠 파워는 더욱 세질 것이란 관측이다. 차 안에서 영화, 드라마, 예능을 보거나 음악을 듣고 웹툰을 소비할 수 있다.

　　현재 대부분의 사람들이 대중교통에서 스마트폰에 집중하듯, 자율주행차라는 플랫폼 안에서 새로운 미디어 소비 행태가 나타날 가능성이 크다. 수많은 기업들과 투자자들이 '크로스 미디어 M&A 전쟁'에 뛰어든 이유다. '국경과 업종과 장르의 경계를 파괴'해야 한다.

　　콘텐츠 확보 경쟁이 치열해지고 있어서 애플+는 자체 오리지널 콘텐츠 제작에 5,500억원을 투자할 계획이고, CJ ENM은 8,000억원의 투자계획을 발표했다. 애플은 할리우드의 유명 TV 프로듀서들을 영입했으며 최근 영상 · TV 프로그램 제작팀을 발족시켰다.

CJ ENM은 콘텐츠 시장에서 국가 간 장벽이 허물어진 만큼, 토털 엔터테인먼트로 역량을 강화해 나갈 것이다. 플랫폼에서는 경쟁자지만 콘텐츠 제작자로서는 넷플릭스가 한국 콘텐츠의 주요 고객이라고 판단하고 있다.

WSJ는 "애플이 넷플릭스와 아마존에 이어 할리우드의 주요 플레이어(player)가 됐다"며 "애플+와 디즈니+는 브랜드 파워를 내세워 강력한 경쟁업체가 될 것"이라고 내다봤다.

TV가 이끌어 온 미디어 시장은 최근 몇 년간 '코드 커팅'(시청자가 유료케이블 방송을 해지하고 인터넷 TV, 스트리밍 서비스 등 새 플랫폼으로 이동하는 현상)으로 급변했다.*

이제는 IPTV, 케이블TV, OTT, 유튜브, 포털, 앱, 스마트폰, PC, 태블릿PC, 인터넷TV 등 다양한 미디어 플랫폼으로 창작물이 소비되기 때문이다. 플랫폼 기업은 '킬러 콘텐츠' 확보에 사활을 걸고 있기 때문이다. '승자독식'의 구조 속에서 '오리지널 갱스터(Original Contents Ganster)'로 게임 체인저를 만들어야 하기 때문이다.

3-6-2. 닭이 먼저냐, 달걀이 먼저냐?

사람이 먼저냐, 조직이 먼저냐, 기획이 먼저냐, 예산이 먼저냐는 늘 논란이다.

'쿠팡'의 팀스피릿을 위한 '15개 리더십 원칙' 가운데 '깊이 파기'(Dive Deep)가 있다. 먼저 '깊이 파기'는 근본과 바닥의 끝까지 파보면, 문제의 핵심과 해결방법이 나온다는 행동 철학이다. 근성과 끈기로 구체적인 팩트를 찾는 데 집중한다는 것이다. '문제(콘셉트)를 완벽히 이해하고 디테일을 세심하게 판다'는 뜻이다.

김봉진 동문이 의장인 '우아한 형제'의 '배달의 민족'에는 '송파구에서 일을 더 잘하는 방법 11가지'라는 사훈이 있다. 11번째는 '이끌거나, 따르거나, 비키거나'이다. CNN 창업자 테드 터너의 말이라고 한다. 디지털 시대의 선도기업이 될 수밖에 없는 행동지침이고 냉철한 프로의 세계를 보여주는 것 같다.

"이끌거나, 따르거나, 비키거나, 떠나거나"는 선도자(leader), 추종자(follower), 탈

주자(escaper), 적응자(adapter)의 어느 길인가의 선택이다.

변화와 혁신의 시대라고 하는데, 과연 나는, 주요 보직자는 어떻게 하고 있을까?

		수동형	능동형
강 성과창출력 약	조직지향	추종자 '**따르거나**'파(follower) 협조자	선도자 '**이끌거나**'파(innovator) 설득자
	개인지향	탈주자 '**떠나거나**'파(escaper) 방관자	적응자 '**떠나거나**'파(escaper) 연결자

약	업무태도	강

그림 4. 조직 구성원의 생존유형 4 분류(성과와 태도의 관점)

또 하나, '무엇을 할까'와 '어떻게 할까'의 문제이다.

원칙과 방향과 콘셉트에 관한 담론은 많지만, 해결방안과 실천대책은 생각하지 못하는 경우가 많다. '융합하자'는 말할 수 있지만, 어떻게 하냐는 구체적인 아이디어는 내기가 쉽지 않다. 이런 문제를 해결하는 데 노력해야 한다.

예를 들면, '교수 식당 테이블에 다른 전공이 2개 이상 있을 때, 서비스를 받을 수 있다'고 한다면 달라질 것이다. 생활 속에서 일상적으로 할 수 있는 기회를 만들어야 목표인 '융합'을 이룰 수 있다는 생각을 가져야 할 것이다. 그런데 아직도 회의방법, 업무처리, 피드백, 정보공유에서 미흡하다고 생각한다.

조직(대학 공동체) 구성원의 조직지향성과 업무태도로 볼 때, 교직원의 유형을 4 가지로 나눌 수 있겠다.

파레토 법칙(Pareto principle)[*]은 '전체 결과의 80%가 전체 원인의 20%에서 일어나는 현상'을 말한다. 예를 들면, 20%의 고객이 백화점 전체 매출의 80%에 해당하는 만큼 '선택과 집중 효과'를 분석해야 한다는 것이다. '8대2 법칙(rule)',

---

[*]   리처드 코치, 공병호 역(2018). 80/20 법칙(20주년 기념). 21세기북스.

'80:20 법칙'이라고도 한다.

활동적인 소수(the vital few) 20%가 '성과창출력이 강한 인재'로서 능동적으로 업무를 수행하고, 조직을 이끌어 가는 선도자요 '혁신자(innovator)' 역할을 한다고 볼 수 있다.

조직이념(창학이념)을 공동체 구성원들에게 능동적으로 전파하는 '설득자'이다. 주인의식을 가지고 '일 잘 한다'는 평가를 받으며 '이끌거나'파(배달의 민족)를 형성하며 조직발전에 이바지하게 된다.

경제이론에 적용되는 법칙이긴 하지만 인간의 모든 활동과 자연의 흐름을 지배하는 보편적 원칙으로 인용되고 있다.

디지털 시대의 코닥을 재건하기 위해 부임한 CEO 안토니오 페레스의 '3분의 1 법칙'도 있다. 어떤 조직이라도 '3분의 1은 변화를 지지하고, 3분의 1은 저항하나 설득할 수 있고, 3분의 1은 변화를 거부한다'는 믿음이다. 이런 경직된 조직에 변화의 바람을 불어넣는 'R 위원회'를 만들었다. 'R'은 조직의 변화를 거부하는 반항자(Rebels)에서 나왔다고 한다. 반항자가 제안한 개선방안을 반영하여 조직에 긍정적인 사고를 갖고 창조적인 혁신을 이루어내게 했다.

'날개'라는 성공에 도취 되었다가 추락하는 이카루스(Icarus)가 되지 않기 위한 성찰과 전략이 필요하다고 본다.

특히 인재는 공동체 성장과 혁신의 방아쇠(triger)이기에 이념을 공유하는 바람을 불러일으킬 수 있어야 한다.

4차 산업혁명 시대와 팬데믹 이후 시대에 적합한 경영혁신이 무엇이며 교육혁신은 어떻게 진행되어야 하는지 공론화할 필요가 있다. 선도자(first mover)가 되기 위한 의식혁명이 절실히 요구된다. '닭이 먼저냐, 달걀이 먼저냐'의 '인과관계와 창조자' 논쟁은 비생산적이고 다른 문제다. '닭이 먼저고, 달걀이 먼저다.'

'생각의 차이'가 세상의 차이를 만들고, '관점의 차이'가 뉴폼 아트를 만든다. 뉴폼 아트를 강조하는 것은 '썩지 않으려면 섞여야 한다'는 융합정신과 의식혁명에서 나오기 때문이다.

3-7. 혁신의 의의

회색 코뿔소(gray rhino)*는 인간이 자주 놓치는 위험 혹은 보고도 못 본 척하는 위기를 가리킨다. '개연성이 높고 파급력이 크지만, 간과하는 위험'을 말한다. 책은 예측 불가능한 위기란 존재하지 않으며 누구나 주의를 기울이면 위험 신호를 내뿜으며 돌진하는 위기를 발견하고 대응할 수 있다고 알려준다.

그런데 인간은 위기를 외면하려는 본능을 가지고 있고, 합리적인 유예 작전도 만든다. 발견된 '위기 경보'를 해결하기 위해서는 혁신이 필요하다. 혁신(革新)이란 무엇인가? 혁신은 잘못된 것, 부패한 것, 만족스럽지 못한 것을 바꾸거나 고치는 것을 말한다. 묵은 관습, 사고방식, 조직, 과정 등을 새롭게 대체하고 창조적으로 변형(transfomation)시키는 것을 말한다.

혁신은 어렵고 힘들며 귀찮기도 한데 왜 '혁신'이 필요한가? 그것은 '성장의 필요충분조건'이기 때문이다. 그러므로 생활 속에서 작은 것부터 '구조적'으로 개선해 나가는 노력이 필요하다.

예를 들면, '변화의 시대'에서 혁신(innovation)은 기업명('SK Innovation')에 사용할 정도로 시대정신을 반영하는 핵심개념이 되었다고 할 수 있다.

혁신은 가치창출의 축이고 경쟁을 압도하는 힘이기도 하다. 혁신은 기존의 관행 · 사고방식 · 태도를 뒤집는 일이다. '레드 팀'(red team)의 반대 논리나 의견도 이겨내고 성과를 향한 도전이다.

3-7-1. 혁신의 분류

혁신(革新, innovation)은 조직 내의 다양한 장소에서 다양한 형태로 발생하는데 일반적으로 기술 혁신, 관리 혁신, 인적 자원 혁신의 세 가지로 분류한다.

이러한 세 가지 유형은 서로 독립적으로 발생하기보다는 상호 의존적으로 발생한다. 묵은 관습, 조직, 방법, 사고방식 등이 서로 얽혀 있어 풀기가 쉽지 않다.

그래서 혁신은 창의적 해법(creative solution)으로 예술, 경제, 사업 및 정부정책

---

*   미셸 부커, 이주만 역(2016). 회색 코뿔소가 온다 - 보이지 않는 위기를 포착하는 힘. 비즈니스북스.

과 같은 영역에서 이전과 확연히 다른 변화의 결과를 세상에 내놓아야 한다. 혁신의 목표와 방법과 과정과 결과에서 긍정적이고 가시적인 변화가 수반되어야만 한다.

경제학에서 혁신이란 생산자의 가치 및 소비자의 가치 두 가지의 가치가 증대되어야만 한다. 생산성의 향상을 주도하는 혁신은 경제적으로 부를 증가시킬 수 있는 기초적인 자원이다.

'또 다른 김밥을 말지 않는다'는 '혁신'은, 단순히 그 표면적 다름의 문제가 아니라 대상의 본질을 이루는 것들을 건드려, 전에 없던 '가치혁신'(Value Innovation)을 만들어내는 것이다. 비즈니스의 혁신이론은 혁신을 두 가지 형태로 나눈다. 파괴적 혁신(Disruptive Innovation)과 존속적 혁신(Sustaining Innovation)이다(Clayton Christensen).

첫째, 존속적(점진적) 혁신(Incremental Innovation)은 기존의 것과의 연속선 상에 있는 혁신(Continuous Technical Evolution)이다. 존속적(점진적) 혁신은 기존의 것을 토대로 하는 혁신으로, 해당 산업이나 기술 등과 같은 특정 영역에서의 전문적 지식(조사, 분석을 통해 획득되는 지식을 포함한)을 토대로 이루어진다.
일반적으로 기존에 '비교우위력'을 가지고 있었던 기업이나 완고한 시장에 속한 기업들은 점진적 혁신을 시도하게 된다.

둘째, 파괴적(급진적) 혁신(Radical Innovation, Discontinuous Innovation)은 기존 형태의 산업에서는 사용되지 않았던 자원 및 속성들을 사용하여, 기존 산업의 형태를 변화(Disrupt)하는 형태로 발생하며, 상대적으로 유연한 시장이나 새로이 산업에 진입하는 경쟁자들이 주로 채택하게 된다.
시장의 성격(완고함 vs 유연함)이나 시장 내에서의 포지션(시장선도기업 vs 신규진입기업) 등에 따라 그 추구해야 하는 방향이 달라질 수 있기 때문이다. 또한 그것이 완전히 급진적인 혁신의 경우 '신시장 창출'(pioneering)과 관련한 위험도 역시 수반된다.

따라서 이와 같은 혁신의 창조에 있어 중요한 것은 '혁신 경로'(Innovation Path)

의 지속적 유지와 내부역량 간의 조합(Fit), 그리고 그 혁신의 방향성 및 혁신의 정도이다.

혁신에 있어서는 경쟁에서 승리하는 것에 집중하는 것보다, 혁신 자체에 집중하는 것이 중요하다고 할 수 있다.

경영 구루 톰 피터스(Tom Peters)는 "혁신은 실제로 쉬운 것(Innovation is actually EASY!)"이라 말하며 "관심을 기다리고 있는 구원자들(Saviors-in-waiting)"이라는 이름을 붙인 '불만에 가득 찬 고객들, 눈에 띄지 않는(아직은 힘이 약한) 경쟁자들, (불만을 가지고 마음대로 행동하는) 위험한 조직구성원들, 하청업체들(Disgruntled Customers, Off-the-scope Competitors, Rogue Employees, and Fringe Suppliers)'의 충족되지 않은 니즈(Needs)를 관찰하고, 경청해주고, 해결해 주는 것이 바로 혁신이라는 것이다. (Wayne Burkan)

즉 '진실의 순간'(Moment of truth)에서 '통각점'(Pain point)의 해결이다.

결국 혁신에서 가장 중요한 것은, 해당 산업 내의 통각점을 찾아 그 문제의 요인들을 남들이 생각지도 못했던 독창적인 방법으로 변화시킴으로써 해결해 주고, 동시에 자기 자신을 지속적으로 파괴하며 또 다른 혁신을 이룩하려는 철학일 것이다(이은세, Google).

이런 관점에서 우리 대학은 4차 산업혁명 시대와 팬데믹 이후 시대에 '어디에 있고 무엇을 해야 하는지 전략적 고민'을 해야 할 것이다. 소위 '골든 서클'*로 왜 (why), 무엇을(what), 어떻게(how)의 질문 순서를 거치면서 우리의 정체성(identity)을 바탕으로 직관과 아이디어와 실행력을 기획해야 할 것이다.

이런 과정과 그 성과가 혁신이라고 할 수 있다. 다만 '혁신의 확산'은 만만찮은 작업이다. 사안에 따라서는 '고르디우스의 매듭'(Gordian knot)처럼 대담한 방법을 써야만 풀 수 있는 문제일 수도 있다는 것을 알아야 한다.

우리 대학이 가능한 혁신을 선택하고 과감한 실험과 실행을 통해 뉴폼 아트를 창출하기 위해서는 세상 사람들에게서 '미움 받을 용기'도 가질 필요가 있다.

---

*   사이먼 사이넥, 이영민 역(2013). 나는 왜 이 일을 하는가(Start with Why). 타임비즈.

그래서 '세상엔 변하지 않는 게 없다는 것이 변하지 않는 진실이다'의 시대에 '혁신은 불가피'할 뿐이다.

혁신이라는 '방향'이 정해졌으니 '방법'을 찾으면 되고, '속도'를 내는 구제적인 아이디어나 대책을 실행하면 될 것이다.

3-7-2. 혁신의 속도는 어떻게 할 것인가?

피할 수 없는 '혁신'에 관한 주제는 '속도, 거리, 방향, 강도, 범위' 같이 다양하다. '주체, 조직, 사람'과 연계되어 있다. 혁신TF가 주도한다면 결국 '조직과 사람'의 문제로 귀결된다.

최근 조명받고 있는 애자일 조직(agile organization)은 '민첩한', '기민한' 조직이라는 뜻으로, 부서 간의 경계를 허물고 필요에 맞게 소규모 팀(cell)을 구성해 업무를 수행하는 '탄력성'이 강한 조직이다.

애자일 조직의 목표는 불확실성이 높은 비즈니스 상황 변화에 대응하여 빠르게 성과를 도출하는 것이다. 이들은 프로젝트 사전에 완벽한 분석이나 기획을 추구하는 대신 사전 분석이나 기획을 최소화하고, 시제품(prototype) 등을 통해 외부 피드백을 지속적으로 반영하여 업무 완성도를 높이는 것이 특징이다.

'생각하고 난 뒤 뛰는 게 아니라, 뛰면서 생각한다'는 '속도 중심' 조직이다. 스타트 업 기업도 '스케일 업(scale-up)'을 중시하는 이유와 같다.

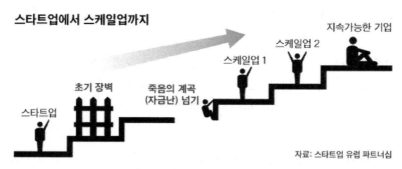

그림 5. 스타트업에서 스케일업까지

애자일 조직은 전통적인 피라미드 조직 대신 필요에 의해 협업하는 자율적 셀

(cell · 소규모 팀) 조직을 기반으로 자원 배분을 조율한다. 이들은 상명하달의 수직적 조직구조보다 직원 개개인의 주인정신(ownership)을 중시하는 수평적인 조직이다.

리더는 기존 관리자형 리더와 달리 '본인 스스로 전문가'로서 업무를 추진하면서, 동시에 조직을 조율하고 지원하는 역할을 해야 한다.

애자일 조직문화는 구글, 페이스북 등 글로벌 IT(정보기술) 기업에서 널리 쓰였으나, 최근에는 업종과 관계없이 시시각각 변하는 사업환경에 빠르게 대응하기 위해 도입되고 있다(네이버).

다만 학교는 일반조직처럼 '모험기업'이 아니므로 '사전 기획'과 '콘셉트 전략'을 무시할 수 없다. 집단지성을 활용하여 시간을 단축하고, 오류와 시행착오를 줄이는 제도와 장치(레드 팀)를 마련하여, 수정과 숙성과정을 거쳐야 할 것이다. 이런 '스케일 업' 과정을 활용하면 '죽음의 계곡'에서 생존하는 방법(아이디어) 및 지속가능성도 찾을 수 있을 것이다.

3-8. 총장의 신년사 분석

4차 산업혁명의 개념 자체와 시대구분은 물론 주요 과제가 무엇이 될 것인지에 대한 공감은 아직 미흡하다고 본다. 특히 제조업 중심으로 ICT를 융합해야 한다는 담론만 제기되고 있다.

팬데믹(코로나19)으로 생활방식과 사회 운용방식이 전면 개혁되고 있는 2022년이다. 우리 대학이 주목해야 할 '예술 창작과 장르의 관련성에 대한 토론과 논의'가 없어 트렌드 변화에 추종하지 못하는 실정이다. 세상은 급류에 떠밀려 가고 있는데 우리 대학은 '구명정'이라도 만들어야 하지 않을까?

2018년 서울예대 학보 신년사에서 전임 유덕형 총장은 다음과 같이 시대정신을 갈파했다.

"4차 산업혁명의 가장 중요한 요소로는 로봇, 사이버 공간(Cyber Space), 인공지능(AI), 초연결성(hyper Connectivity)을 꼽았고, 한 가지 전공에만 전문성을 가진 'T형 인재'에서, 두 가지 이상의 장르에서 글로벌 경쟁력을 갖춘 'H형 인재'를 양성해야 한다고 주장하고 있습니다. 이런 사고는 그동안 우리 대학이 지향해온 인재상과 일맥상통한다고 생각합니다.

그래서 우리 대학의 주요한 핵심가치로서 '융합 · 글로벌 · 뉴폼 아트'를 강조하고자 합니다.

융합은 '뉴폼 아트를 위한 화학적 연계'라고 생각합니다. 융합은 예술미학을 만들기 위해 '창조적 파괴'를 하는 혁신의 과정이라, 단순한 '물리적 연계'와 다르다고 봅니다.

전공을 심화하면서 계열을 확장하고, 계열을 확장하면서 전공을 심화하는 연계 순환이 회오리 바람처럼 상승작용을 하면서 뉴폼 아트를 만드는 원동력이 되게 하는 것입니다. 그 교육(창작)과정 속에서 남들이 하지 않는 '희소성'을 찾고 '특성화'를 담을 수 있는 미학창조입니다."

우리 대학의 주요한 핵심가치로서 '융합 · 글로벌 · 뉴폼 아트'를 강조하고 있다. 최고경영자인 총장의 경영방침이고 급변하는 교육환경과 시대정신에 대한 언급이다.

아래는 유덕형 총장의 취임사(2007.3.5.)의 발췌문이다. 15년 전 전언이지만 2022년에도 통용될 수 있는 시대정신이고 통각점의 재발견을 잘 압축하고 있다.

"지금 세계는 끊임없이 출현하는 새로운 지식과 경향, 그리고 영역을 넘나드는 예술 창작활동, 디지털 환경으로 새롭게 변화하며 예술교육의 새로운 패러다임을 요구하고 있습니다. 이제 우리 대학은 이러한 시대적인 상황을 선도하고자 예술과 과학의 융합과 매체간의 교류, 연계, 순환, 통합을 통하여 예술표현 양식의 새로운 창조와 확장을 도모해 가야겠습니다."

또한 새로운 문화예술의 시대라는 우리에게 주어진 기회를 교육적 성과로 이어가야 하며, 이를 위한 기반과 경쟁력을 구축해 나가야 하겠습니다. 이와 같은 목표달성을 위하여 저의 재임기간 중 우리 모두 다음과 같은 사업에 중점을 두어야겠습니다.

첫째, 우리 대학이 세계적인 경쟁력을 갖춘 예술대학으로 발전해 나가기 위해 최선의 노력을 다해야 하겠습니다.

둘째, 교육 프로그램의 전문화와 특성화를 도모해 나가도록 하여야 하겠습니다.

셋째, 산학협력 사업을 더욱 강화해 나가도록 하여야 하겠습니다.

끝으로, 과학과 예술의 접목을 통한 새로운 예술교육 패러다임을 창조하여야 하겠습니다.

우리 대학의 이념과 그에 따른 교육목표를 재인식하고, 우리의 전통과 문화를 돌이켜 보고, 우리가 추구해 나가야 할 새로운 길을 찾아내야 한다는 교육 패러다임을 설파하고 있다.

나아가 2017년 유덕형 총장의 신년사에서 천명한 제4차 산업혁명 시대에 우리 대학의 경영방침과 교육과정에 대한 지침은 시사하는 바가 크다고 생각한다.

" … 제4차 산업혁명기의 생태계 법칙은 융합에 의한 창조라고 합니다. 이는 우리 대학의 창학이념과 4대 지표와 일치하는 것으로 우리가 지금까지 실행하고 있는 '연계 · 순환 · 통합에 의한 융합 창작과 융합 교육'이라고 할 수 있습니다.

우리 고유의 예술혼을 중심으로 예술과 과학을 융합하고 다양한 문화예술을 융합하며 새로운 미디어와 장르를 창조적으로 융합하여, '뉴폼 아트'를 창작하는 것이 4차 산업혁명의 세상 에서 우리가 추구하는 예술과 교육의 유일한 길입니다.

뉴폼아트를 창작하는 실험정신이야말로 진정한 예술정신이며, 우리가 추구하는 '서울예대파'와 '서울예술류'를 완성시켜 나가는 길이기도 합니다.

이러한 차원에서 우리 대학은 학부내 전공간 연계는 물론 학부와 학부간의 지속적 연계와 순환에 의한 통합과 융합으로 완전히 새로운 전공과 새로운 형태의 예술창작이 나올 수 있어야 합니다. … "

이렇게 지난 10여 년간 통합과 융합 교육을 추구하고, 뉴폼 아트 창작을 경영지표와 교육철학으로 설정했음에도 불구하고 세계적으로 우수한 교육성과나 창작 콘텐츠를 생산하지 못한 상황을 우리 대학은 극복해야 할 과제로 갖고 있다.

그러나 우리 대학은 세계 5위권의 특성화 예술대학교로서 성장목표를 제시하고 있다. 학령인구 급감 시대에 생존전략으로써도, 우리에게 제4차 산업혁명 시대는 특성화의 기회가 되어야 한다.

또한 창학 60주년 이후와 팬데믹(pandemic) 이후 시대에 우리 대학의 존재가치와 정체성과 역할을 질문하고 토론해야 할 때다.

우리는 이 '변화의 시대'를 퀀텀 점프(Quantum Jump)*의 방아쇠(trigger)를 당길 '재포지셔닝(repositioning)의 황금시간(golden time)'으로 활용해야 할 것이다.

---

* 물리학 용어. 어떤 일이 연속적(선형적)으로 조금씩 발전하는 것이 아니라, 계단을 건너뛰듯이(비선형적으로) 다음 단계로 올라가는 것을 말한다. 경제학에서는 기업이 사업구조나 사업방식 등의 혁신을 통해 실적이 단기간에 비약적으로 상승하는 경우를 뜻한다.

4. 우리는 어디에 있는가?

'아마추어는 차별하려고 하지만, 프로는 차이를 두려고 한다.'

"예술창조는 '신비(神秘)'를 캐내는 작업이다. 신비는 '직관'이나 '정교한 설계'로도 가능하다. '시간, 공간, 리듬, 에너지'가 있어야 생명이 탄생된다. 이 네 가지 원천을 알고리듬으로 만들어야 한다. 민족문화 예술의 원형질에 관한 시중의 책 등에서 인용할 것이다. 원천적인 예술혼의 본질을 예술창작과 교육 방법론으로 구체화 시키는 연구이다."(김복영, 창미비연)

4-1. 서울예대의 내재적(內在的) 분석이 필요하다

우리 대학의 발전전략을 연구하면서 '내재화'의 중요성을 말하고 싶다. 사람의 행위를 설명하는 개념으로 아비투스(habitus)*는 우리 대학이 다른 대학과 차별화되고 비교우위력을 만드는 중요한 '자본'의 역할을 하게 된다. '자본'은 사회적 경쟁에서 도구로 사용할 수 있는 모든 에너지'이기 때문이다.

아비투스(habitus)는 특정한 시간, 공간, 환경에 의해 '내면화 된 성향의 체계'이다. 성향의 체계화는 습관적이고 반복적으로 일어났을 때 생기며, 자신의 행위가 후천적으로 무의식적으로 학습되어 자연스럽게 여기고 체화된다.

아비투스는 다양한 상황(외적 요인)인 '장'(champ, field)에서 소통되고 공유되는 문화라고 할 수 있다. 개인적인 일탈을 막는 '사회화된 주관성'이라고 할 수 있다. 소속감을 주고 '코드가 맞다'는 말을 하게 만든다.

아비투스는 같은 계급끼리 상호작용하면서 재생산되고 '구별짓기'(distinction)된다. 우리 대학의 경우, 우리만이 가지고 있는 특성은 우리만의 '구조적 질서'에

---

*   이상길(2020). 상징권력과 문화(부르디외의 이론과 비평). 컬처룩.

의해 생기지만, 동시에 그런 '구조적 질서'를 만드는 동력으로 작동하기도 한다. '본캐'가 '부캐'를 만들고, 다시 부캐가 본캐를 만들면서 구조에 편입되는 행위이다.

그래서 아비투스는 '개인에게 내면화된 실천의 원칙'이라고도 한다. 개인은 내면화를 통해 '동질성'을 획득하게 된다. 집단이기주의로 가면 '사회갈등'의 원인이 되겠지만, '새로운 형식'과 '행동'을 허용하기에 창조적 기반으로 전환하는 계기를 마련할 수가 있다.

자본은 '경제자본, 사회(인맥)자본, 문화자본'으로 나눌 수 있는데, 서로 상호교환하면서 경제적 가치를 발생시킨다고 한다. 특히 문화자본은 '체화된 상태(몸짓·말투·교양·취미 등), 객관화된 상태(책·음반·미술품 등), 제도화된 상태(학위·졸업장·자격증 등)'로 나눈다.

아비투스는 공동체에서 경험을 통해 지배적인 이념이나 행동강령으로 내재화된 자본이라고도 할 수 있다. 우리의 정체성을 입증해주는 가치이고 지표가 된다고 할 수 있다. 특성화이고 '구별짓기'이다.

우리 대학의 창학 이래 60년 동안 예술 현장에서 이룩한 교육적 성과와 이념은 아비투스(habitus)로서 우리 구성원에게 체화되고 내면화되어 있다고 생각한다. 각종 생활어록에서부터 기안문서와 공동체의 철학에서 '공기처럼' 또한 우리의 창작과 강의와 대화에서 공용어로 사용되고 있다.

우리 예술혼의 특성은 '판'이다. 생략과 비약과 즉흥성과 의외성이다, 그리고 3-4조, 4-4조의 '흥'의 유발이다. 현대사회에서도 '우리 전통'을 바탕으로 '정통적 가치관'을 아비투스로 정립할 필요가 있다. 긴장과 이완, 음양오행과 영성을 회복하는 것이 요구된다.

'판소리'처럼 관객과 배우의 경계를 제거하고 '관중'이 개입하는 게 한국 예술이다. 서양예술의 분석주의에서 종합주의로 전환하고자 하는 것을 우리는 벌써 실행해왔다고 본다.

서구식 환원주의가 아니라 '복잡계적인 시스템'의 사고가 경쟁력이다.

우리 것을 찾는 운동은 '모방에서 탈피하여 창조'를 얻고자 하는 의식이다. 국적 불명의 예술에서 벗어나 교수 개인별로 세계적인 퍼포먼스를 만들어내야 한다. 역사성에서 정통을 추출하고 예술혼과 소통하며, 주체성(정체성)이라는 본질을 구하여 차별화하기 위함이다.

스티브 잡스도 다른 것들의 융합을 통해 신개념을 만들었다. 다만 기능주의보다는 가치 중심주의를 견지해야만 한다.

예술가는 이를 작품으로 표현해낸다. 숨어있는 우리 예술혼은 '숨은 설득자'(hidden persuader) 역할을 하게 해야 한다. 그리고 교육자이면서 창작자이기에 이론적으로 설명할 수 있어야 한다. 이런 이론화 연구를 통해 예술가로서의 위상을 정립하고, 교육 방법론의 규범화와 객관화가 가능하다고 본다.

창학 60년 역사 동안 우리 대학의 내부에 존재해 있는 이런 암묵지와 내재적 자산과 경쟁학교가 넘볼 수 없는 성과로 구축한 브랜드 자산에 재해석의 기회가 있다. 우리가 경험한 '축적의 시간'을, 우리 대학 안에 있는 '경험치'를, 우리 공동체만의 자긍심과 전통을 소중히 해야 한다.

오직 그 역량을 집결할 수 있는 제도적 장치를 만들면 된다. 바로 우리가 함께 가꿔 나가야 할 '창작 생태계'다.

7~80년대 히트작품을 '현대적으로 재해석'함으로써 우리 대학의 유산(heritage)으로 재창조하는 해석을 해야 할 것이다.

예를 들면, '마의태자', '초분', '하멸태자', '생일파티', '봄이 오면 산에 들에', '산씻김' 등의 성공요인을 분석하고, 이런 개별 작품연구를 통해 보편적 이론과 공감요소를 추출한다.

영화 전공의 레전드 스타 감독인 김기덕, 하길종 등과 동랑청소년극단의 연극 '방황하는 별' 시리즈의 성공 사례연구(Case Study)를 통한 일반화 이론을 추출할 수 있다.

90년대 이후 스타 안재욱과 김도연, 감독 장진 등 미디어 산업 부문의 유명 예술인들에 대한 분석으로 우리 대학의 이념과 교육방법론의 연계·순환·통합 시스템의 우수성을 정리할 필요가 있을 것이다.

바로 우리 대학에 내재해 있는 예술혼과 역량을 귀납적 연구를 통해 창작이론으로 정립한다면 '유파(類派) 형성'에도 크게 이바지할 것이다. 먼저 우리 대학의 시대구분을 해본다.

4-2. 서울예술대학교 3.0 시대

● 서울예대 1.0 시대: 남산캠퍼스 시절 '시즌 1'(1962년-2000년)

1962년 서울연극학교 개교 이래 대한민국 예술계에 새바람을 몰고 수많은 스타들을 양성해 왔다. 예술계 종사자를 폄하하던 시절이라 확고한 신념을 가진 학생들이 입학하였다. 특히 일반 대학교를 졸업했음에도 불구하고 전문대학인 우리 대학에서 청운의 꿈을 이루기 위해 재입학하는 '유턴(U-Turn) 인재'가 많아 학생의 수준이 우수했다고 한다.

더불어 국내 최강의 저명한 교수진과 우수 프로그램으로 한국 예술계의 명작들을 발표하고 공연하는 성과를 얻었다. 예술적 열정으로 남들이 가지 않은 길을 간 덕분에, '대중예술계의 블루오션'(blue ocean)을 차지한 혜택을 누리며 한류 스타를 양성한 결실을 통해 국내 최고의 예술대학으로 도약했다.

● 서울예대 2.0 시대: 안산캠퍼스 시절1 '시즌 2'(2001년-2021년)

안산 캠퍼스로 이전 개교하여 제2의 창학시대를 열었다. 교육공간의 건설로 인프라스트럭처를 구축하였다. 각종 제도를 정비하고 규정을 체계화하며 시스템 경영과 교육지원을 위한 기반을 조성하였다.

특히 창학이념과 연계한 4대 지표를 공표하고 글로벌 컬처허브 시스템을 뉴욕과 서울(남산 캠퍼스)과 이탈리아와 안산 캠퍼스를 잇는 시공간을 초월하는 사각동시 공연 시스템을 시험하고 완성하였다. 칼 아츠(CalArts)를 비롯한 유수의 예술 대학교와 교류하고 있다.

자체평가 체계를 갖추고, 기관평가인증을 획득했으며, 4년제 학사학위운용 우수대학으로 지정되었으며, 대학구조개혁에 적극적으로 참여하면서 재정지원을 받았다. 이어서 대학 특성화사업을 실행하여 글로벌 예술인재 양성과 세계적인 창작물 생산이라는 특별 과제를 실현하고 있다.

하지만 유수의 4년제 대학교에서 사회적 요구가 급등한 예술대학을 신설하고 치열한 경쟁을 하게 되어 서울예대만의 우월성을 유지하지 못하는 위기를 맞고 있다. 이 위기를 극복하기 위해 학부(세부전공)제로 교육편제를 개편하고 디지털 시대를 선도하는 융합예술을 창작하여 명성을 회복하려고 노력 중이다. 제2의 도약을 위한 발판을 조성한 시기였다.

각종 민감한 사회 이슈와 구성원의 오해와 갈등으로 우리 대학은 '성장통'을 겪었던 시기이기도 하다. 하지만 2021년 교육부의 대학기본역량진단 평가에서 최종 '대학재정지원대학'으로 선정되었다.

● **서울예대 3.0 시대: 안산캠퍼스 시절2 '시즌 3'** (2022년-그 이후)

창학 60주년과 코로나19(COVID-19) 팬데믹(pandemic)은 2022년을 분기점으로 코로나 전(B.C) 시대과 후(A.C) 시대의 대전환점을 만들었다. 마치 '경축'과 '재앙'이라는 극과 극의 두 빅 이벤트가 충돌하면서 위기를 주고 기회를 잡으라는 '신의 명령'처럼 느껴진다. 역사를 계승하면서 단절해야 하는 운명이라고 할까?

창학 60주년은 내부적으로 혁신이 필요한 시기이고, 팬데믹은 외부적으로 혁신해야 할 시대구분으로 의미를 두어야 하며, 서울예대 3.0 시대로 부르고 싶다.

교육공간과 교육과정 개발을 바탕으로 글로벌 예술대학과 교류를 활성화하며 협업을 통한 뉴폼 아트 창작으로 글로벌 탑 5 예술대학교로 성장해야 할 것이다. 새로운 규범(New Normal)을 선도하는 예술대학으로 재탄생하여 글로벌 시대의 우리 예술의 외연을 확장해야 한다.

특히 아시안의 예술관을 통해 우리 전통예술혼을 세계화 하고, 우리 예술을 현대적으로 재해석하는 작품을 생산함으로써 동양예술의 세계적 보편성을 획득하려는 전략을 가시적으로 실천해야 할 것이다.

우리 대학의 산실인 남산 드라마센터 공간과 안산 서울예대의 일체화를 실현하고, '의과대학과 부속병원의 관계'처럼 '연구(교육, 이론)'와 '창작(실험, 도전)'에서 구체화하기 위한 정책들을 펼쳐나가야 할 것이다.

그래서 '창작의 예대'를 선언하고, 프로페셔널 수준의 창작으로 사회와 소통해야 할 것이다. 컬처허브(Culture Hub)를 중심으로 국제화의 성과를 창출하기 위한 조직개편과 인력보강도 추진해야 한다.

구체적으로 전대미문의 불확실성 시대에 예술의 개념을 재정의하고 예술이 어떻게 변해야 하는가에 관한 대토론회를 개최해야 할 것이다. 대안으로 우리 대학의 원니스(ONENESS)를 숙성시키고, 원니스(ONENESS)의 완성도를 제고하기 위한 정교화 작업을 하고 세계화의 기반을 만들어야 한다.

APRO 프로젝트 이후의 '디디다' 프로젝트나 융합창작 프로젝트로 산학협력과 학교기업의 활성화하고, 강소대학(强小大學, Small-Strong-School)의 축적된 역량을 통해 글로벌 예술인재를 양성하여 지속가능한 성장을 위한 모색기 이고 재포지셔닝을 고민한 시기라고 하겠다.

또한 학령인구 감소와 팬데믹 시대의 교육 패러다임을 선도할 첨단디지털 기술을 도입하여 사이버 교육과 글로벌 창작물을 지구촌에 공급할 베이스캠프가 되도록 해야 한다. 국제적 경쟁력을 확보하기 위한 교육과정 개편도 필요하다.

이제는 레드오션(red ocean)으로 변한 예술교육 시장에서 특성화와 국제화 방안을 과감하게 실천해야 할 것이다.

4-3. 역동적 창의사회와 메타버스 세상

세계의 문화산업 시장도 대전환기와 무한경쟁 시대에 접어들었다. 대중예술도 세계적 스타 양성을 목표로 해야 문화산업의 첨병이 될 수 있다. 세계시장의 자유화와 개방화에 적극 대응해야 한다. 그 성장동력은 우리사회만의 독특한 문화유전자로 할 수 있을 것이다.

4-3-1. 역동적 창의사회(Dynamic Creative Society)

2007년부터 스마트 1.0 시대가 시작되었다. 애플의 아이폰이라는 스마트 폰의 보급 전후를 중심으로 일인 창조와 일인 미디어 시대가 전개되고 있는 셈이다. 사회는 인터액션과 스토리텔링 구도로 재미를 공유하는 엔터테인먼트 산업을 지향하고 있다.

'성장과 제조'(Growing-Making)의 시대에서 'Serving-Thinking-Knowing-Experiencing'의 제3 물결과 창조산업 시대가 되었다.[*]

우리나라는 고도성장을 이룬 산업화와·정보화 사회를 가능하게 만든 '역동적 한국'(Dynamic Korea)을 국가 슬로건으로 지녔던 국가이다. 빠르게 변하고 과감하게 도전하는 생태계 문화를 '유교적 역동성'(Confucian Dynamics)이라고도 했다.

미국의 유력신문 워싱턴 포스트 지는 '오징어 게임'의 빅 히트를 두고, '한국 영화 성공비결은 창의성인데, 출발은 1987년 6월 항쟁이다'라고 보도했다. '민주화'의 사고방식이 오래전부터 오징어 게임 이전부터 '사회적 약자'를 주목해왔다는 주장이다.

이런 평가를 뒷받침하는 비교문화 이론가로 홉스테드(G. Hofstede)가 자주 인용된다. 그는 문화적 가치관을 분석한 네 가지의 차원을 제시하였다.

개인주의-집단주의(individualism-collectivism), 불확실성 회피(uncertainty avoidance), 권력 격차(power distance; 사회 계급의 견고성), 남성성-여성성(masculinity-femininity; 과업 지향성-인간 지향성)이 그것이다.

추후 중국(동양)의 특징을 설명하는 '유교적 역동성'(Confucian dynamism)을 추가했다.

집단의 문화적 특성을 5가지로만 설명할 수는 없겠지만, 문화 소비자로서의 '인간은 복합적'일 것이다. 우리나라는 600년 조선왕조의 유교문화에 익숙한데 동족상잔의 전쟁과 극심한 경제난의 현대사를 거치면서 '삶의 역동성'을 가지게 되었다고 할 수 있다.

그래서 삼강오륜의 수직 사회에서도 '유교적 역동성'이 현대 디지털 사회에서 한국문화의 역사를 잘 이해할 수 있는 것이 아닌가 생각한다.

그런데 상반된 이중가치를 동시에 가지면 '문화충돌'이나 '내면의 심리분열'이

---

[*]   앨빈 토플러(2007). 부의 미래. 청림출판.

나 '사회갈등'이 생길 수밖에 없을 것이다. 이런 문제가 있을 때는 해결책을 찾는 게 '균형점 회복력'이라고 할 수 있다.

비빔밥처럼 '판'을 뒤집는 구조이므로 '세상에 없던 화법'이 나오고 영상이 나오므로 '창의성'은 자연발생적이라고 할 수 있다. 복합적 사회심리적 갈등을 주제로 영화화하거나 작품으로 승화시킬 때 '새로운 감동'이 생기고 '새로운 형식'이 나오는 게 아닐까 생각한다.

한국 영화의 성공은 현대사회에서 생긴 게 아니라 '오래된 미래(현대성, modernity)'처럼 역사 속에서 숙성되고, 우리 예술문화의 보편적 정서를 획득하는 창작문법이 되었다고 본다. '축적의 시간'을 거친 한국적 예술혼을 어떻게 현대적으로 재해석하느냐의 문제로 귀결된다. 선구적인 우리 대학의 이념과 직접 연결된다.

또한 예술은 일회용 소모품으로 전락하고, 영화는 팝콘의 판매수단으로 추락할지도 모른다. 영화 '옥자'에서 확인되었던 영화 배급구조의 혁신이 이루어지고 있다. 앞으로 영화는 인터넷으로 스트리밍 유통이 주도하고 오프라인의 멀티플렉스 전통 영화관 시장은 축소될 수밖에 없을 것이다.

과연 '오징어 게임'은 영화인가 드라마인가? 이런 '예술 생태계 변화'를 적극적으로 받아들여야 생존할 수 있다는 사실이다.

4-3-2. 인터렉티브 테크놀로지(interactive technology)

현대 디지털 세상은 인터렉티브(interactive) 테크놀로지 시대요 스토리텔링 시대요 엔터테인먼트 시대라고 한다. 하지만 그 출발점은 인터랙티브라는 개념에서 나온 것 같다.

'인터(inter)'란 접두사는 '사이(between)'란 뜻인데, 이것은 사용자와 콘텐츠 사이의 활동적인 관계를 의미한다.

인터랙티브 관계란 상호적인 교환(two-way exchange)이며, 관객(청중)이 어떤 자극을 준다면, 콘텐츠는 관객(청중)이 준 자극에 반응하고, 또 새로운 자극이나 반응을 요구하게 된다. 물론 비록 비선형적이지만 관객(청중)과 콘텐츠와 다양한 방식으로 자극과 반응을 교환하는 시공간이 만들어지는 것이다.

관객(청중)이 참여하고 공유하는 개방적인 시공간이 하나의 작품이 완성되는 과정인 셈이다. 이 과정이 재미있는 엔터테인먼트 요인이 된다.

그러면서 자연스럽게 스토리텔링으로 지속가능한 공감을 얻게 되는 것이다. 성공한 인터랙티브 프로덕션일수록 관객(청중)에게 풍성하고 완전히 몰입할 수 있는 시공간, 즉 창작환경을 제공한다는 것이다. 바로 '사용자 경험'(user experience)이다.

관객(청중)은 사용자로서 여러 가지 방법과 수준으로 가상 세계, 가상 캐릭터, 가상 물체와 상호작용한다. 인터랙티비티는 가능한 한 많은 감각, 그중에서도 청각, 시각, 촉각을 자극하며, 그리고 어떤 가상현실 환경에서는 후각조차도 자극한다.

다시 말하면, '경험은 몰입'이다. 이것은 수동적 엔터테인먼트에서는 결코 할 수 없다. 성공적인 인터랙티비티는 나와 캐릭터의 일체감을 느끼며 몰입하게 만든다. 인터랙티브 미디어에 몰입하기 위해, 플레이어(player) 또는 사용자(user)는 다양한 방법으로 디지털 콘텐츠와 상호작용할 수 있다.

우리 대학의 발전방향과 특성화 전략은 이런 교육철학적 사회적 시대적 기술적 배경을 갖고 차별화된 내용적 접근과 분석 및 구조화를 지향해야 한다. 특히 외부환경 분석으로 정치, 경제, 사회문화, 기술적인 변화와 충격을 극복할 통합적인 아이디어가 있어야 한다.

인접학문의 연구성과를 도입하고 다양한 관점과 개념들을 차용하여 객관적 시각을 확보하고 검토해야 할 것이다.

4-3-3. 페이스북이 주도하는 메타버스 세상

2021년 10월 SNS 페이스북(Facebook)이 사명을 '메타(Meta)'로 변경하고, 메타버스 사업을 본격화하겠다고 밝혔다. 이미 페이스북은 2014년 가상현실(VR) 기업 오큘러스를 인수하고, 퀘스트2 등의 VR 기기용 3D 콘텐츠를 선보여왔다. 2021년 6월에는 유닛2 게임즈를 인수하면서 3D 콘텐츠 창작 플랫폼과 커뮤니티 기능도 확보했다.

마크 저커버그 페이스북 CEO는 '커넥트 콘퍼런스'(2021년)에서도 창작 생태계, 하드웨어, 인공지능 등을 강조했다. 회사명을 '메타(META)'로 바꾸면서 기등록된 도메인 주소(meta.com)를 수천만 달러에 구입하기도 했단다. 그만큼 '메타(META)'를 보통명사로 하려는 혁신을 실행했다.

2021년 초 엔비디아의 젠슨 황 최고경영자(CEO)가 '우리 미래는 메타버스에 있다.'고 선언하면서 뜨거운 용어로 떠올랐다. 마크 저커버그 CEO가 2021년 10월 '페이스북은 5년 안에 메타버스 기업으로 변신하겠다.'고 깜짝 선언하면서 다시 한번 관심을 모았다.

월간 활성 사용자 수 28억 9000만 명(스태티스타, 2021년 2분기 기준)을 보유한 페이스북이 플랫폼 중심으로 제시한 방향성은 얼라이언스를 구성한 세계적인 기업들의 호응을 얻을 것 같다.

국내에서도 플랫폼 중심의 메타버스 생태계 육성론이 대두되고 있고, 서강대학교는 2021년 2학기에 메타버스 전문대학원을 개설했다.

메타버스는 단순한 콘텐츠가 아니라, 아바타가 주도하는 개방형 플랫폼의 XR 세계이다.

ASF(Acceleration Studies Foundation)는 메타버스의 분류를 기술과 응용에 초점을 맞춘 증강(Augmentation), 시뮬레이션(Simulation) 관점과 사용자 이용 행태에 초점을 맞춘 외적인(External), 내적인(Intimate) 요소 관점으로 나누었다.

4가지 시나리오를 증강현실(Augmentation), 라이프로깅(Lifelogging), 거울세계(Mirror worlds), 가상세계(Virtual worlds) 범주로 분류하였다(현대원).

메타버스는 현실세계와 가상세계의 융합, 교차, 결합의 개념이 있음을 알 수 있다.

메타버스는 MZ세대의 게임을 중심으로 발전하고 있으나 교육, 경제, 문화, 산업 등 사회 전 영역으로 확장될 것으로 예상되므로 뉴 노멀(New normal) 시대를 대비할 플랫폼이 될 것이다. 플랫폼이기에 참여자 간에 소통, 정보유통 등 다양한 서비스로 경제활동을 하고 가치를 창출한다.

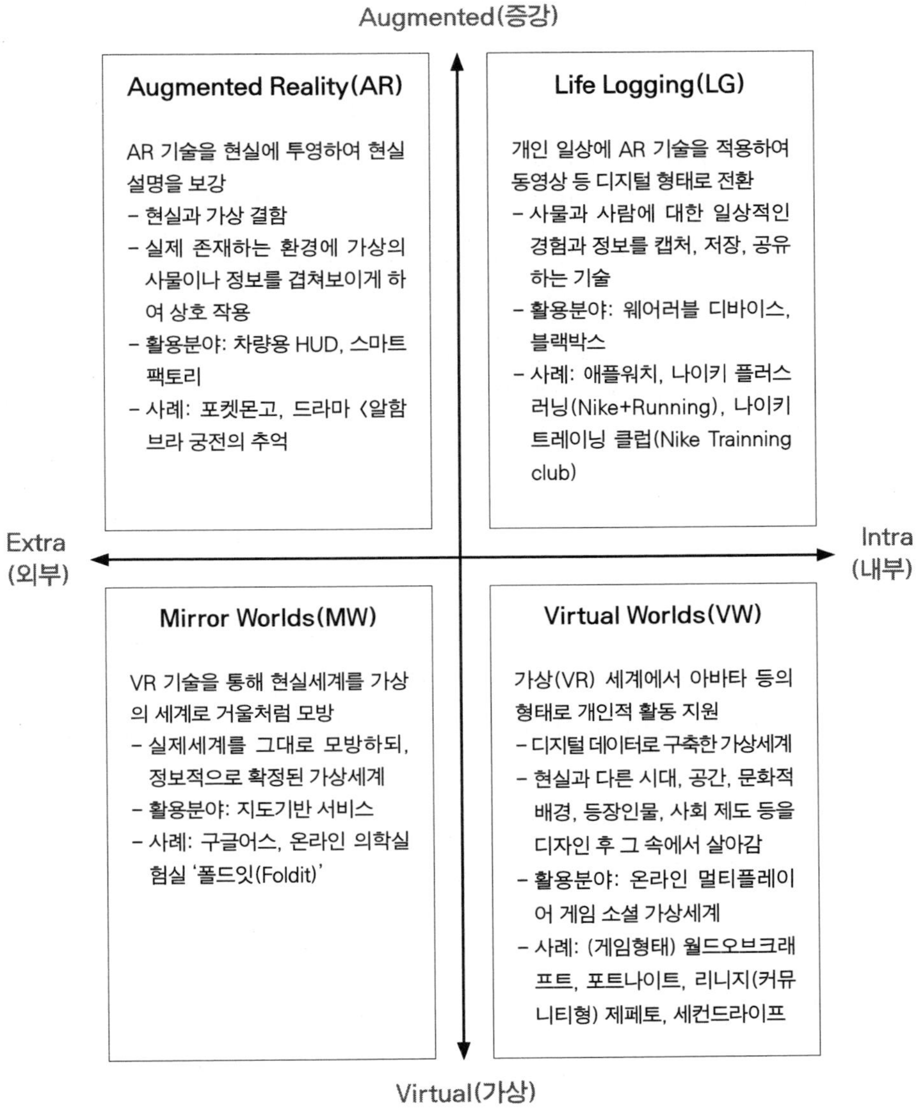

Augmented(증강)

Augmented Reality(AR)

AR 기술을 현실에 투영하여 현실 설명을 보강
- 현실과 가상 결합
- 실제 존재하는 환경에 가상의 사물이나 정보를 겹쳐보이게 하여 상호 작용
- 활용분야: 차량용 HUD, 스마트 팩토리
- 사례: 포켓몬고, 드라마 〈알함브라 궁전의 추억〉

Life Logging(LG)

개인 일상에 AR 기술을 적용하여 동영상 등 디지털 형태로 전환
- 사물과 사람에 대한 일상적인 경험과 정보를 캡처, 저장, 공유하는 기술
- 활용분야: 웨어러블 디바이스, 블랙박스
- 사례: 애플워치, 나이키 플러스 러닝(Nike+Running), 나이키 트레이닝 클럽(Nike Trainning club)

Extra (외부) ←——————————————→ Intra (내부)

Mirror Worlds(MW)

VR 기술을 통해 현실세계를 가상의 세계로 거울처럼 모방
- 실제세계를 그대로 모방하되, 정보적으로 확정된 가상세계
- 활용분야: 지도기반 서비스
- 사례: 구글어스, 온라인 의학실험실 '폴드잇(Foldit)'

Virtual Worlds(VW)

가상(VR) 세계에서 아바타 등의 형태로 개인적 활동 지원
- 디지털 데이터로 구축한 가상세계
- 현실과 다른 시대, 공간, 문화적 배경, 등장인물, 사회 제도 등을 디자인 후 그 속에서 살아감
- 활용분야: 온라인 멀티플레이어 게임 소셜 가상세계
- 사례: (게임형태) 월드오브크래프트, 포트나이트, 리니지(커뮤니티형) 제페토, 세컨드라이프

Virtual(가상)

그림 6. XR - Metaverse Spectrum

또한 메타버스에서 사용자들을 범죄, 인권침해, 개인정보 탈취, 사행성 등에서 '사용자 윤리'에 관한 제도와 장치도 갖추어야 할 것이다.

4-4. SWOT 분석

기업의 환경분석을 통해 강점(strength)과 약점(weakness), 기회(opportunity)와 위협(threat) 요인을 규정하고 이를 토대로 마케팅 전략을 수립하는 기법이다.

어떤 기업의 내부환경을 분석하여 강점과 약점을 발견하고, 외부환경을 분석하여 기회와 위협을 찾아내어 이를 토대로 강점은 살리고 약점은 죽이고, 기회는 활용하고 위협은 억제하는 마케팅 전략을 수립하는 것을 말한다.

기업 자체보다는 기업을 둘러싸고 있는 외부환경을 강조한다는 점에서 위협·기회·약점·강점(TOWS)으로 부르기도 한다.

우리 대학의 강점은 창학 60년의 전통과 교육적 성과 및 한류 스타의 메카이다. 창작의 열정과 교육에서의 암묵지가 축적되어 있고, 예술에 몰입도가 높다.

약점은 안산 지역에 있기에 점차 지방대 이미지를 갖게 될 것이다. 학부(전공)이기주의가 고착되면서 '융합창작'에 대한 관심도가 떨어지고 있다고 본다. 업적평가제도가 단기성과 위주라 '장기적인 지속가능성'에 대한 정책이 필요하다.

위협은 서울 소재 4년제 대학에서 동종 학과를 신설하여 우수 인재를 입도선매하듯이 선발해 간다는 것이다. 구성원의 무사안일주의나 자만심이 생길 수도 있는 60년이다.

기회는 예술문화 콘텐츠의 중요성이 강화되어 '창작의 예대'가 재부상할 수 있을 것이다. '대학 자율'을 강조하는 교육부의 정책변화가 기대된다.

교내외 환경이 우호적이지 않아 비상대책을 강구해야 할 정도다. 특단의 조치나 탁월한 인재를 양성하여 혁신을 가시적으로 증명해 보일 수밖에 없다.

거칠게 표현한다면 '아이돌'(idol)만 뽑는 게 아니라 '돌아이'를 뽑아서라도 육성해야 한다. 잠재력이 높은 미래형 융합인재를 선발하여 '기회'를 잡아야 한다. 강점을 강화하는 전략은 기대하기 어렵게 될 것이다. '약점 보완전략'이나 '위협 제거전략'은 우리 대학이 통제하기 어렵기 때문이다. '기회'를 포착하는 예산지원도 필요해 보인다.

　'신인 데뷔의 산실'임을 확인시켜주는 교육과정을 지속적으로 혁신하여 경쟁력을 보여주는 것이 교육기관으로서의 기회이고 사명이라고 생각한다.

　항상 실험과 도전정신으로 예술의 본령을 찾아가고 다양성으로 독창성을 만들어 가는 우리 대학만의 창작문법과 명불허전(名不虛傳)의 저력을 확증시킬 수밖에 없다고 생각한다.

4-5. 5-Force 분석[*]

　5 forces 분석모델은 조직(기업)이 성공적인 마케팅을 하려면 기본 경쟁요인인 5가지를 분석해야 한다는 이론이다. 5가지 기본 경쟁요인은 신규진입자의 위험, 공급자의 협상력, 구매자의 교섭력, 대체 제품이나 서비스의 위협, 기존 경쟁자들 간 경쟁이다.

　이 5가지 요소들의 강약에 의해 산업 내 잠재적 이윤의 수준이 결정되며 전반적 산업의 경쟁강도를 파악하고 어떤 방향으로 전략을 짜고, 진입해야 하는지 파악이 가능하게 된다. 학교경영을 전략경영의 차원에서 본다면, 기본 분석사항이라고 할 수 있다.

● 우리 대학에 적용시켜 보자

　첫째, 기존 예술계 전문대학(현재 청강대, 동아방송대, 계원대, 한국영상대) 사이의 경쟁이다. 기관평가나 대학 구조개혁이나 특성화 사업신청이나 입시경쟁에서 서로 상대평가를 받아야 한다. 향후 유명 해외예술대학과 대체재 관계나 상관관계도 분석해야 할 것이다.

　둘째, 구매자의 교섭력이다. 구매자는 학생과 학부모가 될 수 있겠다. 교육 소비자가 원하는 교육과정과 인재양성을 제대로 하지 않으면 우리 대학은 외면받을

---

[*]　'5 Force'이론은 마이클 포터가 전략경영론에서 주장했다. 산업구조분석모형으로 다섯 가지 경쟁요인을 통해 특정 산업의 기업이 경영전략을 수립하는 데 사용된다.

수밖에 없을 것이다.

셋째, 공급자의 협상력이다. 각 고등학교나 일부 전문대학이나 교육부가 해당된다고 본다. 우리 대학에 호 이미지를 갖도록 유도하고 지속적으로 홍보하면서 선호도를 제고할 수 있는 방안을 강구해야 할 것이다.

넷째, 신규진입의 장벽이다. 우리 대학이 신규로 진입할 수 있는 교육사업이나 장르 개척 및 해외 네트워크의 구축 사업 시 고려해야 할 중요사안이다. 다른 대학이 예술 분야 학과나 전공을 설립하지 못하게 강력한 우리 대학의 예술적 교육적 성과를 창출해야 할 당위성이 여기에 있다. 해외(inbound) 대학과 일반 4년제 대학에서 전문대학에 적합한 전공을 개설하고 학생을 유치하는 사례가 많기 때문이다.

다섯째, 대체재의 힘이다. MOOC 시스템이나 사이버 대학과 방송통신대학과 독학사 학위제도나 해외 유학(outbound 유학생)이 대체할 수 없는 우리 대학만의 예술적 수월성을 확보해야 한다. 예술 전문대학의 특성을 모방하거나 대체하는 학위제도가 범접할 수 없는 경쟁력을 구체적으로 실증해 보여주어야 한다. 우리 대학만이 생존할 수 있는 위기의식을 가져야 할 것이다.

전략경영의 관점인 5가지 세력(Forces)으로 본다면 우리 대학의 객관적인 위치를 발견할 수 있을 것이다. 예술 교육시장은 자연선택설(自然選擇說)의 정글 같은 현장이며, 적자생존의 위협이 상존하는 생태계다.

학령인구 급감과 4차 산업혁명 시대 및 팬데믹 시대엔 5가지 가운데 어느 하나 가볍게 볼 수 없는 '변화'가 전개될 것이기에 다각적인 분석과 전략이 필요하다고 본다.

4-6. VRIO 분석*

기업이 보유한 유·무형자산에 대해 네 가지 기준으로 평가하여 기업의 경쟁력을 분석하는 도구이다. 기업이 보유한 내부 자원과 핵심역량(능력)을 통해 지속 가능한 경쟁우위를 확보할 수 있는지 판단하는 모형이다.

---

* 텍사스 A&M대학교 경영학과 교수인 바니(Barney)가《지속적 경쟁우위의 원천 Sources of sustainable competitive advantage》(1991)에서 제시한 모형이다. 자원기반 관점의 분석도구로 알려져 있다.

　　　자원기반 관점의 분석 도구로써 기업이 가지고 있는 자산에 대하여 다음의 네 가지 기준, 내부 보유가치(Value), 보유한 자산의 희소성(Rarity), 모방가능성의 정도 (Imitability), 조직(Organization)에 대한 질문을 중점적으로 하여 성장 잠재력을 가늠 한다.

　　　첫째, 내부 보유가치란 내부 자원과 능력이 기업의 성과와 이익으로 직결될 수 있어야 함을 의미한다.

　　　둘째, 희소성은 기업이 보유한 자원과 능력이 희소하거나 접근하기 어려워 경쟁기업이 보유할 가능성이 낮아야 함을 말한다.

　　　셋째, 모방가능성의 정도는 경쟁기업이 자원과 능력을 완벽하게 모방할 수 없 거나, 모방하는 데 상당한 비용이 들수록 기업이 지속가능한 경쟁우위를 확보할 수 있음을 의미한다.

　　　넷째, 조직이란 시장 변화에 빠르게 대처할 수 있는 내부 의사결정 구조 등 보 유한 자원과 능력을 잘 활용할 수 있도록 조직체계가 구성되어 있는지 보는 것이다.

　　　이러한 네 가지 관점에 입각하여 기업의 이윤을 극대화 할 수 있는 전략과 성 과가 달라져야 하며, VRIO 모형은 기업이 소유한 자원의 속성을 정의하고, 전략 적으로 유용한 내부자원을 판별하기 위한 방법론으로써 자주 활용된다.*

　　　첫째, 우리 대학의 내부 보유가치란 창학 60년의 교육이념과 한류스타 양성 의 암묵지라고 본다. 이런 내부 자원과 능력이 인재양성과 창작역량으로 직결될 수 있어야 함을 의미한다.

　　　60년의 교육경험과 연계·순환 교육 방법론이다. '도제 시스템'에 의한 창작 을 통한 교육도 차별화 된 가치이다. 예술현장 출신의 교수가 80% 내외인 점도 특 성화 자산이라고 할 수 있다.

　　　국제화 프로그램의 핵심인 컬처허브(Culture Hub) 시스템은 단순히 공간이 아니 다. 뉴욕의 전위예술의 산실인 라마마(LAMAMA)에 있는 아티스트 인 레지던시(Artist in residency)와 협업창작이다. 최신 세계 예술의 흐름과 교류하여 신 예술(New Form Arts)를 실험할 수 있다는 가치가 소중하다.

---

*　　　두산백과 사전(VRIO analysis)

둘째, 희소성은 우리 대학이 보유한 자원과 능력이 희소하거나 접근하기 어려워 경쟁학교가 보유할 가능성이 낮아야 함을 말한다.

우리 대학만의 동아리 활동이나 선후배 연대의식이나 보이지 않는 '창작 열정' 같은 것이다. 25개 내외의 동아리가 전공을 초월하는 활동을 하며, 타 전공과 융합하는 기회를 나눈다.

예술 관련 전공만으로 구성된 예술대학이다. 연극 전공을 중심으로 종합예술(공연과 미디어의 통합)을 창작할 수 있는 15개 전공이 포진하고 있다. 연간 100편 내외의 공연과 전시회를 개최하여 예술감성을 활성화하고 있다.

셋째, 모방가능성은 경쟁학교가 자원과 능력을 완벽하게 모방할 수 없거나, 모방하는 데 상당한 비용이 들수록 우리 대학이 지속가능한 경쟁우위를 확보할 수 있음을 의미한다. 우리 대학만의 '협업의 노하우'는 경쟁 학교의 진입장벽으로서 역할을 할 것이다.

'예술과 과학의 접목'을 위해 'ATEC 센터'를 운영하며 첨단디지털 기술을 통합 관리하고 지원는 시스템을 갖추고 있다. 이런 기획자의 상상력은 아무나 모방할 수 없는 자산이다.

넷째, 우리 대학은 조직이기에 사회 환경과 예술시장의 변화에 빠르게 대처할 수 있는 내부 의사결정구조나 갈등해결 능력 등을 보유해야 한다. 이런 보유자원과 능력을 잘 활용할 수 있도록 지배구조 체계가 원만하게 구성되어 있는지 보는 것이다. 교수와 학생이 수평관계이며 상시 면담제도가 있어 생활과 예술에 관한 멘토 체계가 구축되어 있다.

VRIO 모형의 네 가지 관점에 따라, 우리의 특성화 전략과 교육성과가 달라질 수 있음을 명심해야 할 것이다.

과연 우리 대학의 어느 학부(세부전공)에 선택과 집중 전략을 실행하며, 예산을 투입해야 하는가를 판단할 수 있는 객관적 근거자료가 이런 모형분석으로 나올 수 있어야 한다.

5. '이념-목적-목표-성과'의 구조화

'아마추어는 규칙(rule)을 따르지만, 프로는 규칙(rule)을 만든다.'

5-1. 창학이념의 내면화

서울예술대학교의 창학이념은 다음과 같이 길다.

"우리 민족의 예술혼과 전통을 이어받아 오늘에 널리 재현하며, 미지의 예술을 향한 실험적 탐구와 헌신적 창작에 앞서 나가고, 세계적 보편성과 민족적 고유성을 추구하는 독창적 예술작업과 전문예술교육을 통해 새로운 예술 세계를 펼쳐 나갈 창조적 예술가를 양성하고, 참되고 바르며 아름다움의 진리를 깨우쳐 우리나라와 지구촌 인류의 번영에 이바지한다."

구체적으로 창학이념은 다음과 같이 줄일 수 있을 것이다.

"우리 전통 예술혼을 현대적으로 재해석하고, 실험정신으로 신예술(New Form Arts)을 창작하여 세계인의 보편적 정서와 소통한다."

우리민족의 이념으로 삼는 건국신화에서도 '홍익인간' 사상이 있지 않은가. 널리 세상을 이롭게 하는 인간을 지향하고 있다. 이런 집단무의식 속에서 성장해 온 이념의 가치를 공동체 구성원은 공유해야 한다. 우리 대학의 이념은 정체성이고 목적이고 '존재 이유'이기 때문이다. 그래서 이념은 구성원의 '지배적인 인식체계'(dorminant paradigm)가 되어야 한다.

그리고 창학이념은 장기적이고 지속가능한 비전을 담고 있어야 하지만, 시대정신을 반영하고 보완하면서 끊임없이 변화에 부응하고 바뀔 수 있어야 한다.
'교육헌장' 안에 '문자'로만 머무는 '박제된 예술혼'을 거부하고 '진화하는 전통

예술혼'(Tradition in Evolution)을 창조해야 한다.

전통 예술혼을 발효·숙성시키는 기술(technology)을 도입하고 실험과 도전정신으로 '파괴적 혁신'을 함으로써 새로운 형식의 예술(New Form Arts)을 탄생시키는 '살아있는 역동성'의 창작정신이 이념에 공급되어야 하겠다. 이념은 조직 공동체의 행동과 사상을 지배하는 '유전자'(DNA)이기 때문이다.

또한 지구촌(global village) 시대에 '인류 보편적 정서'에 공감하기 위해서 글로벌리즘의 전제조건을 충족시켜야 하며, 세계일류(world best)의 창작물을 생산해야 할 것이다.

이제 서울예대 공동체 구성원은 창학이념의 내포(함의)를 내면화해야 한다. 자아계발과 예술탐험의 원류다. 결국, 창학이념(공동체 가치)을 교과과정에도 확산시켜야 한다.

창학이념은 구성원의 채용 원칙이 되고, 공동체의 의무가 되어야 한다. 예산 집행권의 연계요 위임의 지표가 되어야 한다. 창학이념은 서울예대의 진정한 주인이기 때문이다.

가치관(창학이념)에 대한 논쟁은 이 시점에서 비생산적이다. 지난 60년 동안 서울예대의 집단원형(archetype)으로 체화되어 내려온 정책(policy)이다. 서울예대가 경쟁력을 가지기 위해서 내면화할 이념의 핵심은 다음과 같이 요약할 수 있다.

- 한국적 예술혼의 세계적 보편성 확보
- 선도적 리더십 과시
- 구성원의 창학이념 공유
- 교과과정에 구체적인 반영
- 창작 작품과 창조과정에도 구현
- 실험과 도전의 창작정신을 '뉴폼 아트'로 구체화
- 내용과 형식을 창조적 파괴

5-1-1. '창학이념 격차'(ideology divided)를 '정보격차'의 관점으로 이해한다

디지털 디바이디드(digital divided)는 경제적, 사회적 여건 차에 의해 발생하는 정보격차(情報格差)를 의미하며, 이 정보격차는 사회계층의 단절을 가져오기도 한다. 정보격차가 개인의 사회적, 경제적 격차의 원인이 되듯이, 디지털을 이용하지 못하는 구성원 간의 격차가 커지는 것을 의미한다(시사상식사전).

정보화 사회에서는 정보를 지배하고 이용하는 능력이 개인과 국가의 경쟁력을 나타내는데, 이런 '정보 소화 능력의 격차'가 빈부 격차와 불평등 · 소외 같은 사회 문제를 심화시키고 있다.

2021년 '오징어 게임'의 세계적인 열풍에 1억 4천만 명이 시청했지만, 국내 70대는 넷플릭스 사용법을 몰라 영화 '기생충'과 '미나리'의 인기에는 없었던 현상이 나타났다고 한다. '오징어 게임'은 오직 넷플릭스라는 동영상 플랫폼을 통해서만 시청할 수 있는 드라마이기 때문이다.

특히 뉴미디어 문맹이 많은 6~70대는 까다롭게 넷플릭스에 유료가입해서 아이디(ID)를 만들고 로그인해야 스마트 기기로 볼 수 있었다. 세계적인 팬덤 물결에 합류하지 못하고, 오직 넷플릭스의 동영상 서비스(OTT) 경험이 없으면 시청하기 어려운 격차를 '넷플릭스 디바이디드'(Netflix Divided)라고 명명하고 싶다.

넷플릭스 경험자인가 아닌가에 따라 문화 향유의 차원이 달라진다는 뜻이다.

서울예대는 사립대학으로서의 정체성을 강조하면서 구성원들에게 '창학이념'과 '지표'를 강조해 왔다. 그러나 20년 넘게 대학공동체 속에서 각종 회의나 행사에서 회자 되었던 창학이념에 대한 이해가 부족하여, '특성화의 진전'이 느린 결과를 초래했다고 생각한다.

이를 '창학이념 격차'(ideology divided)라고 말하고 싶다.

창학이념을 서울예대의 집단지성으로 공유하고 창작과 교육 현장에서 활용한다면 얻을 수 있는 상승효과를 놓치고 있기 때문이다. 디지털 디바이디드를 해결하거나 극복하지 못하면 계층 간의 갈등과 소득 격차가 더욱 확대되어 사회안정을 해칠 수도 있다는 문제를 '창학이념 격차'에서도 똑같이 적용할 수 있을 것이다.

창학이념에 대한 이해는 사립대학 구성원으로서 최소한의 의무이지만 구성원들은 '의도적으로 무시(외면)'하는 경향이 있다. 일반조직의 이념에 대한 편견 때문이다. 조직이 집단의식을 강요할 때는 '다양성'을 해치고, '획일화'로 몰아가 '예술혼의 자유'를 막는다고 생각한다.

그러나 서울예대의 예술은 '집단창작'으로 수행되기 때문에 '공용어'와 '방향성'과 '정체성'이 같아야 한다. 창고 속에 '냉동된 이념'이 아니라, 창작(교육) 현장에서 살아 숨쉬는 '경쟁력과 특성화의 원천'이 되어야 할 것이다.

특히 창학이념은 창작(교육) 현장에서 심화시킴으로써 '서울예대 유파' 형성에 이바지하며, 주요한 차별성이고 사회적 영향력(impact)을 생산하는 독창성이기도 해야 할 것이다.

15개 전공이 집단창작으로 융합하고 실험창작을 하려면 꼭 필요한, '최소한의 공유가치'(shared value)로서 '이념'(ideology)이 있어야 하며, 그 이념이 사회적 신뢰성과 효율성과 존재이유가 될 수 있어야 할 것이다.

세계미술사의 전개에서도 그렇고 '바우하우스(BAUHAUS)'* 같은 사회적 임팩트가 있는 예술유파에서도 확인할 수 있다. 서울예대의 '전통 예술혼의 현대적 재해석'이라는 '정체성(이념)'을 확보해야 하는 이유는 자명해질 것이다.

5-1-2. 창학이념은 '노포(老鋪)의 영업비밀'과 비슷하다

창학이념을 세상에 널리 쓰이게 통속적으로 설명하면, '노포(老鋪)의 영업비밀'과 비슷하다고 할 수 있다. 노포는 역사적으로만 대대로 물려 내려오는 '오래된(old) 점포'가 아니다. '축적의 시간' 속에서 장인정신과 경영원리와 상품 제작 비방이 '아우라'(aura)로 살아 숨쉬고 있어 대중의 호응을 얻고 있는 상점이다.

'뿌리 깊은 나무'처럼 명망가로서 자리 잡기까지 '독창성'을 유지하기 위한 '피와 땀과 눈물'의 여정이 노포에는 숨어 있다.

---

* 프랑세스 암블러(Frances Ambler), 장정제 역(2019). 바우하우스 100년의 이야기: 모든 것을 바꾸었던 예술과 디자인 스쿨. 시공문화사.

노포는 이런 '권위'와 '전통'을 '이념화'하여 헤리티지(heritage)로 만들고 전설(legacy)이 된 '백년가게'이고 지혜의 공간이며 명품 공방이다.

일반인이 신뢰하는 '명예로운 음식점'의 경우, '최고의 초격차 맛집'이기에 소비자가 스스로 찾아가는 '인생 순례지'가 된다. 개개인은 노포가 가지고 있는 '좌우명'과 '가치관'과 '존재이유'와 '고품질'에 공감하기 때문에 사회적 확산에 동의하는 것이기도 하다. 장차 미쉐린 가이드(Michelin Guide)에 등재되어 '세계적 보편성'을 지닌 맛으로 인증된다.

교육도 '백년대계의 설계도'를 가지고 경영해야 하는데, 기본 콘셉트는 '창학이념'에서 나올 수밖에 없을 것이다. 학교의 지속가능성과 사회 공동체에 기여도와 인재 양성 및 창작물의 성과 창출을 위해서도 창학이념은 철학적 통찰력을 바탕으로 해야 한다.

서울예대는 '예술 전문 대학'으로서 '왜 창학해야 하는가'에 대한 깊은 성찰과 목적의식이 이념에 명확히 서술되어 있다. '어떻게' 가르칠 것인가에 대한 교육과정과 '무엇을' 이룰 것인가에 대한 목표도 제시할 수 있어야 할 것이다.

선진국의 유명 광고회사의 경우에는 고유의 기업 미션과 광고철학을 반영한 '커뮤니케이션 전략 모델'을 가지고 있다. '전략 모델'은 자신만의 독창적인 대중 커뮤니케이션 방법론을 구조화하여 업무실천 사용설명서(manual)로도 활용하고 있다.

커뮤니케이션 할 브랜드의 철학과 상품의 콘셉트와 차별화 관점을 발견하는 수단으로 사용가치가 높다. 회사의 전략 모델은 다양한 관점에서 전략을 구상할 때 체크리스트로 쓰이며, '발상의 원리'로서 사용된다. 창학이념은 전략모델처럼 계승되고 전수되지 않으면, 한 가족인 '며느리도 모르는 맛의 비밀'이 되어 소멸될 것이다.

기본적으로 '창학이념'은 공동체 구성원이 업무에서 '목표와 개념과 과정'을 원활히 상호이해 하기 위해, 소통언어로서 공유(sharing)하고, 프로젝트의 완성도를 높이면서 성과를 창출하는 데 큰 효과를 발휘하고 있다.

서울예대의 역사도 '창작이란 무엇인가'에서부터 '교육이란 무엇인가'를 천착해 오면서 '말할 수 없는 창조의 비밀'을 찾아온 과정이라고 생각한다. 이 비밀은 창학 60년 동안의 교육적 성과와 창작 과정 안에서 학습되고 실험되고 숙성되어 응축된 '핵심사상'이다.

'백년가게'처럼 이 비밀은 맛집의 손맛이고 가게의 정체성이고 존재가치이다.

이 영업비밀이 사회적 신뢰를 획득하고 '현대적으로 재해석'되면서 오늘에 맞게 진화시키게 되면 새로운 예술(New Form Arts)을 창작하게 되고 '문화유산'이 되는 것이다.

이념도 '오래된 미래'(현대성, modernity)처럼 계승되고 발전해야, 지속가능성을 가진 생명력을 획득할 수 있을 것이다.

우리 대학의 창학이념을 뿌리로 40년 전에 개발한 종합예술의 창작원리 '매트릭스(Matrix)'도 창작(교육) 방법론을 매뉴얼로 만든 '창작모델'이라고도 할 수 있다.

모델은 매뉴얼이기에 공동체 구성원의 공유가치이며, 실무적으로 효율성이 높아 창작의 시간과 예산을 절약하게 해준다.

창학이념을 효용 측면에서 비유해보면, 모든 자물쇠를 열 수 있는 '만능열쇠(master key)'이고, 고르디우스의 매듭(Gordian Knot)을 끊어버리는 알렉산더 대왕의 칼 같은 것이다. 백년가게 맛집의 비결인 '장인의 손맛'의 원천인 장독대의 장맛이 아닐까 생각한다.

서울예대의 이념은 복잡성이 증가하는 현대사회에서도 '쾌도난마' 식으로 '예술의 본질'을 꿰뚫고 '간결성의 원리'를 제안하는 역할도 하고 있다. 15개 세부전공의 다양성을 하나로 통합하는 연계 · 순환 · 통합 시스템 사고의 기준이 되기도 한다.

더욱이 '창작의 비밀'을 찾아내고자 하는 '예술가의 원초적인 호기심'이고, 세렌디피티(serendipity)가 담긴 블랙박스를 개봉해 주기를 바라는 '신(神)과의 대화'라고 할 수 있다.

이념이란 천장에 매달려 있는 '장식용 꽃'이나 '잠자는 숲속의 미녀'가 아니다. 창작(교육)의 현장에서 적용되고 작동되어 창작을 완숙시키는 도구로 사용될 때 '창의적 가치'(creative value)가 있다.

더불어 이념은 대학 공동체 구성원이 집단지성을 만드는 '하나됨(Oneness)'의 원천이 되고 '창작의 유전자(DNA)'가 되어 현대성(modernity)으로 살아있어야 한다. 실용적으로도 '특성화'의 핵심이다. 우리가 창학이념을 진정성을 가지고 깊이 이해하고 내면화(內面化) 해야 하는 이유이기도 하다.

5-2. 왜 뉴폼 아트(New Form Arts)인가?

칼 아츠 대학교(California Institute of the Arts)는 1961년에 세워졌지만, 서울예대가 교육 측면에서 벤치마킹 한 세계적 명성의 대학교로 알려져 있다. 입학정원은 200명 내외(전체 재학생 1,400명 내외)이며 서울예대와 비교하면 절반 정도이다. 서울예대와 전공 구성이 비슷하고 교육과정이나 국제화 프로그램을 공동운영하여 '특별 관계'라고 할 수 있다.

칼 아츠의 창학이념이라고 할 수 있는 '미션 선언문'(Mission Statement)을 분석해 보자.

Mission Statement

California Institute of the Arts educates professional artists in a unique learning environment founded on the principles of artmaking excellence, experimentation, critical reflection and independent inquiry.

Throughout its history, CalArts has sought to advance the practice of art and promote its understanding in a broad social, cultural and historical context.

CalArts offers students the knowledge and expertise of leading professional artists and scholars and a full complement of artmaking tools. In return, it asks for the highest artistic and academic achievement.

Reflecting its longstanding commitment to new forms and expressions in art, CalArts invites creative risk-taking and urges active collaboration and exchange among artists, artistic disciplines and cultural traditions.

칼 아츠는 설립기업(재단)인 '월트 디즈니'의 지원 아래 '창작중심 대학'으로 세계적 명성이 있으며, 작지만 강한 대학(Small Strong School)인데 '미션 선언문'에는 창작의 본질이나 이념에 대해 구체적인 언급은 없다. 주요한 키 워드(key word)를 뽑아보면 다음과 같다.

- professional artists(프로 아티스트)
- artmaking excellence, experimentation(창작의 탁월성과 실험성)
- a broad social, cultural and historical context(사회 문화적 역사적 상황)
- new forms and expressions(뉴폼과 표현)
- creative risk-taking(창의성의 위험감수)
- active collaboration(능동적인 협업) 등이다.

사용하고 있는 단어가 다를 뿐이지 기본적으로 '창작 중심 대학'에서 경영과 교육과정에서 실천해야 할 개념은 같다. 특히 '프로', '실험성', '뉴폼', '협업'을 강조한 내용은 서울예대와 동일하다.

● '칼 아츠의 미래상'

'Shaping CalArts Future'에서 선언한 미션은 다음과 같다.

Shaping CalArts Future: Our Mission
- CalArts is a multidisciplinary community of artists(다학제 커뮤니티).
- Our ongoing educational endeavor is grounded in openness, experiment-ation, critical engagement, and creative freedom(오픈 실험, 비판적 개입, 창의적 자유).
- Through artistic practice, we transform ourselves, each other, and the world(자신과 사회와 세상을 바꾼다).

미래상은 미션에서 확장된 개념을 사용하고 있다. 미래예술의 역할을 '사회적 책무'와 연결시킨 관점으로 보인다. 기업에서 하는 직무수행보다 한 차원 높인 '공유가치'(shared value)와 '대학의 존재이유'를 부각시키고 있다.

반면에, 서울예대는 예술 활동의 핵심 주제와 미션의 하나로 '뉴폼'(New Form)을 공유하고, 서울예대 구성원들이 흔히 사용해 왔다. 하지만 '뉴폼 아트'에 대한 개념과 정의를 공론장에서 집단으로 논의하고 토론한 적은 '특수연구(Matrix1)'가 수행되던 1980년대 이후에는 없다고 본다.

서울예대의 중요한 '예술 담론'임에도 불구하고, '왜, 무엇을, 어떻게'에 대해 '집중심화 논쟁이 없었다'는 것은 무비판적인 수용이기에, 서울예대의 '공용어 역할'을 할 수 없게 된다. 자칫 뒷담화 수준으로 평가절하된다면 심각한 병폐가 될 수도 있다.

이에 뉴폼을 지향하는 미래상의 몇 가지 요건을 생각하고 논의해 보고자 한다.

- 기존 아날로그 방식의 창작 과정은 기획과 생산과 유통의 프로세스가 선형적(線型的)이다. 일종의 파이프라인(pipeline)처럼 단계별 숙성을 거치고 부가가치를 더하면서 완성도를 높여 작품이 되는 것이다. 하지만 뉴폼 아트는 창작 프로세스가 비선형적(非線型的)이며 창발적(創發的)으로 변했다.

- 전통적인 작품은 장인정신을 바탕으로 정교하게 완성되어 아우라(Aura)를 생산하고 관객의 공감을 유도하는 것이었다. 이제 '기술'(technology)을 통해 예술적 형식미를 창조적으로 파괴하여 새로운 '미적 체험'(美的 體驗)을 갖게 한다. 시공간을 초월하는 연출로 '생각의 틀'을 깰 수 있어야 한다.

- 작품의 완성은 관객(수용자)의 참여로 이루어진다. 퍼포밍 아트에서 시작된 무정형은 관객의 상호작용(interaction)을 전제로 제작된다. 고정된 틀이 없이 자유로운 욕망의 분출을 관객(수용자)과 동시에 표현한다.
  이제 디지털 시대의 예술은 플랫폼(platform) 방식이다. 일종의 '기관 없는 신체'처럼 탈영토화(脫領土化) 하여 신개념을 만들어 낸다.

- 신개념은 세상과 소통하는 철학과 정체성이 만들어낸다. 신개념은 태생부터 내재해 있든, 의미부여를 통해 가공되든 테마와 스토리텔링으로 전환되어 공감대를 형성한다. '디지털 리터러시'(digital literacy)로 해석과 의미발견의 희열을 느끼게 해야 한다.

- '퍼스트 무버'(First Mover)라야 한다. 독창성의 요건을 충족하는 '문샷 씽

킹'(Moon shot thinking)을 하고, '안티 오이디푸스'적인 사고를 해야 한다. 세상과 생각을 바꾸는 거대담론을 제안하고, 실험하여 사회적 영향력 지수(social impact index)를 올려야 한다.

- 예술이기에 감성충격을 주어야 하고, 그 방법론으로 제4차 산업혁명의 첨단기술이 도입되고 '융합'을 말하고 있어야 한다. 이종결합인 컨버전스를 넘어 3종 결합인 '트라이 컨버전스'(tri convergence) 이상이라는 평가와 신조어가 나올 수 있어야 한다.

- 산업화를 위한 블록버스터급의 발상이어야 한다. '태양의 써커스', '블루맨 그룹', '버닝맨(burning man)의 축제', 'Poetic Kinetics', 'vivid Sydney'의 미디어 파사드, '드론의 별자리 연출' 등 산업화 되지 않으면 현대예술의 첨병으로서 자리매김할 수가 없다. 재투자 재원을 확보하기 위해서도 산업화는 필요충분조건이 되어야 한다.

  최근 디스트릭트(d'strict)사가 '디자인 에이전시'에서 '디자인 회사' 선언은 '제안형' 디지털 사이니즈로 '산업의 예술화'를 지향하고 있다. 승자독식의 예술세계에서 최고의 품질은 독창성(creativity)과 수익창출(business model)과 동의어다.

- 콘텐츠 지적재산권(IP, Intellectual Property)을 확보할 수 있다. 콘텐츠 재산권은 향후 트랜스 미디어(trans media) 전략을 구사하는 데 필수이며 다양한 창작을 가능하게 한다. 지적재산권(IP)은 수익모델이며 산업화에 핵심이며 지속가능한 성장전략의 원천이다.

  결국 뉴폼 아트는 서울예대의 예술이념을 차별화되게 하고, 4년제 대학 이상의 역량을 과시하는 징표가 되어야 한다. 그렇게 되려면 학부(세부전공)제의 이기주의에 벗어나 거시적인 마인드로 뭉쳐야 한다. '학부제 개편'(2개 계열 학부, 15개 전공)과 동시에 '교육과정 개편'(학부별 통합 과정)도 혁신되어야 한다.

서울예술대(Institute)는 학부제(School)이면서 세부전공제이고, 세부전공

(Program)제이면서 학교 전체가 '단일 융합전공'이 되는 연계 · 순환 · 통합구조가 이루어지게 해야 할 것이다. 공연예술과 미디어 예술의 경계는 이미 소멸되었고 '스토리텔링이 무엇인가'를 가릴 때이다.

뉴폼 아트의 시작이고 완성이기 때문이다.

5-3. 교육목적

창학이념에서 창작과 교육의 구체적인 성과까지 단계적 가치사슬(value chain)과 체계(hierarchy)를 위해서는 '근원사고(根源思考)'가 필요하다. 근원사고로 잘 알려진 불교의 연기설(緣起說)은 세상 모든 것이 여러 가지 원인에 의하여 서로 연결되어 생성되는 상관관계의 원리이다. 시대정신과 우주관(자연관)에서 교육목적과 지표를 거치는 숙성과정에서 논리성과 타당성을 확보하기 위한 방법론적 사고로 이 '불교의 연기설'을 활용하고자 한다.

서울예대의 '연계 · 순환 사고'와도 이어지기 때문이다.

먼저 서울예대의 뿌리인 '대학헌장'이다.

> '서울예술대학교는 우리 민족의 예술혼과 전통을 창조적으로 계승 발전시키며, 미래에 있어서 인류의 보편성과 문화의 고유성에 근거한 세계성과 주체성을 접목시키고 실험적 탐구와 장인적 연마가 융합하는 새로운 예술의 지평을 여는 창조적 전문예술인을 양성함으로써 이 나라와 지구촌 인류의 번영과 문화발전에 기여한다.'(대학헌장 '설립목적', 2006년).

교육목적은 설립목적에 준하는 의미로 생각할 수 있겠다. 단어 하나하나가 무엇이냐보다는 구조적으로 어떻게 연계되고 구체적인 교육목표에 연결되느냐 하는 구조화가 더 중요하다고 본다. 결국 교육목적은 창학이념의 하위개념이면서, 교육목표의 상위개념으로 구조화되어야 할 것이다.

구체적으로 구조화하면, 창학이념이 우리 예술혼으로 인류공영에 이바지하는 것이라면, 교육목적은 누구나 공감할 수 있는 예술문화의 보편성 획득과 문화발전이 될 것이며, 그 아래 교육목표는 창작(직업) 예술인의 양성이 될 것이다. 교실과 무대에서 실천되는 교육(창작)에서는 연계순환통합의 방법론이 적용된다고 본다.

이런 교육성과를 평가하기 위한 기준은 4대 지표라고 할 수 있다. 구체적인 성과물은 4대 지표에 의해 평가받고 수정 보완하여 산업화로 숙성되는 과정을 거치게 된다.

이 4대 지표에 추가하여 '우주의 진리와 자연친화적 예술창조를 지향하며, 그 당위성을 선양하는 데 앞장선다.'가 '우리 대학의 교육특성화와 세계화'(창학 50주년 기념 문집)에 5대 지표의 하나로 채택되어 '5대 지표'가 되었다.

첨단기술의 발달과 생명경시 풍조에 대한 경고 및 자연환경 파괴에 대한 경각심이 2010년대 이후 사회이슈로 부각되고 있기 때문이다. '나노, 바이오, 네이처' 예술이라는 창작 패러다임의 대전환이다.

창작(교육)과 예술은 인류의 생존 문제와도 직결되면서 시대정신을 담고 있어야 한다. 예술의 요람인 자연의 본질과 우주의 본령과 생명존중이라는 거대담론을 반영하지 않을 수 없을 것이다. 하나의 자연관이면서 우주관을 성찰하면서 예술창작의 배경으로 삼아야 할 것이다.

4대 지표를 '5대 지표'로 확장 심화시키고자 하는 이유이기도 하다.

다만 '우주의 진리와 자연친화적 예술창조를 지향하며, 그 당위성을 선양하는 데 앞장선다'는 거대담론(원초적 가치)이기에 '우주관(자연관)'으로 상정하고 재구성하려고 한다.

5대 지표는 구체성을 강조하고, 실제 창작(교육) 단계에서 실천되어야 하며, 품평회나 리뷰에서 창의요소(creative factors)를 체감할 수 있도록 '시간 · 공간 · 리듬 · 에너지 · 빛'을 5대 지표(안)에 추록하였다. '시간 · 공간 · 리듬 · 에너지 · 빛'은 단순한 원리나 개념이 아니라, 창작(교육) 현장에서 살아 숨쉬는 지표가 되어야 작품(performance)의 프로화를 지원할 수 있기 때문이다.

이런 구조가 단계별로 가치가 부가되는 '가치사슬'(value chain)로 연계되어야 할 것이다. 거시적 관점에서 미시적 관점으로 수렴되는 사고체계이고 창작(교육)과정이라고 하겠다.

창작(교육) 현장에서는 협업으로 진행될 것이다. 팀 워킹과 그룹 워킹으로, 개인 교수별로, 전공별로 심화되어 차별화되고 '정체성 있는 창작수업'(발표)이 될 수 있을 것이다.

표 1. 우주관(자연관)–창학이념–교육목적–교육목표–5대 지표–구체적 성과의 가치사슬(안)

우주관(자연관)		우주의 진리와 자연 친화적 예술창조를 지향한다.
창학이념		우리 예술혼으로 인류공영에 기여
교육목적		우리 문화예술의 보편성 획득과 발전
교육목표		한국적 예술혼으로 세계적인 창작예술인 양성
5대 지표	창작(교육) 방법론 (3지표)	2) 연계 · 순환 · 통합의 시스템, 4) 예술과 테크놀로지 접목(융합) 5) 시간 · 공간 · 리듬 · 에너지 · 빛
	대학발전 방법론 (2지표)	1) 국제적 교육 환경 3) 산학 협력(연계)
구체적 성과		글로벌 예술인재와 콘텐츠 창작

5대 지표(안)는 다음과 같은 '구체적인 역할과 작동기준'을 맡는다.

- (교육 하드웨어) 국제적인 교육환경
- (교육 창작 방법론) 연계 · 순환 · 통합의 교육시스템
- (산업화와 수익모델) 산학협력(연계)
- (뉴폼 아트) 예술과 과학의 접목(융합)
- (창작원리) '시간 · 공간 · 리듬 · 에너지 · 빛'

5-4. 인재의 4 유형

서울예술대학교가 교육과정을 통해서 구체적이고 현실적으로 양성하고 육성해야 할 인재상은 무엇인가? 포괄적으로 말하면 직업예술인과 창작예술인이다. 졸업 후에 예술관련 기관에서 직업을 갖고 생계를 유지하거나, 아니며 창작활동 자체를 목적으로 하면서 작품을 발표하는 예술인이 되는 것이다.

자신의 세부전공을 '왜, 무엇을, 어떻게' 하는가의 문제라고 할 수 있겠다. 예술 창작 부문에 따라 다소 기준이 다르겠지만, 문화산업 차원과 예술경영의 비즈니스 차원에서 '개인소득의 창출'이라는 접근은 유효하리라 생각한다. 일반적으로 말하는 전문가나 프로보다는 세분류가 되어야 한다고 본다.

교수는 창작중심으로 생계를 유지하고 예술세계를 모색한다고 본다면 '프로페셔널'이다. 학생은 기말작품 발표를 중심으로 본다면 실험적이고 창의적인 잠재능력을 계발해야 하지만, 산업화라는 성과 창출에 직접 기여하는 정도는 아직 미흡한 '스페셜리스트'가 될 것이다.

물론 교수는 학생이 세계 수준의 프로페셔널의 길을 가기 위한 교육방법론과 창작방법론을 지향해야 할 것이다. 취 · 창업 시대에 이렇게 능력유형과 성과창출 공헌방식에 따라 인재의 4 유형을 구별해 보면 다음과 같다(삼성경제연구소)(그림 7 참조).

- 제너럴리스트(generalist): 일반적 관리능력과 지식을 바탕으로, 성과창출에 간접적으로 공헌하는 사람.
- 스페셜리스트(specialist): 전문능력과 경험을 바탕으로, 성과창출에 간접적으로 공헌하는 사람. 보통 전문가로 번역되고 있다.
- 프로페셔널(professional): 어느 학문적 체계에 뒷받침된 고도의 기능을 고객을 위해 활용하여 문제해결을 꾀하고, 동시에 그에 수반하는 윤리관을 갖고 있는 인재다. 윤리관을 강조하는 이유는 고객의 의뢰가 반사회적인 경우도 있을 수 있기 때문이다. 프로페셔널은 전문능력을 바탕으로, 성과창출에 직접적으로 공헌하는 사람으로 정의되기도 한다.
- 앙뜨레프레뉴어(entrepreneur, enterpriser): 일반적 관리능력과 경륜을 바탕으로, 성과창출에 직접적으로 공헌하는 사람으로 벤처형의 '기업가 정신'을 가진 인재라고 할 수 있다.

무한경쟁시대에는 성과창출능력이 강조되면서 앙뜨레프레뉴어와 프로페셔널의 중요성이 높아지고 있다. 현대 디지털 사회일수록 통합 사고를 하고, 구체적인 성과창출을 위한 멀티플레이어의 역할을 요구하기에 기업가 정신이 필요하기 때문이다.

프로페셔널은 전문능력보다 태도가 중요하다고 보는 견해도 있는데, 그 이유는 협업을 통해 프로젝트가 수행되는 사례가 많기 때문이라고 본다. 반면 성과창출에 간접적으로만 기여하는 제너럴리스트나 스페셜리스트의 중요성이 감소하고 있다.

마이스터(Meister)는 전문능력만으로 고객으로부터 프로(great)라고 인정받지는 않는다면서, 고숙련 장인급이므로 독창적인 '고유의 자기세계'를 창조할 수 있다. 프로(professional)의 반대말은 비(非)프로(unprofessional)가 아니라 기술자(technician)라고 주장하기도 한다.

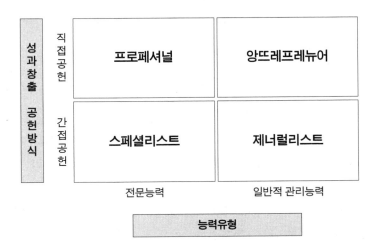

월드 베스트 1, '유일한(only) 1'의 퍼포먼스를 위한 인재양성*

그림 7. 인재의 4 유형

---

* 백필규(1999). 지식창조자 육성방안. 삼성경제연구소

101

5-4-1. 네이버(NAVER)의 신개념 공개채용

네이버가 2022년 상반기에 입사하는 '서비스 · 비즈니스' 직군 신입사원 공개 채용이 새롭다. 네이버는 '서비스 프로덕트, 플랫폼 프로덕트, 비즈니스 디벨롭먼트' 세부 직무로 나눠 선발하는데, '프로덕트 디벨롭(develop)' 방식을 채택했다. 하나의 프로젝트를 면접 과정을 통해 완성하는 신개념 방식이다.

채용 절차는 '서류 전형'과 '기업문화 적합도 검사'를 거쳐, 셀프 프레젠테이션(Self PT)과 1 · 2차 면접 순으로 이뤄진다.

지원자는 전공 상관없이, 각 직무별로 제시된 프로젝트 주제 중 하나를 선택하고, 면접 과정을 통해 결과물을 완성한다. 셀프 PT전형에서 프로젝트 아이디어를 구체화한 제안서를 제출하고, 전형이 진행됨에 따라 보완해 발표해야 한다. 프로젝트를 발전시키는 과정에서 네이버 실무 리더들로 구성된 면접관에게 피드백을 받을 수 있다.

실제 업무와 가장 유사한 면접 방식을 도입해, 지원자가 직무 역량과 관심도를 증명할 수 있는 기회를 충분히 제공하고자 한 것이다. 프로젝트 결과물뿐만 아니라 서비스 및 사업 아이디어를 구체화하고, 다양한 사람들과 커뮤니케이션하며 프로젝트를 발전시키는 과정에서 성장 가능성을 확인하려는 의도이다.

'기획의 중요성'과 프로젝트 기반 학습(project-based learning)의 필요성을 말해주고 있다. 또한 직무 기본역량을 종합평가하려는 목적과 팬데믹 이후 복잡해진 문제의 해결책(solution)을 제시할 수 있는 인재를 찾고 있다는 현실을 잘 보여주고 있다.

5-4-2. MZ세대의 특징

1980년대 초~2000년대 초 출생한 밀레니얼 세대와 1990년대 중반~2000년대 초반 출생한 Z세대를 통칭하는 말이다. 다만 세대를 가르는 기준은 차이가 있는데, 밀레니얼 세대에 대해 1980~1995년 사이 출생한 세대를, Z세대를 1996~2000년 사이 출생한 세대로 보는 시각도 있다.

디지털 환경에 익숙한 MZ세대는 모바일을 우선적으로 사용하고, 최신 트렌드와 남과 다른 이색적인 경험을 추구하는 특징을 보인다. 특히 MZ세대는 SNS를 기반으로 유통시장에서 강력한 영향력을 발휘하는 소비 주체로 부상하고 있다.

MZ세대는 집단보다는 개인의 행복을, 소유보다는 공유(렌탈이나 중고시장 이용)를, 상품보다는 경험을 중시하는 소비 특징을 보이며, 단순히 물건을 구매하는 데에서 그치지 않고 사회적 가치나 특별한 메세지를 담은 물건을 구매함으로써 자신의 신념을 표출하는 '미닝아웃(meaning out)' 소비를 하기도 한다.

또한 이들 세대는 미래보다는 현재를, 가격보다는 취향을 중시하는 성향을 가진 이들이 많아 '플렉스(flex)' 문화와 명품 소비가 여느 세대보다 익숙하다는 특징도 있다. (네이버)

'가치소비'가 자신의 '존재 증명'이고 세상을 구하는 '영웅'이라는 '심리적 과시(flex) 의식'이라고 할 수 있다. 자신을 '특성화'하는 것이며 '차별화'를 통한 타인과의 '구분 짓기'이며 '의미부여'라고 하겠다.

5-4-3. '기업에 필요한 인재(직업인)에서, 세상에 필요한 인재(예술인)로 관점확장

'제로 투 원'은 성공한 창업자 피터 틸이 새로운 것을 창조하는 회사를 만들고, 미래의 흐름을 읽어 성공하는 법에 대해 말하는 책이다. 'O에서 1'이 되는 것은 '새로운 것을 창조하는 것'을 말한다. 뭔가 새로운 것을 만들면 세상은 0에서 1이 되며, 새로운 것을 창조하는 회사를 만들어야 성공할 수 있다. 무(無)에서 유(有)를 만들어내야 창조라고 할 수 있다. 성공한 기업과 사람들은 '아무도 생각하지 못한 곳'에서 새로운 가치를 찾아낸다.

기존의 모범 사례를 따라 하고 점진적으로 발전해 봤자 세상은 '1에서 n'으로 익숙한 것이 하나 더 늘어날 뿐이다.* 프로페셔널이나 앙뜨레프레뉴어 수준의 혁

---

*   피터 틸, 블레이크 매스터스 공저, 이지연 역(2014). 제로 투 원 스탠퍼드 대학교 스타트업 최고 명강의. 한국경제신문사.

신만이 새로운 가치를 만들 수 있을 것이다.

'세계 기업가정신 주간(GEW)'을 기념하는 세미나에서 기업가 정신(entrepreneurship)의 세계적 전도사이자, 베스트셀러인 '하버드 창업가 바이블'의 저자로 유명한 다니엘 아이젠버그(Daniel Isenberg) 박사는 창업과 관련한 기업가 정신의 본질에 대해 설명했다.

'경쟁의 함정에 빠지지 말고, 독점기업이 되어야 한다'고 주장한다. 독점은 독창성에서 나오기 때문이다. 일등(No. 1)은 기업을 구할 수 있겠지만 일류(Only 1)는 세상을 구할 수 있다는 얘기와 통한다.

그리고 지금까지 당연한 통념으로 여겨졌던 '독점은 시장경제에 해롭다'는 주장을 반박한다. 그동안 우리가 경쟁 때문에 발전한다고 생각했던 것은 경제학자들과 교육시스템을 통해 주입된 이데올로기일 뿐이라는 것이다.

그래서 다니엘 아이젠버그는 '매뉴얼이 아니라 통찰의 깊이'가 중요하다고 말한다. 예측하지 못한 온갖 역경들을 매뉴얼만으로 해결할 수는 없기 때문이다.*
매 순간 '독창성의 솔루션'이 필요하다는 뜻이다.

이는 예술 교육현장에서 빈번히 일어나는 상황이라고 할 수 있다. 세렌디피티(serendipity)나 유레카(eureka)의 과정은 오랜 숙고와 배양기간이 있어야 온전한 아이디어가 발생하는 경험지식이기도 하다.

그래서 "창업(start up)은 중요하다. 그러나 그 보다 더 중요한 것은 성장(scale up)이다"라고 주장하며 '보이지 않는 경험'과 노하우의 중요성을 간과해서는 안 된다.

'10,000시간의 법칙'**을 떠올릴 수 있다. 소위 루틴이다. 반복 훈련을 통해 달인의 경지에 오른 상태에서 반사적인 적응력을 발휘하는 것이다. 두뇌 이전에 '근육에 방법을 기억시키는 체화'이다. 그런데 이것만 가지고는 최상의 마이스터가

---

* 다니엘 아이젠버그, 캐런 딜론 공저. 유정식 역(2014). 하버드 창업가 바이블 전 세계 창업가들의 27가지 감동 스토리. 다산북스.

** 말콤 글래드웰, 노정태 역(2019). 아웃라이어(10주년 리커버 에디션). 김영사.

되기 어렵다. 혁신의 이노베이션(innovation)이 부가되어야 한다.

'바둑의 정석'에 나오는 최선의 수는 검증된 행마법일 뿐이다. '경우의 수'를 다 익히면 실전에서 유효하지만 망라할 수는 없다. 실전에서는 정석 그대로 재현되는 경우는 거의 없다고 한다.

모든 기보(棋譜)가 다 다르듯이 개인 간의 기전(棋戰)은 다를 수밖에 없을 것이다. 예술에서는 더욱 개별성, 독창성이 중요하다.

5-5. 서울예대의 인재양성 목표는 무엇인가?

5-5-1. 호모 루덴스에서 어린아이까지, 예술인은 누구인가?

원래 인간은 지혜와 이성과 지식을 갖춘 호모 사피엔스(homo sapiens, 知識人)이였으며, 생산과 노동에 정통한 호모 파베르(homo faber, 工作人)였다. 현대사회에 들어오며 쾌락주의적 또는 향락주의적인 가치관이 모든 직업·계층·성(性)·연령에 널리 번져감에 따라 호모 루덴스(Homo Ludens)가 나타났다.

호모 루덴스는 '유희의 인간'을 뜻하는 용어이다. 인간의 본질을 유희라는 점에서 파악하는 인간관이다. (J. Huizinga, 1872-1945)

유희라는 말은 단순히 논다는 말이 아니라, 정신적인 창조 활동을 가리킨다. 풍부한 상상의 세계에서 다양한 창조 활동을 전개하는 학문, 예술 등 인간의 전체적인 발전에 기여한다고 보는 모든 것을 의미한다. 음악-소설-드라마-영화-유튜브 등을 만드는 것에서 인생의 보람과 스릴을 느끼며 인간의 실존(實存)을 확증해 보려고 애쓰는 인간관이다.

특히 젊은 세대에 두드러지게 나타나고 있으며, MZ세대를 비롯하여 '카르페 디엠(Carfe diem)'이고, 욜로족(Yolo 族)인 셈이다.

이러한 가치관에 입각해서 인생의 의의를 소비·레저·놀이·향락에서 찾으며, 그것을 자기목적화(自己目的化)해 추구하는 인간이 호모 루덴스라고 불리게 되었다.

그러나 라캉은 '인간은 타인의 욕망을 욕망한다'고 했다. 욕망은 채워지지 않는 욕망이고, 욕망을 잡았다고 느끼는 순간, 그 욕망은 더 멀리 더 높이 날아가 버린다.

베블렌은 유한계급론(Theory of Leisure Class)*에서 남들과 차별화 되는 소비를 일삼는다. 여유있는 계급은 비싼 물건일수록 더 소유하려는 욕망을 갖고 있다는 주장이다.

이런 소비의 중독현상을 벗어나기 위해서 인간은 '의미'를 찾게 된다. '호모 파덴스(Fadens)'의 개념이 나오게 되는 것이다.

호모 파덴스는 만드는 인간이란 호모 파베르(Homo Faber)와 유희를 즐기는 인간인 호모 루덴스(Homo Ludens)의 합성어다. 마케팅 패러다임의 변화 속에서 소비자는 생산자로 변하여 '프로슈머(prosumer)'로 변했고, 디지털 시대의 매체 환경의 변화와 쌍방향 커뮤니케이션이 이루어짐에 따라 생산자가 되고 동시에 소비자가 된다.

4차 산업혁명 시대에는 '생산하고 유희하는 복합인간'이 될 수밖에 없다. 의미를 추구하는 호모 파베르와 재미를 추구하는 호모 루덴스의 영역에서 다양하게 세분화 되는 인간의 역할변화 전체를 말한다(국어사전). 생산과 놀이, 의미와 재미의 통합을 생각해야 한다.

니체(F. Nietzsche, 1844~1900)는 '짜라투스트라는 이렇게 말했다'**에서. '정신의 세 가지 변화에 대하여' 말한다. 정신이 어떻게 낙타가 되고, 낙타가 어떻게 사자가 되며, 마지막으로 사자는 어떻게 어린아이가 되는지를 설파했다. 인간이 참된 자기로 변화되어 가는 정신적 과정을 말한 것으로 알려져 있다.

'자신의 세계를 획득'하는 인간은 어린이처럼 호기심과 동심을 가지고 '춤추는 인간'이 되라고 주장했다. '댄서(artist)'요 '퍼포머'(performer)가 아닌가 생각한다. '이성'보다는 '육성(肉性, 몸)'으로, 본능에 충실한 예술성을 향유(흥겹게 만끽함)하라는 메시지를 주고 있다.

예술 철학적 인간의 본질을 이해하는 단초가 될 것이라고 본다.

---

*　　소스타인 베블런, 박홍규 역(2019). 유한계급론, 문예출판사.

**　　프리드리히 니체, 두행숙 역(2011). 짜라투스트라는 이렇게 말했다. 부북스.

"사자도 할 수 없었던 일로써 어린아이가 할 수 있는 일이 있을까? 어째서 약탈하는 사자는 다시 어린아이가 되지 않으면 안 되는가? 어린아이란 순진무구함이고 망각(忘却)이며, 하나의 새로운 출발, 유희, 스스로 굴러가는 수레바퀴, 최초의 운동, 신성(神聖)한 긍정이다. 그렇다, 창조의 유희를 위해서는, 형제들이여, 신성한 긍정이 필요한 것이다. 이제 정신은 자신의 의지(意志)를 원하고, 세계를 잃어버리는 자는 스스로 자신의 세계를 획득하는 것이다."

5-5-2. 인재양성 목표는 무엇인가를 질문하고 확인해야 한다

- 서울예대는 교육기관으로서의 핵심역량이 무엇인가?
- '왜, 무엇을, 어떻게' 가르치는가에 제대로 대답할 수 있는가?
- 인재양성 목표를 한 단어로 정의한다면 무엇인가?
- 전문예술가 양성인가, 직업예술인 양성인가?
- 특성화 목표인 글로벌 인재 양성인가?
- 구체적인 함의와 의미는 무엇인가?
- 목표한 인재의 사회적 수용도는 높은가?
- 세계관과 가치관이 명확한 인재가 스스로 학습할 수 있는가?
- 서울예대(우리)는 지금 4차 산업혁명 기술과 예술의 관계를 연계하고 있는가?
- 교수진은 그렇게 인식하고 공감하고 있는가?
- 대 유행병 이후(Post Pandemic) 시대의 '시대정신'은 읽고 있는가?

이런 '질문과 토론'을 하면서 집중심화하여 논의하고, 아이디어를 교환해 보자. 간결하면서도 명확한 인재상의 목표가 잘 설정되어야 한다. 아주 구체적이면서 공동체의 이념과 상통할 수 있어야 실천할 수 있고 유파를 만들 수 있을 것이다. 몇 가지 개념들을 제안하면 다음과 같다.

- Creative Contents Provider(창의적인 콘텐츠 창작자)
- Passion & Adventure-oriented Creators(열정과 모험의 예술가, PACS)
- Multi Media Creator(공연과 미디어의 통합,Interdisciplinary Production-oriented)
- Professional Performer(산학 연계된 프로급 연희인(창작인) 양성)
- Digital Technology-based Applicator(디지털 기술 기반의 창작물 생산자)

- Innovation-based Creator(혁신 기반의 예술인)
- Global Culture Artist(인류의 보편적 예술문화를 선도하는 국제경쟁력 보유자)
- Creative Passion Artist(창의적인 열정 예술가)
- Creative Entrepreneur(창의적인 기업가 정신의 크리에이터)
- Performer & Planner through Innovation(혁신을 통한 연희자 및 창안자)
- Problems Solver by New Form Arts(신예술로 푸는 문제해결자)
- Applied Performing Attractor(실용적인 연희 매력자)
- New Form Arts Planner & Performer(신예술 창안자 및 연희자)
- Contents Creator & Platform Planner(콘텐츠 창안자와 플랫폼 기획자 지향)

이런 인재상에 대한 키워드는 '교육과정이 지향해야 할 콘셉트'이고 핵심역량을 함의하고 있어야 한다. 그리고 우주관(자연관)에서 근원사고로 생산된 창학이념이 구체적인 성과로 표출된 개념이어야 한다.

또한, 전문학사 과정과 학사과정의 통합을 고려하면, 4단계 성장 로드맵을 정할 수가 있다. 인재의 4 유형과 '3+1' 교육과정과 연계하여 그림을 그려 볼 수 있다. 1학년, 2학년, 3학년, 4학년, 5학년(마이스터, 석사)의 단계별 양성목표 인재상을 심화하는 과정도 생각할 수 있을 것이다.

각 세부전공별 장르별 인재상을 재구축해도 다양한 아이디어가 나올 것이다. 여기서는 우리 대학의 인재양성 목표로 설정할 '통합 인재상'에 대한 논의라고 하겠다. 예를 들면 다음과 같다.

1학년		2학년		3학년(전문학사)		4학년(학사)		5학년(석사)
Operator	-	Specialist	-	Professional	-	Artist	-	Musician
Technician	-	Professional	-	Artist	-	Entrepreneur	-	Master

향후 전문학사 과정을 졸업하면 직업예술인(Specialist)의 길로 들어가 '프로페셔널'이 되고, 학사과정을 졸업하고 창작예술인의 길로 들어가게 된다면 향후 '예술기업가'가 되며, 유학이나 마이스터 대학원에 진학한다면 석사과정의 마스터(Master)가 되고 프로 뮤지션(pro musician)이 되는 것이다.

다만 학생(performer) 중심의 교육과 병행하고, 창작을 통한 예술작품 활동으로 핵심역량을 기르며, 예술에 대한 '개념설계' 능력을 개발할 수 있는 창의적인 인재를 배출하여 '원천 저작권(IP)'을 행사할 수 있는 소수의 문제적 창조자(creator) 양성도 놓쳐서는 안 될 것이다.

그들이 '뉴폼 아트'를 선도하고 플랫폼 기획자로서 '미래형 예술가'가 되도록 지원해야 한다. 그 인재 양성과정과 학습내용은 다음과 같다고 생각한다.

Applied Performing Attractor(실용적인 연희 매력자)로 학습하고, New Form Arts Planner & Performer(신예술 기획자 및 연희자)로 성장하여, Contents Creator & Platform Planner(콘텐츠 창안자와 플랫폼 기획자)를 지향한다.

해마다 학년이 올라갈수록 점점 능력이 향상되는 인재상과 비교해서 연상해 볼 수 있겠다. 서울예대는 '실용주의 예술'로 직접 '연희(performing)'하는 창작자와 콘텐츠와 플랫폼 시대를 선도할 수 있는 '기획 인재(planner)'를 키워야 할 것이다.

서울예대가 '서울예대 3.0시대'에 지속가능한 성장을 위해 연구개발(R&D) 역량도 제고해야 하는 이유이기도 하다.

연구역량의 개발은 15개 각각의 전공자의 역량이 아니라, 다른 전공과 융합할 수 있는 전문가의 능력이다. 어떤 학과를 졸업해서 전공지식을 가지고 있다는 선(경계)을 넘어, 어떤 프로젝트의 문제를 해결하는 방안(솔루션)을 제안할 수 있느냐 하는 관점이다. 다양한 고객 욕구를 만족시키고 새로운 고객 경험을 창출하는 것은 뉴폼 아트만이 할 수 있다. 뉴폼 아트는 장르 파괴와 충돌을 촉발하는 융합사고를 할 수 있는 전문가만이 할 수 있다.

서울예대의 인재상도 이제는 '단일 전공자'의 수준을 넘어 '융합 전문가'로서 다시 태어나야 한다. 단일 전공자는 스페셜리스트이지만, 융합 전문가는 단일 전공을 넘어 연계 · 순환 · 통합하는 프로페셔널이기 때문이다.

또한, PACS 교육체제는 '전문예술창작역량 체계'(Professional Artistic Competency System)로, 현장 중심의 예술교육을 위하여 우리 대학의 교육목표 및 인재상에, 산업현장 요구를 반영하여 '직무별 지식, 기술, 소양'을 체계화시킨 핵심역량 모델이다.

핵심역량 개발과 교육성과의 질 관리를 위해서 실시하고 있는 '예술혼, 공감 소통성, 실험정신, 기술준비성, 기업가 정신'의 5 가지이다.

국가직무능력표준(NCS) 기반의 교과목을 포괄하면서, 세계 유일의 특성화된 '창작교육 체계'이며 60년 창작 교육의 방법론을 승화시킨 검증된 모델이다.

더불어 서울예대의 학생들은 전통적으로 '열정'을 갖고 있고, 각종 조사에서 도 첫인상은 열정적인 끼를 가진 인재로 알려져 있다.
이런 자질에 실험정신을 갖고 창작활동을 하는 '모험지향적인 크리에이터'이 기에 'Passion & Adventure-oriented Creators'(열정과 모험의 예술가)를 호칭으로 사용하면 좋겠다. 영문을 이니셜로 줄이면 'PACS'가 된다.

서울예대의 교육과정 명칭도 'PACS'이기에 이중의미(double meaning)를 갖게 된 다. 'PACS로 PACS를' 양성하는 셈이기에 내포의미도 재미있다고 본다.

결론적으로, 서울예대의 특성화 목표와 연동되고, 서울예대 '정체성'의 하나인 '열정'에 집중되며, '핵심어'(key word)로 수렴되는 이중효과도 고려해서, 서울예대의 인재양성 목표와 국가직무능력표준(NCS)을 포괄하는 개념으로 다음과 같이 제안 한다.

"New Form Arts Planner & Performer"(신예술 창안자 및 연희자)이다.

그리고, 일상적인 대화나 서로 격려하는 교육과 창작 현장에서 소통하는 커 뮤니케이션 용어로, '팀 파워'의 구호나 이심전심의 생활언어로, 우리 대학공동체의 공용어로 'PACS'를 사용하면 좋겠다.
예술가 양성의 특성화 된 교육과정(PACS)을 통해, 열정과 실험정신의 창작자로 성장하는 'PACS'(Passion & Adventure Creators)이다.

6. 우리는 무엇을 해야 할 것인가?

'아마추어는 꿈을 먼저 생각하지만, 프로는 땀을 먼저 생각한다.'

학교 생태계가 달라져야 한다. 대학의 세 다리 정립(鼎立)은 교직원과 학생과 동문이다. 우리 대학의 과거와 현재와 미래의 역사를 이어갈 공동체 구성원은 3 주체이다. 우리 대학의 올드 앤 뉴(Old & New)이다.

하지만 이화여자대학교의 총장 선임과 관련하여 투표 비율이 내포하고 있는 함의를 보면 교수의 역할이 상대적으로 중차대하다고 할 수 있을 것이다. 이화여대의 학교법인 이화학당은 최고의 리더십을 발휘할 총장 선출과 관련해 구성원별 투표 반영 비율을 '교수 77.5%, 직원 12%, 학생 8.5%, 동문 2%'로 규정한 바 있다. 학교운영에서 교수의 존재감과 중요성을 계량화했다고 본다.

특히 교수는 대변화와 혁신의 시대에 학교발전을 위해 그 막중한 책무성을 수행할 능력과 태도와 이념이 잘 갖추어져 있는지 자문해야 할 것이다.

대학공동체라는 형식에서 표면 구조의 3 주체가 내면의 심층 구조 속에 무엇을 가지고 있느냐 하는 내용이 중요하다. 그 내용은 구성원으로서 '최소한의 의무'로서 가져야 할 생각이 무엇이냐 하는 것이다. 우리 대학의 뿌리이며 '주인은 창학이념'이라는 인식이 필요하다.

먼저, 서울예대의 가장 큰 프로젝트로서 레퍼토리(repertory)이며 뉴폼 아트가 되어야 할 원니스(ONENESS)를 기획 단계부터 '질문하고 토론'하며 분석해 보자. 원니스는 우리 대학의 핵심 가치로서 대표성이 크다고 보기 때문이다.

6-1. 원니스(ONENESS) 기획회의(안)

6-1-1. '개념설계'를 위한 '콘셉트 기획회의'가 필수다

지난 5년간 서울예대의 원니스 프로젝트의 성과를 정교하게 질문하고 논쟁해야 한다. 원니스는 대학역량을 총집결하여 교내외에 발표하는 대표적인 창작활동이기 때문이다.

첫째, 창학이념과 정체성과는 연계되었는지? 특성화 사업으로서의 목표를 달성했는지?

둘째, 사회적 임팩트지수는 무엇이었는지? 주제와 콘셉트와 스토리텔링의 공감성은 크고 인터랙션으로 소통되었는지?

셋째, 뉴폼 아트(New Form Arts)로서 형식미는 무엇이었는지? 예술과 과학의 융합이라는 창작방법론은 첨단기술을 효과적으로 활용했는지?

넷째, 교육과정(PACS)과의 연계성은 무엇이었는지?, 학생의 자발적인 참여와 교육적 성과는 무엇이었는지?

다섯째, 지역사회와 연계되고 시민의 참여와 호응은 기대수준에 도달했는지? 등이다. 외국인이 관중으로 참여했을 때 공감할 수 있었겠는가?

이제 4차 산업혁명 시대와 대유행병(pandemic) 이후 시대의 '예술은 무엇인가?'에 대한 성찰과 '예술은 무엇을 말해야 하는가?'에 대한 토론이 있어야 한다. '뉴폼 아트란 무엇인가'에 대한 재해석과 관점을 제시해야 하고, 완성도를 제고하고 '축적의 시간'을 갖기 위한 제도적 장치는 무엇인가를 논의해야 할 것이다.

이런 대답은 원니스 프로젝트를 수용자 관점에서 사회적 메시지를 공감할 수 있는지? 혹은 이슈가 기억나는지? 브랜드 자산은 무엇인지 조사해 보면 알 수 있을 것이다.

말하자면 '왜, 무엇을 어떻게'라는 다시 한번 '골든 서클(Golden Circle)의 사고과정'을 따라가면 파악할 수 있다.

- 왜 그 주제와 콘셉트와 스토리텔링을 선정했는지?
- 새로운 형식(New Form)의 구체적 증거가 무엇인지?
- 무엇을 말하는지를 수용자(학생, 관객)는 이해했는지?
- 프로페셔널 수준의 작품성과 완성도는 높은지?
- '융합 창작'의 근거나 특색을 말할 수 있는지?
- 지적재산권(IP)을 획득할 만한 매력도는 강한지?
- 지역사회와 교내외에 예술적 영향력(impact power)은 강했는지?
- 국제화로 인류의 보편적 정서에 호응할 수 있는지?
- 학생과 관객은 수동적으로 호응하고 공급자만 부각한 것은 아닌지?
- 자연 친화적 예술창조와 연계되는지?
- 4차 산업혁명 시대에 시간과 예산은 효율적인지 아니면 충분했는지?
- 일회성 축제인지, 지속가능성의 연결고리는 있는지?
- 미래예술과 나노 · 바이오 · 네이처 예술의 신세계를 실험하고 있는지?

물론 프로젝트가 종료되었을 때 '합평회'를 개최했지만 부문별로 문제점과 기회를 발표하는 자리여서 심도있는 비판과 대안은 미흡하였다고 생각한다.

본 프로젝트의 예술 총감독이 학부장과 협조하라고 지시했던 이유를 간과해야 할 것이다. 형식적으로는 구성원(교수와 학생, 안산 시민)의 참여를 유도하고 교육과정 상의 학생참여는 학생의 창작욕구를 자극하는 기회가 되어야 하기 때문이다.

그리고 내용적으로도 이해당사자 모두가 적극적으로 의견을 제안하여 '집단 지성의 힘'을 도출해야 하기 때문일 것이다.

그러므로 특정인을 예술감독을 지명하거나 스토리텔러를 초빙하거나 음악 작곡가를 선정하기 전에 '개념설계'에 대한 분명한 '기획 전략회의'를 심도있게 수행해야 할 것이다.

심화된 '기획회의'에서 다양한 아이디어가 생산되고, 특정인이 구성원의 대표성이 있는지, 주제와 적합성이 있는지, 구체적인 실행력이 크리에이티브 한 지를 종합판단해야 한다.

이렇게 '집단지성의 힘'을 도출해 낸다면, 예술 총감독의 지시를 '넘어서는 (beyond) 전략'이 창안될 것이며, 일인 리더십의 한계를 초월하는 창의성과 책무성을 확인할 수 있다. 그리고 대학 구성원의 자발적인 참여를 유도할 수 있을 것이다.

구성원 자신이 적극적으로 동참한다면 그 만큼 책임과 권한을 갖고 창작에 임할 것이고, 작품에 대한 주인의식을 갖게 되는 효과가 있기 때문이다.

6-1-2. '비대칭 구조'를 혁신할 대안을 마련해야 한다

예술 총감독이 독주할 수 있는 빌미를 제공한 것은 우리 구성원의 주인의식이 약하기 때문이라는 반성이 필요하다고 본다. 예술감독의 '책무성'과 협력자의 '관여도'는 분명히 차이가 있다. 몇 가지 현실적인 비대칭 구조를 상호 인정하고 혁신적인 대안을 마련하는 데 노력해야 할 것이다.

첫째, 권력의 비대칭이다. 총장과 교수(학생)라는 이분법을 창조적으로 파괴해야 한다. 결재권자라는 직위를 탓하거나 합리적 비판이 아닌 권력(예술총감독)에 대한 뒷담화를 일삼는다면 지성인의 태도가 아니라고 생각한다.

둘째, 능력의 비대칭이다. 기본적으로 일인 창의성보다는 프로젝트의 특성상 집단지성의 힘을 다양하게 인정해야 할 것이다. 집단창작의 시너지 효과(synergy effect)는 '천재 일인보다는 둔재 100인이 낫다'는 경험치에서도 확인할 수 있다.

셋째, 금력의 비대칭이다. 특성화의 타 부문보다도 절대 지원예산이 적다. 더구나 원니스 프로젝트는 우리 대학의 연구개발(R&D) 차원의 미래 경쟁력의 원천으로 레퍼토리(repertory) 브랜드이기에 과감하고 지속적인 예산을 확보해야 할 것이다.

넷째, 몰입의 비대칭이다. 예술총감독은 24시간 고민한다고 말한다. 작품 하나를 완성하기 위해 심사숙고해야 할 사안들을 생각하면 잠이 오지 않는다는 것이다.

몰입의 정도는 주인정신의 정도와 비례할 것이다. 야구에서 수비수가 '마이볼'(my ball)을 외치면서 자기가 책임지고 공을 잡아내는 태도일 것이다. 우리는 과연 '주인 정신'을 갖고 있는가?

물론 실패하더라도 재기할 수 있게 해주는 생태계(문화)를 만드는 것도 필요하다.

어쨌든 일회 공연을 연례행사나 전시효과 같은 일시적인 매몰비용으로 간주한다면 축적된 정체성을 확보하지 못할 것이다. 또한 비대칭으로 인한 '기울어진 운동장'을 평평하게 만드는데 서로 협력하고 노력하는 태도를 가져야 할 것이다.

4차 산업혁명 시대 속에서 팬데믹(pandemic) 재앙에 원니스(ONENESS) 프로젝트를 '혁신 브랜드'로 성장시키기 위한 '기획회의'의 중요성을 재인식해야 한다.

팬데믹 이후 시대엔 사회 공동체의 문제와 해결과제를 발굴하는 데이터 조사(Big Data Analysis)와 면담을 치밀하게 해야 할 것이다. 불신과 불안과 불만의 3불의 갈등 상황이 '코로나 우울증'(Conora Blue) 속에 숨어있다고 봐야 하기 때문이다.

서울예대의 교내외 공동체의 참여를 획득하기 위해서는 트렌드 이슈를 반영하고, 차별화 된 기술(technology)을 융합하고, 공감을 얻기 위한 스토리텔링으로 뉴폼 아트의 신 차원을 만들어야 할 것이다. 'ONE'의 의미를 현대적으로 재해석해 보자.

6-1-3. 'ONE'은 원(源)이요 'NEO', 'NEO'는 미래 세상의 수호자요 영웅

아직도 이런 원니스(ONENESS)정신과 기획의도가 스며들지 못하고 있다고 본다. 원니스(ONENESS)의 작품 내용은 '하나됨'의 개념으로 시공간을 초월하고, 인종차별을 이겨내고 지역과 세대와 종교를 넘어서 인류가 '하나로 통합한다'는 거대 담론을 품고 있다.

'하나로 통합한다'는 뿌리가 똑같고 원천이 똑같다는 뜻이다. 그래서 'ONE'은 '원'(源)이다. 원(源)은 '물이 끊이지 않고 흐르는 모양'이고, '사물이 잇닿는 모양'이다.

그리고 '원'(源)은 원(圓, circle)이기도 하다. 물이 흐르고 연결되어 있기에 둥글다. 사물인터넷(IoT)처럼 세상사가 모두 이어져 있고 함께 흐르고 있다는 뜻으로 해석하고 싶다. 만사형통처럼 '만사원통(萬事圓通)'이라고 본다.

그래서 ONE(원, 源)은 우리사회의 갈등과 문제를 예술적인 열정으로 해결하겠다는 순수성이고 '뿌리 의식'이다. 전지전능한 완전체인 'ONE'이면 해결사이기에 가능한 일이다.

왜냐하면 'one'(하나)의 철자 가운데 'o'를 단어 끝에 놓으면 'Neo'가 된다. 'Neo'는 1999년에 상영된 영화 '매트릭스'(MATRIX)의 주인공 이름이다. 인류를 파멸시키려는 인공지능 로봇에 대항하여 싸우는 캐릭터다.

이 'Neo'는 구세주를 뜻한다고 한다. 미래의 세상을 수호하는 자로 추앙받고 영웅이 되어야 할 운명이란다.

6-1-4. 탈영토화(脫領土化) 된 사유로 성찰해야 한다

현대 사회에서의 인간은 어떤 삶을 영위하고 고뇌하고 해결책을 만들어 가고 있는가? 이 지점에 들뢰즈(Gilles Deleuze)가 등장한다. 들뢰즈는 본질주의적이고 주체중심의 철학적 사고는 인간의 삶을 고착화하고 자유정신을 억압해 왔다고 한다.

이분법적이기에 각 인간 개체는 분절되고 개별적으로 고립된 삶을 살고 '층화된 사고'를 해왔다는 주장이다.

특히 계층화 되고 계급화 되며 세대 간, 지역 간, 계급 간, 사회 간, 국가 간 이분법으로 분절되고 고립되어 통합이 불가능해졌다는 비판이다. 신분의 경계를 만들고 계층이동을 거부하며 유유상종의 철옹성을 쌓아 왔다는 분석이다. 그동안 우리의 의식은 오이디푸스 콤플렉스(Oedifus Complex)가 지배해 왔다고 한다(이정우).

그래서 현대사회의 가장 큰 문제점으로 부각된 계층이동의 단절과 세대 간의 단절과 부익부빈익빈의 승자독식(勝者獨食) 사회에서 필요한 새로운 철학적 사고가 필요해졌다.

이런 현대사회의 현안들을 방치할 경우에는 인간사회는 더욱 황폐화 되고 인간의 자유정신을 왜곡하거나 피폐하게 만들 수밖에 없을 것이다.

더 이상 심화된 계층화 되고, 고착화 된 문제는 과거 사회에서 규명하고자 한 철학적 방법론인 우주와 사회의 본질론과 주체주의가 가져온 한계가 분명하다고 본다. 이를 극복하기 위해서는 새로운 패러다임의 탈영토화 된 철학적 사유가 필요할 것이다.

들뢰즈는 사물과 사람과 사회는 서로 '차이'(差異)를 인정하고 서로 접속하고 서로 이별하면서 새로운 '관계'(關係)를 형성하는 데 주목했다고 본다.

비록 자기만의 영토를 구축하지만 과거처럼 고착화 되거나 인간을 억압하는 것이 아니라 인간 본성의 동일성을 회복하려는 시도로 보았다. 가시적 사물의 세계에서 생기는 접속과 관계를 천착하는 사고를 리좀(rhyzome)이라고 명명했다.*

리좀(rhyzome)은 사물들이 서로 접속하고 이탈하면서 자유로운 관계를 맺고 그 사이의 의미를 만들어 간다는 것이다.

현대 이후엔 모든 사물과 인간이 평등하고 그 사이의 관계를 파악하는 철학적 사고가 필요한 시점이다. 이 사이와 관계를 파악하는 사유방식이 리좀이라고 생각한다.

대중 커뮤니케이션 관점에서 보면, 생활 속에서 실천력을 강조한 나이키의 슬로건인 '행동정신'('just do it')이 소중하다. 현대사회에서 인간과 사회는 '생(生)의 의지'와 '권력(權力)에의 의지'로 충만해야 할 것이다. 니체적인 사고와 들뢰즈의 철학이 숨어있다고 해석한다면 'ONENESS' 프로젝트가 갖는 의미는 문자 그대로 'Neo'(구세주)가 될 것이다.

바로 '하나(One)가 되고, 하나됨'(Oneness)이 된다. 세대 간, 지역 간, 인종 간, 계급 간, 문화 간의 '차이'를 이겨내고(beyond) 새로운 '관계'를 맺는다.

세상은 원(圓,circle)으로 둥글게 이어져 있고, 같은 뿌리이다. 원(圓,circle)은 '평면 위의 한 점에서 일정한 거리의 점들로 이루어진 곡선'이다. 너와 내가 차별없이 똑같은 뿌리이기에 '하나로 통합'되는 공동체 'ONE'(하나)이 되고, 'ONENESS'(하나됨)가 되는 것이다.

또한 공연 형식은 '뉴폼 아트'(new form art)를 지향하며 기술과 예술의 융합으로 세계적 경쟁력을 구축하려고 한다. 서울예대 특성화의 목표인 글로벌 융합 창

---

*   질 들뢰즈, 펠릭스 과타리 저, 김재인 역(2014). 안티 오이디푸스: 자본주의와 분열증. 민음사.

작물로서 '하나됨(ONENESS)'의 의미를 고양시켜야 한다.

개인적인 과잉해석인지 모르겠지만, 원니스(Oneness)정신을 서울예대 공동체가 공유하고 있으며 그렇게 창작에 임하는지 스스로 반문하고 싶다.

이제 서울예대 3.0시대에는 창작정신, 공연, 전시, 수업, 산학일체, 국제화 등 하나하나 임하는 태도에서 우리의 예술성과 자긍심을 담보할 수 있어야 할 것이다.

그래야 '집단 지성의 힘'으로 '개념설계'가 제대로 되지 않겠는가?

6-2. 60주년 이후의 '콘셉트(주제어)'(안)는 무엇으로 해야 할까?

서울예대는 창작 지향의 예술교육 기관(Institute)이고 국제화가 잘 된 '세계일류' 예술대학교이다. 특히 서울예대는 현대사회에서 '우리 예술혼과 전통을 현대적으로 재해석하여 뉴폼 아트(New Form Arts)를 창작하고, 세계적 보편성을 획득하려는 융합창작의 산실이다.'

기본적으로 '뉴폼'과 '실험정신'과 '창작의 산실'에서 출발해야 한다. 또한 콘텐츠의 글로벌 경쟁 시대를 선도하는 혁신 개념이 필수다.

이렇게 '서울예대의 정체성'과 '목표고객의 심리나 욕구'를 '시대정신'(Zeit geist)에 연결시키는 메시지를 '콘셉트와 주제어'로 선정해야 우리 구성원은 물론 사회의 호응을 얻을 수 있다고 생각한다.

현대사회의 주요한 이슈인 '연결성', 인공지능(AI), 팬데믹, 빅 데이터(Big Data), 자연(Nature), 나노(Nano), 생명(Bio), 예술과 과학의 융합, 예술의 원리 등의 사례를 성찰할 수 있다.

그 성찰의 결과와 연계해서 분석하고 콘셉트나 주제어로 선정하여 '공모전'의 주제로도 활용할 수 있을 것이다. 하나의 사례(콘셉트 아이디어)(안)로 다음과 같이 '동'(動)'을 제안한다(콘셉트 추출을 위한 발상과정의 사례(안)이다).

또한, 이런 콘셉트나 메시지를 전달할 수 있는 각종 커뮤니케이션 툴(tool)도 제작할 필요가 있다. 주요 목표고객은 MZ세대(2030세대)이거나 4050세대가 될 것이다. 목표고객에게 우리의 정체성을 거리감 없이 친근하게 알릴 수 있는 '커뮤니케이션 슬로건(안)'도 필요하다.

특히 MZ세대(2030 중심)는 가치 소비를 하고 가상세계의 아바타(avatar)에 익숙하므로, 고객의 감성에 '취향저격'으로 공감하고 '재미'와 '의미'로 소통하려는 노력이 필요하기 때문이다.

6-2-1. '문제적 콘셉트'와 '기본 주제어(담론)'는 '동'(動) - (예시)

'콘셉트'(주제어)를 위에 언급된 '연결성'(connectivity)이나 '생명(Bio)'이라는 다른 사회이슈로 선정할 수도 있다. 다만, 연결성은 다른 유명 예술축제나 각종 비엔날레 전시회나 평창동계올림픽(2018년) 등에서 이미 주제어로 수행되었었다. 그래서 서울예대만의 독창적인 관점에서 예술적 표현을 할 수 있는 주제어를 생산할 필요가 있다. 그 타당성과 효과성도 공감할 수 있어야 할 것이다.

'문제적 핵심어'와 '콘셉트'를 주제어로 하여 '뉴폼 시리즈'를 창작할 것을 제안한다. 이 콘셉트(주제어)가 타당성과 효과성을 얻기 위해서 '동'의 개념을 확장하고 연계하여 세상과 소통할 수 있는지 그 '지속가능성'을 성찰해야 한다.

'동'(動)의 개념을 끊임없이 변형시키면서 다양한 사회이슈를 해결하고자 하는 '예술적 치유의 관점'을 제시할 수 있는지 분석해야 하기 때문이다.

생명체가 시간과 공간 속에서 움직임(동)이라는 활동을 하며 변화한다. 인생과 역사와 자연과 우주도 '동(움직임)'이라는 본성을 가지고 있지 않은가?

이런 역동성이 '천체 작동의 원리'임을 이해하고 통찰한다면 '예술이 무엇을 말할 것인가'가 추출될 수 있을 것이다. 이런 주제와 담론을 예술을 통해 표현하는 것이다. 조형의 기본요소가 '점, 선, 면'이듯이 종합예술의 원리로서 '동'을 발상한 것이다.

'세상에 변하지 않는 것이 없다는 것이, 변하지 않는 진실이다'(니체)

이 진실은 '변화'이다. 변화는 '화'(化)이고 '동'이다. '화'가 시간중심이라면,

'동'은 공간중심이라고도 할 수 있겠다. 내용 면에서는 변신(transformation)이기에 동음이의어라고 할 수 있다. 계절적으로 '춘하추동'이 있고 삶으로는 '생노병사'도 모두 '동'(動)이라고 할 수 있다.

또한 '동'(動)은 '시간ㆍ공간ㆍ리듬ㆍ에너지'와도 연결된다. 예술창작을 통해 생명의 호흡을 느끼고 감동시키는 힘을 전달받는다. '스탕달 신드롬'(Stendhal Syndrome)같은 전율과 환희라는 감흥의 에너지를 느끼기도 한다. 그래서 '동'은 세상과 삶을 관통하는 '관점'(perspective)으로 핵심 주제어와 담론이 될 수 있을 것이다.

시공간을 초월하는 공간이동(nomad), 현실세계와 사이버 세계를 넘나드는 역동성, 어린이 마음(동심)과 성인의 욕망(Avatar)을 왕래하는 세대 초월 공감성, 인간과 로봇의 경계를 허무는 초인성 등을 주제로 '동'(動)을 표현한다.

'동'(動)은 '인간에서 자연으로', '과학기술에서 생명 친화로', '현실에서 초현실(hyper reality)로', '대면 교육'에서 '비대면 교육'으로 다시 '온대면 교육'으로, '일상생활에서 게임으로', '실사(實寫)에서 애니메이션으로', '중력에서 무중력으로' 이동하면서 관점의 대전환(New Paradigm Shift)을 체험하게 만든다. 고전적인 '서예'에서 현대적인 '타이포그래피'의 선율과 율동의 미학을 찾으려는 욕망이 한 사례다.

6-2-2. 현실세계에서 '메타버스(metaverse)'세계로 이동(移動)

2020년대에 들어와서 '동'(動)은 '메타버스(metaverse)' 개념과 연결되어 '사고의 확장과 전환점'이라는 의미를 갖는다. 여기에는 서울예대의 창작방법론인 '현대적 재해석'이라는 통과의례를 온전히 거치고 있음을 알게 된다.

메타버스는 초월을 의미하는 메타(meta)와 전 세계, 우주의 의미를 담은 유니버스(universe)의 합성어다. 현실공간과 가상공간이 유기적으로 결합된 세계를 의미한다.

메타버스는 물리적 현실과 가상현실의 긴밀한 연결에 초점이 맞춰져 있다. 현실과 동떨어진 가상의 공간에 몰입하는 게 아니다. 현실과 연결된 또 다른 공간으로 존재가 확장되는 것을 의미한다. '미디어가 인간 감각의 확장'인 것과 같다. 그 공간 안에 AR, VR, 게임, 상거래, 소셜 네트워킹 같은 모든 요소가 들어가게 된다.

진정한 메타버스가 이루어지는 최상의 비전은 현실과 구분하기 힘들 정도로 편안한 존재감을 준다고 한다. 현실과 가상의 공간을 혼동하는 경지에 이를 수 있다면 더 좋을 것이다. 페이스북이 일찌감치 VR기기 전문업체 오큘러스를 인수한 이유이기도 하다(김익현 미디어연구소장). 현실공간과 가상공간의 길목이기 때문이다.

이렇게 인간의 시간과 공간을 지배하는 기본원리는 4차 산업혁명 이후에도, 팬데믹 이후 시대에도 '동(動)'이라는 콘셉트로 요약할 수 있을 것이다.

6-2-3. '본질에 대한 질문'과 '실험정신'에서 나오는 창작을 해야 한다

또한 '우주란 무엇인가?', '자연이란 무엇인가?', '인간이란 무엇인가?', '생명이란 무엇인가?'하는 '본질에 대한 천착'이 가능한 창작을 실험해야 한다. 표상(겉)에서 본질(속)을 보는 눈이 필요하다. 격물치지(格物致知, 사물의 이치를 추구하여 지식을 완전하게 함, 대학)의 지혜라고 하겠다.

'보이는 것'에서 '보이지 않는 것'을 탐구해야 한다. 사유체계를 넘나드는 '그 너머'(beyond)의 세계를 재현하는 것이다. 그래서 '본질에 대한 질문'은 철학적 존재론적인 통찰과 실험이고 예술적 사고라고 할 수 있겠다.

'나노, 바이오, 네이처 예술'이야말로 만물의 기본 단위인 '원자'를 통해, 궁극의 실체와 원형과 유전자(DNA)를 발견하겠다는 의지이기도 하다. 과학기술을 활용하여 숨어있는 '자연의 본질'을 이해하고, 예술로 표현하려는 의지이다.

예술창작에서 과학기술은 수단이고, 그 '너머(beyond)'에 있는 본질(원형)을 탐구하는 게 목적이다. 'as is'에서 'to be'의 이동이고, 아날로그에서 디지털로 이동이며, 수평적 이동에서 수직적 이동이기도 하다.

자연과 우주의 근원이 무엇이고 생명현상의 인과관계에 관한 호기심이 예술창작의 본질임을 이해할 필요가 있다.

창작(교육)의 지향성과 미래예술의 성찰을 반영해야 할 것이다. 모두가 '동'이라는 개념어로 시즌별로, 관중별로 연계된다. '연계·순환·통합 시스템'이 다시 작동되는 셈이다.

예를 들면, 팬데믹(코로나19), 환경위기(온난화), 자연(바이오, 생명), 기술혁명(AI, 로봇, 나노), 메타버스(meta verse), 첨단 실감미디어(AR, VR, XR), 청소년 문제(자살, 마약, 성매매), 인종차별, 글로벌 마인드 등은 서로서로 꼬리에 꼬리를 무는 '연결고리(link)'가 있다고 생각한다. 그 연결고리가 바로 콘셉트라는 생각이다.

우리 학교가 관심을 가져야 할 문제나 우리 사회가 해결해야 할 문제에 관해, 예술의 관점에서 '솔루션'을 찾는 창작이 되어야 한다는 뜻이다.

그렇게 해야 '창학 60주년 기념 창작'의 '의미'가 커질 것이고, 팬데믹 이후(2022년 이후) 제 2 창학을 위한 지속가능성에 대한 성찰과 '공감대'도 커질 것이다.

6-2-4. '교육이념'과 '5대 지표'의 연계 콘셉트

'뉴폼 아트'의 재정립과 '미래예술'에 관한 고찰이 중요하다. 우리 대학의 공용어 역할을 할 수 있고 이념을 실천하는 5대 지표를 반영할 수 있는 창작이어야 한다. 사회이슈와 연계되면서 예술계를 선도할 수 있는 '콘셉트'를 지속적으로 유지할 수 있어야 한다.

그 뿌리는 다시 한번 '특수연구(Matrix1, 1981)'를 생각하게 된다. '동'(움직임)을 주제로 이념과 지표와 연계된 창작을 유도한다.

뉴폼 아트는 '특이한 무엇'(Something Different & Special)이 있어야 하고 그것이 크리에이티브라고 생각한다. 사후에 평가받기 전까지는 아무도 평가할 수는 없다.

아래는 우리 대학의 이념과 지표이기에 '콘셉트 개발'에서 주목해야 할 핵심 덕목들이다.

- 우리 전통 예술혼의 현대적 재해석
- 시간·공간·리듬·에너지·빛(종합예술 창작의 원리)
- 예술과 과학의 접목

- 나노, 바이오, 네이처 아트
- 예술의 국제화
- '우주의 진리와 자연친화적 예술창조를 지향하고, 그 당위성을 선양하는 데 앞장선다.'

● **이제 '무엇을 해야 하는가?'**

그동안 '교육을 통한 창작'이고, '창작을 통한 교육'이 우리의 경쟁력이었지만, 본격적인 콘텐츠 경쟁시대에는 '프로페셔널 창작을 통한 교육'으로 전환해야 할 것이다. 이제 '프로페셔널 창작'을 위한 명확한 기준으로 '무엇을'(콘셉트와 주제어)이 있어야 한다.

60주년 기념사업(남산공간 활성화 프로젝트 포함)과 팬데믹 이후의 지속가능성을 감안하여 '제2 창학'의 기준에 맞는 작품(Contents)과 이벤트를 기획하고 창작해야 한다.

작품(Contents)은 '한국의 예술혼'을 '현대적인 재해석'으로 만든 '실험 작품'과 '시대정신'을 담은 '뉴폼 아트(New Form Art)'이어야 한다.

이런 뉴폼 아트가 '인류의 보편적 정서'를 획득하는 진정성 있는 메시지로 커뮤니케이션 할 때 우리는 '서울예대답다'는 말을 들을 수 있다.

서울예대는 남산공간이고, 남산공간은 서울예대이다. 의과대학과 부속병원의 공동체이기 때문이다.

이벤트는 동문(기업)의 참여와 대학 공동체 구성원(졸업생, 교수, 재학생, 학부모, 시민)이 참여하여 '하나됨(Oneness)'을 실천할 수 있는 '축제(festival)'가 되게 소통하고 다양한 아이디어를 수집해야 할 것이다.

특히 한국의 사회문화계에 서울예대의 '창작 리더십'을 발휘하고 신예술(New Form Arts)에 대한 기대에 부응해야 할 것이다.

6-3. 60주년 기념 예술축전의 개념어(안)

시대정신을 '동(動)'으로 읽고, 서울예대의 교육이념과 지표를 연계하고, '뉴폼 아트' 창작이 가능하면서 '시즌별 4개 시리즈'로 전개할 수 있는 '간결한 명칭'으로 의미를 부여한 안(naming)이다.

'예장 축전' - 뉴폼 아트 '동'(가칭)이다. 이 명칭이 주제어 '동'을 재해석하는데 충실히 역할을 다 할 수 있다고 본 것이다(물론 '연결성'이나 '생명(Bio)'으로도 재해석하여 연결할 수 있을 것이다).

아무튼 '뉴폼 아트'(New Form Art)는 우리가 가장 많이 사용하는 '개념어'이며, 'Old'에서 'New'로 이동(動)을 가장 쉽게 전달할 수 있는 장점도 있다.

워크숍 핵심 개념어(안)로 'DONG(동)'을 개인 아이디어(참조용 견본)로 정하고 배경 설명을 해본다.

위에서 '사회 이슈'와 '문제의 본질'에 관한 언급에서 '연결고리'로 논의할 수 있는 주요 주제어를 중심으로 선정하면 될 것이다. 다만 일관성과 정체성을 확보할 수 있으면 된다.

동(東)은 '동랑 유치진' 선생의 호 두음이며, 의미부여를 하면 다음과 같다.

- 동(東)은 (봄 시즌용) '동쪽'으로 발상지요, 종합예술의 원천이며 메카이고,
- 동(動)은 (여름 시즌용) '움직임'으로 '몸'의 동작이요, 이동성으로 '시대변화'를 이끄는 혁신이요,
- 동(童)은 (가을 시즌용) 미래세대인 '어린이'요, 넓게는 'MZ세대'(2030)인 청년정신이며
- 동(同)은 (겨울 시즌용) 고객과 '다 함께, 같이'의 뜻으로 사회통합(Oneness)이다.
  각각의 'DONG(동)'의 숨은 의미 '4'개는 '시즌별 창작의 주제'로 연계되고,

'4가지 동'은 '시리즈'로 창작하는 핵심어(key word)이다. 고정 레퍼토리(repertory)로 프로그램이 되고, 다시 하위 시즌별 관객별 세분화 될 수 있다.

움직이는 궁'(권력), '움직이는 섬'(지역주의), '움직이는 땅'(메타버스), '움직이는 법'(가치관)(가제) 등으로 구체적인 스토리텔링으로 프로그램이 재구성될 것이다. ('방황하는 별' 시리즈 참조)

공모전을 통해서 다양한 아이디어가 수집될 것이고, 예술감독(CIP 교수, 솔루션 교수)의 인사이트와 주제의식과 특기가 첨가되고, 영상 이미지나 메시지가 강력하게 표현될 수 있어야 할 것이다.

해마다 시즌별, 목표 고객별로 '4 동(動)'이 뉴폼 아트로 재탄생되면서 남산공간의 재포지셔닝을 할 수 있게 하는 것이다.

그러므로 '예술감독'이 어떤 콘셉트를 가지고 작품을 연출할 것인가 하는 '현대적 재해석'과 '실험정신'이 더 중요하다.

법인의 소위원회(TF)가 작성한 기획(안)도 신임 예술감독의 구체적인 작품 선정기준이나 창작 콘셉트와 다르면 무용지물이 된다. '기획(안)을 그대로 연출할 예술감독은 없을 것이다.' 또한 기획(안)에 대한 예술감독의 재해석이 다르거나 실험정신이 없다면 예술감독의 초빙(지명)은 의미가 없어지는 것이다. 우리가 기대하는 것만큼 효과가 나타나지 않거나 혼란이 생길 수 있다는 뜻이다.

그래서 콘셉트에 대한 '질문과 토론'이 풍성해야 한다. 이런 공감대를 확대시키기 위해서는 워크숍이나 공론화 과정(설명회)을 거칠 필요가 있으며 '공모전'을 하는 게 효과적이라는 생각이다.

워크숍의 주제'도 이념과 지표와 방향성에 연동되어야 하며, '국제 콘퍼런스'도 토론의 질이나 내용 면에서 숙성되고 창작에도 기여할 수 있어야 한다.

워크숍과 주제의식과 작품 창작과 관객의 소통 등이 하나로(oneness) 맥(脈)을 이루면서 시너지 효과를 낳아야 '서울예대 유파'를 만들 수 있다는 뜻이다.

그래서 '교육과정'과 '콘텐츠 창작'과 '60주년 사업'을 '공론화'하면서 추진하는 게 중요하다.

또한 팬데믹 이후 시대의 '의미'와 '재미'와 '기금'의 3 효과를 얻을 수 있도록 '이벤트(행사 페스티벌) 아이디어'가 보완되면 좋겠다. (콘셉트와 개념어 중심으로)

● **이벤트의 주제어(콘셉트, 정체성)를 '꿈'으로 설정해 보자(예시)**

앞에서 말한 '동(動)'의 대안으로서 예시이다. 물론 '연결성'으로도 다르게 재해석할 수 있다.

기념공연 후보작인 '한 여름 밤의 꿈'을 중심으로 풀면, 'Say, yes festival'(이명

세 감독)의 주제어, '예대 이야기(장항준 감독)', '동문 선·후배 인터뷰'의 핵심어, '디지털북'의 아카이브를 관통하는 주제어, '응모 공모전의 주제어', 음악제와 '보이는 라디오' 공연, '댄스 페스티벌', '동아리 페스티벌', '시낭송회'나 '전시회' 등의 주제가 선명해질 것이다.

또한 '시민 참여축제'와 '레전드 교수의 명작 감상회' 등의 학교 기획전에 관한 광고 포스터를 만들 때 쓸 헤드라인(주제어)을 무엇으로 할 것인가에 대한 기본 방향을 '꿈'이라는 콘셉트로 연결해서 공통주제로 해석할 수 있다는 것이다.

그러므로 먼저 '꿈'이라는 콘셉트를 선정해야 한다는 것이다.

결국 콘셉트는 참여하는 동문과 관객들도 인상적인 메시지로 기억할 '하나로 통일된 주제의식'이라고 할 수 있다. 이런 '꿈'이라는 주제의식(콘셉트) 아래 다양한 이벤트 아이디어가 나와야 할 것이다. 그러면 행사의 내용적인 '구체성'과 이벤트의 상호연계성도 커질 것이다.

2022년 60주년 이후에 '서울예대의 꿈', '재학생의 미래 꿈', '교직원의 꿈', '우리 사회의 꿈', '과거의 꿈에서 미래의 꿈으로' 등으로 확장성을 가지면 행사(페스티벌)의 공감도 커질 것이다. 2022년 이후 원니스(Oneness) 축제의 주제로서 지속가능성을 유지해야 할 것이다.

6-4. 지속가능한 성장

단기적인 성공보다는 지속가능한 성장을 지향해야 한다. 대학 기관평가와 구조개혁과 특성화 사업은 한시적이고 유동적이다. 교육은 백년대계(百年大計)라는 기본 철학을 유지해야 할 것이다. 외부 환경에 좌우되는 수동적 지성이 되어서는 안 될 것이다.

그러나 교육 패러다임이 대전환되고 있는 시점에서 서울예대의 창학이념에 어울리는 실험과 도전정신으로 새 역사를 써야 할 것이다.

이제 백년대계(百年大計)를 초월하여 '백지대계(白紙大計)의 혁신'이 있어야 할 것이다.*

먼저 웹 2.0 정신(참여, 개방, 공유)의 실천이다. 교육환경의 불확정성이 강하기에 사회문화와 상호작용하면서 공동체 구성원의 공감대를 찾는 과정이 필요하기 때문이다. 웹 2.0 시대에는 네티즌들이 적극 참여해서 정보를 만들고 공유하는 사회적인 연결성을 중시했다면 이제 웹 3.0정신으로 데이터의 의미를 중심으로 서비스되는 시대를 준비해야 한다.

웹 3.0 정신은 개인화, 지능화, 상황인식 등으로 인터넷에서의 엄청난 양의 정보 중에 각 개인이 지금 필요한 정보와 지식만을 추출해서 보여주는 맞춤형 웹의 시대를 말한다.

개인(학생, 수용자)중심의 웹 3.0 정신과 창조적 파괴(존속적 혁신, 와해적 혁신)라는 도전정신과 함께 '관점전환'이 서울예대 구성원의 덕목이 되어야 할 것이다.

첫째, 생산자 관점에서 수용자 관점으로 바꾸어야 하며, 교육은 교수 중심에서 학생중심으로, 창작은 학생중심에서 교수중심으로 이동해야 한다.

둘째, 교육의 역할보다는 학습의 역할이 중요하다. 교수는 티처(teacher)가 아니라 코치(coach)가 되어야 한다.

셋째, 구성원 간의 소통은 일방향이 아니라 양방향이어야 한다. 톱 다운(top down)의 강요가 아니라 보텀 업(bottom up)의 소통이다. 그 방법론이 달라져야 한다는 것이다.

이는 '제안제도'로 대변되는 대중의 지혜와 집단지성의 활용이다. 이런 조직은 교직원의 몰입도(employee engagement)가 증가한다고 한다.

6-4-1. '4N 시절'이라는 불명예를 폐기해야 한다

퍼펙트 스톰이라는 '대전환 시대'에 객관적 관찰자 시점에서 보면, '서울예대

---

* 백지(tabula rasa)는 인간이 태어날 때처럼 순진무구한 백지(白紙)상태를 말한다. 백지대계는 사회화 과정이나 지식을 내면화하기 전인 백지에 자신만의 능력과 비전을 학습하고 그랜드 디자인 한다는 의미이다.

2.0'시대의 오랜 관행이나 적폐를 잘 볼 수도 있다.

그런 면에서 '서울예대 3.0 시대'에 벗어나야 할 우리 구성원의 행동과 사고방식 4가지 정도를 비판적으로 볼 필요가 있다. '4N'이다. 특히 최고경영자를 보필해야 하는 '보직교수의 분발과 혁신'이 요구된다.

주인의식이 아쉽고 '베스트 플레이어'가 되겠다는 각오가 미흡했다고 보기 때문이다.

① 노 개념(No concept)이다

전략적이지도 않고 '생각없음'이라는 비난을 받을 수밖에 없을 것이다. 우리 대학이 무엇을 해야 하고, 왜 해야 하는지를 따져보는 '개념설계'에 대한 생각이나 골든 서클(golden circle) 사고가 없었다는 것이다. 최고결정권자의 결정이 창의적이기도 하고 오랜 고뇌의 결과이기에 수용할 수밖에 없는 것이기 때문이기도 하다.

아무튼 자유로운 지성과 자유인의 집단에서 생길 수 없는 현상의 하나라고 하겠다.

② '네네치킨'(NeNe chicken)이다

치킨 프랜차이즈 브랜드의 하나인 '네네'를 차용한 단어이다. '네네'는 '예예'만 하는 예스맨(yes man)이라는 뜻이기도 하다. 일단 부정해 보면서 새로운 대안을 찾는 노력을 하지 않는 현상이다. 치킨은 지능지수가 낮다는 표현을 할 때 쓰는 은어이기도 하다. 책임을 지지 않고 남의 일처럼 방관하면 생활이 편안해지기 때문이라고 할 수 있다.

무조건 일사분란하게 최고 결정권자의 판단에 의존하고, 보직교수가 질문과 토론없이 상명하복하는 과정은, 관행이라고 하면서 면책특권을 주기에는 너무나 큰 기회손실을 낳는다고 할 수 있다. 대안이 있는 위대한 거부(great refusal)가 절실하다.

③ 나토(NATO)족이다

'행동하지 않고 말만 하는 것'(No Action, Talking Only)인 구성원 덕분에 무사안일주의에 빠질 수 있었고, '나서지 않으면 본전은 한다'는 나쁜 풍토를 낳았다. 역동적인 창의 사회에 역주행하는 폐단을 만들었다고 할 수 있다.

실험정신이 범람하고 도전심이 불붙어야 하는데, '침묵'으로 시대정신에 무

관심하고 '방관자 효과'로 외면했다면 구성원으로서 최소한의 의무와 기본 양식을 지키지 않은 행동이라 하겠다.

④ 네트워크가 없다(No Network)는 점이다

참여하고 공유하는 시대에 교내외의 다양한 회의에 참석하고 서울예대의 강점을 홍보하며 새로운 예술 생태계의 정보를 수렴해야 하는 과정을 지나쳐 왔다고 할 수 있다.

국내외 예술기관과 교류하거나 지역사회의 일원으로서 공동체를 만드는데 주도하고 한국의 대표 예술대학으로서 사명을 찾아야 하는데 그런 혁신의 기회를 스스로 포기했다고 볼 수 있다. 세상은 '오픈 월드'로 바뀌었고 '연대 의식'과 '네트워킹의 협업 체제'로 전환되었다.

6-4-2. '혁신 책임'교수 'CIP'(Chief Innovation Professor) 임명

4차 산업혁명 시대와 팬데믹 이후 시대의 '변화와 혁신'을 전도할 책임교수를 임명할 필요가 있다. CIP는 강력한 혁신의 중앙관제탑(Control Tower) 역할을 실행하며 15개 전공과 장르를 초월한 정책 방향과 실천계획을 수립하도록 해야 한다.

CIP는 경영과 교육과정에서 자문하고 외국 사례도 수집하여 세계적 경쟁력을 구비하도록 하고 혁신전도사가 되어야 한다.

지속가능한 성장을 담보하기 위해서 교수 차원의 연구개발(R&D) 역량을 축적하고 전파하는 인력이 필요하기 때문이다.

'창작의 CD 교수'와 '혁신의 CIP 교수'와 '문제해결의 솔루션 교수'의 삼각구도로 최고경영자를 보좌하는 제도이다.

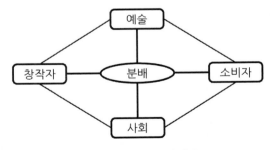

그림 8. 보완된 문화의 다이아몬드

그리고 혁신 책임교수(CIP)는 지속가능한 성장을 위해, 예술대학은 생산자와 소비자를 통해서 사회와 연결될 수 있어야 한다는 '예술 사회학적 관점'을 가져야 한다. 예술과 사회 간의 연결에 관한 '문화의 다이아몬드'*는 단순한 반영이론과 형성적 접근을 비판하고 있다.

이것은 생산 측면에서는 예술적 관습과 생산기술이 예술작품의 내용에 영향을 주며, 분배체계의 여과 효과(filtering effect)는 어떤 예술품들이 관객에게 전달될 것인지를 결정한다는 것이다. 또한 문화상품이 여러 다른 관중들에 의해서도 수용되며, 사람들이 어떤 문화적 산물을 소비하고 그로부터 어떤 의미를 받아들일 것인지는 제각각 다르다는 것이다.

전통적인 커뮤니케이션 이론인 '이용과 충족 이론'을 기반으로 하는 능동적 수용자는 '기호학적 권력(semiotic power)'과 '기호학적 저항(semiotic resistance)'을 가지고 있다. 그래서 의미는 텍스트와 텍스트의 수용이 상호작용하는 '순환'에서 생긴다. 일반 대중은 자신이 '문화의 꼭두각시'로 지내는 즐거움은 영원하지 않다고 생각하며, 대중예술의 기본 개념인 '엘리트가 사회를 경제적으로 · 지적으로 지배하기 위해 만든 것'이라는 주장을 받아들이지 않으려고 한다.

그러므로 대중은 자신의 '계급적 이해관계'와 '사회적 위치'에 따라, 창작자의 '선호된 의미(preferred meaning)'를 다르게 '해독'한다는 것이다. 그래서 서울예대의 창학이념과 정체성을 대학공동체의 공유가치(shared value)로 확산시키는 게 중요하다. '의미의 창조는 지속적이고 정치적인 과정'이며, '경쟁적인 영역'임을 기억해야 할 것이다. 혁신 책임교수(CIP)는 창작은 이런 복합적이고 입체적인 수용자(소비 관객)의 의미해독 방법과 조직(사회)공동체의 심리를 분석해야 지속가능한 성공사례가 될 수 있다는 것을 인식해야 할 것이다.

---

* 　빅토리아 D. 알렉산더, 최샛별 외 역(2010). 예술사회학. 살림.

6-5. 경영 혁신 방향

서울예대는 예술전문 대학교로 특성화가 잘 되어 있다고 평가받지만, 계열별 전공별 경쟁력은 편차가 크다. 입시경쟁률과 취업률과 수상실적 등에서 전략이 필요하다고 본다.

다른 학교의 사례에서 알 수 있듯이 선택과 집중해서 스타 학부(세부전공)를 강화하고 그 우산효과(umbrella effect)와 메기효과를 활용하여 다른 학부(세부전공)의 경쟁력을 제고시키는 전략경영이 필요하다. 경쟁(competition)과 협력(cooperation)의 원칙이다.

백화점식 학교경영이 아니라 부띠크형의 전문화와 특성화를 지원할 조직을 모색할 시점이라고 생각한다.

6-5-1. 대학의 성공은 '4대 시스템'의 경쟁력에서 시작된다

① 창학이념인 '한국 전통 예술혼의 현대적 재해석'을 재발견해야 할 것이다

1990년대 한류 이후에 2010년대 이후 음악, 드라마, 웹툰, 영화 장르에서 이룩한 국제적 명성과 성공은 세계인이 인정하고 있다. 대중에게 얻은 흥행성적과 수상실적에서 증명받았기 때문이다. 2021년에는 한국의 대중문화가 세계인의 보편적 정서와 통한 성공사례가 많았다(영화 '기생충', 영화 '미나리', 드라마 '오징어 게임', 이날치 밴드와 앰비규어스 댄스 컴퍼니, 웹툰의 IP화 등). 서울예대가 가지고 있는 '이념의 잠재력과 보편성'을 확신해야 할 것이다.

② 기획처의 '발전전략과 기획력'이 중차대하다

미래 비전의 설정과 목표달성 방법 및 자원배분의 전략은 미래 생존전략 차원에서 치밀하게 작성되어야 한다. 공동체 구성원의 호응을 얻고 참여를 유도하면서 성과를 창출해야 하기 때문이다. '프로그램'과 '정책', '인사' 및 '예산'의 연계사고가 필수적이다.

③ 최고경영자의 '성찰과 리더십'이 심화되어야 한다

솔선수범하면서 능력과 태도의 모든 면에서 선도할 수 있어야 한다. 실력은 성찰과 소통력과 매력에 앞설 수 없다. 이념과 연계되면서 '깊은 숙성'에서 나와야 공감을 얻을 수 있다. 각 '학부 및 이해당사자들의 욕구'를 조화시키고, 예술이론과 창작역량을 겸비하여 구성원의 지지를 이끌 수 있어야 하는 점은 기본이다. 그리고 '변화의 시대'이기에 '신속한 의사결정'으로 실험할 수 있는 기회를 만들어야 한다.

④ 학부장의 '실행력'이 백업(back up)할 수 있어야 한다

공연학부와 미디어학부에서 발표하고 전시하고 공연하는 모든 작품을 프로페셔널 수준까지 도달하게 하기 위한 책무는 현장의 학부장에 의존할 수밖에 없기 때문이다. 학생의 수준은 교수가 좌우한다는 책무성이다. 대학의 미래는 일단 학부장 교수에서 시작된다.

이런 4 시스템을 기본으로 전략경영 학자들은 '구조와 역량과 소통'을 강조하면서 '3 대 지향점'으로 '성과지향 + 확대지향 + 미래지향'을 주장한다.

이를 서울예대의 경우에 적용시켜 보면 다음과 같다.

- 대학 구조조정에 대응: 경제상황 악화와 학령인구 감소로 인해 학교선택권이 수용자에게 옮겨졌다. 조직 슬림화와 혁신을 지향하여 경제 불황과 개방시대에 대비한 '강소학교'(Small-Strong-School)의 효율성 제고에 기여해야 한다.

  5-Force(기존경쟁,잠재경쟁,대체,구매교섭력,공급교섭력) 분석 결과의 실행이 요구된다. 지렛대 효과(leverage effect)를 찾아야 한다. 그래서 경영마인드와 국제 감각을 가진 우수 외부인재(S급) 영입에 과감해야 한다. 우수교원을 중심으로 연구개발(R&D) 학풍을 고양한다면 그 결과 외연확장이라는 부수효과를 얻게 될 것이다.

- 학습(교육)의 프로화, 창작의 산업화, 조직의 활성화: 창학이념의 확산과 4대 교육지표와 교육경쟁력 확보 및 뉴아트 창작지향성 강화교육으로 패러다임을 혁신할 수 있어야 한다. 수용자 중심의 사고전환과 정보공개 의무화와 대학평가에 대비하고 승자독식의 디지털 예술창작 사회에서 불가피한 생존전략이다.

  '멀티플레이어식 업무수행'으로 전환하고, 창의적인 근무 자세와 관행에서의 탈피로 경쟁 마인드와 의식혁신이 이루어져야 한다.

* 성과지향: 관리체제에서 지원체제로 전환, 의식 전환을 전제로 한다. 예를 들면 공연 융합에 컨버전스가 아니라 트라이버전스 라는 개념이 필요하다. 매체 혁명과 미디어 아트의 변화가 어떤 성과물을 생산하는가가 중요하다.

이렇게 연계 · 순환 · 통합 시스템이 운용될 때, 서울예대는 진정한 뉴폼 아트(Mew form arts)를 생산할 수 있고 수익모델을 만들 수 있을 것이다.

그 결과 신성장 사업계발과 승진과 연봉의 차별화와 지속적인 서비스 마인드 제고를 구현할 수 있어야 한다.

향후 컬처허브(Culture Hub)와 ACC와 산학협력단의 역할이 중요해진다고 본다. '창작'과 '국제화'가 경영지침이 되어야 할 것이다.

6-5-2. 콘텐츠 플랫폼(platform) 사고의 실행

지금은 인공지능(AI)과 초연결(hyper-connectivity)이 주요 이슈가 되는 4차 산업혁명의 시대이고 플랫폼 전쟁*이 본격화하고 있다.

플랫폼은 디지털기술을 이용하여 사람과 조직과 자원을 인터랙티브한 생태계에 연결하여 부가가치를 창출하고 교환할 수 있게 해주는 관문(portal)이기 때문이다.

비선형성이 새로운 가치를 창출하기에, 파이프라인(pipeline) 같은 선형적인 가치 사슬에서 탈피하여, 복합적인 가치 매트릭스가 변화를 주도하고 있다.

당연히 콘텐츠 산업에도 지각변동이 시작되었고, 콘텐츠 수익화를 성공 모델로 만들어야만 장기 지속가능성을 확보할 수 있다.

참여와 개방과 공유의 시대이기에 이해관계자는 물론이고 전 세계인과 호흡하는 오픈 플랫폼과 동반자(open platform partnership) 전략을 구사해야 한다. 인공지능

---

* 마셜 밴 앨스타인 외, 이현경 역(2017). 플랫폼 레볼루션. 부키.

(AI)과 사물인터넷(IoT)으로 연결되기에 문화예술 생태계는 거대한 하나의 생태계가 될 것이기 때문이다.

이런 기반 체계 속에서 '공존공영의 사고'를 하면서도 '혁신으로 경쟁하겠다'는 도전정신을 가져야 할 것이다.

말하자면 서울예대는 플랫폼 혁신(innovation)의 현상과 본질, 그리고 콘텐츠 지향 전략의 핵심을 공유하고, 사례를 전파하는 조직이 되어야 하겠다.

관객이 방문하고 작품이 유통되며 한국 문화예술 교육의 메카로서 자리매김 하려는 목표를 가져야 할 것이다.

예를 들면, 최신 MCN(multi channel network) 사업이 부상하고 있다면 1인 사업자들의 바이럴 전략과 브랜드 저널리즘에서 네이티브 애드(native advertising)까지 커뮤니케이션 지형의 변화를 선도할 수 있어야 한다는 뜻이다.

인터넷과 방송과 통신의 경계가 허물어졌으며, 미디어 사업과 공연사업의 경계가 무너진 문화현상과 사회흐름(social mega stream)은 이미 확인되었거나 거부할 수 없는 또 하나의 '사실 확인'(fact check)일 뿐이다.

또한 모바일 세상에서 메타버스(Metaverse) 세상으로 패러다임이 전환되는 이슈를 따라잡아야 할 것이다.

수용자의 '콘텐츠 소비방식'이 변했고, '규모의 경제'를 통해 생존하려는 비즈니스 모델이 '새로운 규범'(new normal)이 되고 있다.

인터넷 회사와 통신회사와 영화회사와 콘텐츠 제작회사 등의 모두가 콘텐츠 플랫폼이 되기 위한 전방위 경쟁을 하고 있는 이유이기도 하다.

또한 플랫폼의 성공은 콘텐츠의 독창성과 품질에 달려 있다. 미국의 거대 콘텐츠 IP기업들이 '오리지널 콘텐츠'를 직접 제작하는 이유를 알아야 할 것이다.

뉴폼 아트와 엔터테인먼트로 무장하여 고정관념과 관습을 깨뜨리고, 세상에서 처음 보는 유레카인 '블랙 스완(Black Swan)' 같은 창작물을 탑재할 수 있어야 한다.

6-5-3. 서울예대의 창작 비즈니스 모델(안)

플랫폼 구조이고 '뉴폼 아트 창작' 과정을 설명하고 있다. 먼저 '창작을 통한 교육'에서 기획하고 세계관을 만든다. 프로덕션 단계에서는 스토리텔링을 하고 융합 창작으로 프로페셔널 수준의 작품을 만든다. 보편적 정서를 만족시키면 세계적인 국내외 마케팅도 가능할 것이다. 고객관리(CRM)를 하고 팬덤을 형성시킨다.

지적재산권을 가진 원천 소스로 슈퍼IP를 획득하기 위한 스케일 업(scale up)을 실시한다. 이런 연계순환구조 시스템을 적용하는 전략이다.

이런 첨단 IT기업의 수장들은 재투자를 위한 수익모델의 원천구조와 다르지 않다.

2000년대 인터넷 혁명의 '4C'인 커뮤니티(Community), 콘텐츠(Contents), 상거래(Commerce), 커뮤니케이션(Communication)이 연계 · 순환 · 통합되고 아바타(Avatar)로 소통하는 3차원 가상세계가 일상화되어 수익화하는 것이다.

예술에서는 '오직 하나(Only 1)'만이 압도적인 조회 수 우위를 차지하는 '승자독식'의 세계가 아닌가? 창작 플랫폼에서는 팬덤을 유지하고 지적재산권(IP)를 소유해야 지속가능성이 확보된다.

'선도자의 원칙'과 '독점의 원칙'으로 '창작의 기쁨'에 대한 '최고의 보상'을 얻을 수 있기 때문이다.

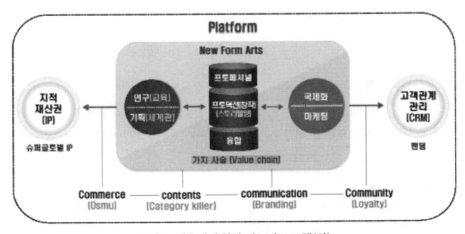

그림 9. 서울예대 창작 비즈니스 모델(안)

6-5-4. 콘텐츠 IP는 '큰 계획(Big Picture)이 있다'

콘텐츠 IP(Contents Intellectual Property)란 콘텐츠에 기반하여 다양한 장르 확장과 부가사업을 가능하게 하는 일련의 지식재산권 묶음(portfolio)으로서, 저작권과 상표권을 권리의 법적 기반으로 삼는다.

콘텐츠의 정의는 문화적 소재가 구체적으로 가공되어 매체에 체화된 무형의 결과물이다. 문화적 소재란 우리 일상에 존재하는 모든 것(삼라만상)을 의미하며, 구체적 가공은 기획자의 창의력과 상상력을 통해 제시하는 일련의 스토리텔링 방법이다. 영화, 캐릭터, 만화, 음악, 게임 소프트웨어, 드라마, 애니메이션 등 다양한 저작물을 통칭한다.

이때 저작권법상의 보호 아래 원작 콘텐츠를 활용한 다양한 장르의 이차적 저작물을 창작할 수 있는데, 'OSMU(One Source, Multi Use)'가 콘텐츠IP 활용사업의 핵심이다.

저작권자는 이차적 저작물의 작성권을 가지며, 양도와 상속권을 가질 수 있고, 타인에게 이용을 허락하고 그 대가를 받는다. 왜 콘텐츠 IP를 활용해야 하는지 생각해보자.

① 콘텐츠 IP는 수익창출에 관한 한 마법사이다

콘텐츠 시장은 '승자독식의 세계'이다. 치열한 경쟁으로 투자비용이 무한정으로 상승했다. 관객취향을 예측하기란 거의 불가능할 정도로 사회적 이슈나 트렌드가 바뀌고, 감성심리와 선택기준이 쉽게 변한다.

이렇게 불확실성이 매우 높은 콘텐츠 시장에서 기대효용(expected utility)이 큰 콘텐츠IP를 확보함으로써 '손익분기점'을 넘기려는 전략을 찾게 된다. 나아가서 잠재적 경쟁자를 압도하고 비교우위를 차지하여 고수익 가능성을 제고해야 재투자할 수 있는 자원을 확보하게 된다.

콘텐츠 산업에서 IP가 주목받는 이유는 원천콘텐츠(웹툰, 웹소설, 출판 콘텐츠, 캐릭터 등)는 이미 대중에게 공개되어 상업성의 인지도와 검증된 스토리텔링으로 작품성의 완성도에 대한 확신이 있기 때문이다.

그래서 한계비용이 거의 없이 추가적인 경제적 가치를 창출할 수 있고, 트랜스 미디어 전략을 통한 '규모의 경제'가 작동하는 비즈니스 모델이 가능하다. 시장의 선도자(First Mover)가 되기 위한 최소한의 병참기지가 되기 때문이다.

② IP를 활용하는 방법은 크게 두 종류로 구분할 수 있다

'원 소스 멀티유즈(One source multi-use, OSMU) 방식'이다. 하나의 콘텐츠로 여러 상품 유형을 전개하는 것을 뜻한다. 디즈니의 애니메이션 영화 '겨울왕국' 시리즈가 흥행한 뒤 캐릭터 상품, 장난감, 관광산업 등으로 범위를 넓히는 방식이다. 라인프렌즈와 슈퍼셀이 모바일게임 '브롤스타즈' 굿즈를 판매하는 팝업스토어를 열거나, 스마일게이트가 중국 쑤저우에 크로스파이어를 직접 체험할 수 있는 실내 테마파크를 오픈하기도 했다.

'트랜스 미디어(Trans media)전략 방식'이다. '초월'을 뜻하는 트랜스(trans)와 '매체'라는 의미의 미디어(media)가 결합한 단어로, 미디어 간 제약을 넘어 이야기를 풀어나가는 형식을 취한다.

트랜스 미디어가 OSMU와 다른 점은 여러 미디어에서 세계관을 공유하면서 서로 다른 내용의 이야기가 전개된다는 것이다. '마블 시네마틱 유니버스(MCU)'가 영화관을 벗어나 디즈니의 온라인 동영상 서비스(OTT) '디즈니+'로 확장되는 개념이다.

트랜스 미디어는 'one sight, one voice'라는 IMC 전략의 본질과 연결된다. 연결된 개별 이야기는 부분의 합이 아니라, 세계를 그려야 한다. 요소환원주의가 아니다. 한 가지 가치의 다양한 노출이 아니라, 복수의 가치가 하나를 말하는 이야기 방식이다.

세계는 '다양한 가치'를 포괄하되 '하나의 원리'로 해석될 수 있는 사고의 지평이다(김신엽). 세상은 한 가지 가치로 놀기에는 너무 넓고 복잡하고 다양한 '복잡적응계 시스템'이다.

트랜스 미디어 스토리텔링은 여러 플랫폼을 통해 공개되는 '독립적 구성을 갖는 개별 이야기'를 '하나의 세계'로 이해할 수 있게 전달하고 경험하게 하는 이야기 방식이다.

③ '세계관이 숨어있는 설득자(hidden persuasion)다' - IP 경쟁

현실과는 다른 세계를 설정하고 그 배경에 존재하는 캐릭터를 다룬 이야기는 전통적인 스토리텔링의 기본 작법이다. 디지털 시대가 시작된 21세기 초입에서는 'IP 스토리텔링'이 대세'이었겠지만, 2020년대 이후부터는 'IP세계관' 경쟁이 될 것으로 예상한다. '세계관 구축(Universe Building)이다.

이런 콘텐츠 소비방식은 '자발적 참여'와 '상호작용'이라는 디지털 네이티브 세대의 취향이다. 이 취향은 '개인의 가치관'에 최적화 되어 나타난 현상으로 볼 수 있다. 새로운 '재미'를 주고 스스로 '세계의 설계자'가 되어 콘텐츠를 리부트 한다고 할 수 있다.

이런 '조물주 의식'은 미디어(형식) 자체를 다양하게 변용시키고 내용상으로도 새로운 스토리를 기대하면서 소비한다. 게임에서 영화에서 만화에서 캐릭터까지 연계시킨다. 스토리 전개상으로는 같은 듯 다른 인물(캐릭터)이 나오고 상호작용한다.

미디어의 확장이고 스토리의 확장이며 원천 소스(archetype)의 확장이다. 이 확장은 연계 · 순환 · 통합 시스템이고 콘텐츠의 진화이기도 하다. 세상사 모든 스토리의 생산지는 '신화, 전설, 민담'이라는 고전적인 창작문법과 이어지는 이론과도 맥이 통한다. 연작 소설과 옴니버스 식 소설이나 천일야화나 구운몽과도 비교된다.

④ 슈퍼 글로벌 IP는 필수 수익모델이다

'SMCU the Origin'의 홍보영상은 SM엔터테인먼트사의 세계관을 잘 설명하고 있다. CU의 뜻이 'Culture Universe'라고 한다. 소속사 아티스트들의 세계관을 통일하는 전략이다. 창세(創世)는 과학과 종교로만 설명하려고 하느냐는 질문에 대한 답이다.

초월적 존재가 우주를 창조하고 그 역사를 쓰는 데 참여하는 주인공은 '너와 나'이다는 스토리텔링을 설정하고 있다. 소속 가수와 팬덤의 일체성을 강조하고 있는 것 같다.

그 우주는 '추상과 구상', '가상과 실상'의 혼재(Chaos) 상태인데 SM아티스트들이 캐릭터로서 각자의 역할에 따라 질서있게 정리하는 스토리텔링과 노래를 가지고 있다.

이렇게 SM은 '다 계획이 있었다'는 것이고, 그 계획(Big Picture)은 우주 즉 세계관의 탄생이다. 각 그룹은 다양한 변형과 응용으로 '자족적 완성도'를 가지면서 팬덤(fandom)들이 콘텐츠를 소비하게 만든다.

그래서 'SM의 신화'는 아직도 지속가능성을 확보하여 살아있는지도 모른다. 최근에 에스파와 'ae에스파'의 등장으로 콘텐츠 IP를 확장시키고 있다. 가상세계와 현실세계의 혼합이다.

스토리텔링에 익숙해진 사용자(user)들은 일종의 프로슈머(prosumer)의 개념이다. 소비자이면서도 생산자 감성을 지니고 있는 '디지털 원주민(digital native)' 세대이기 때문이다. 결국 '세계관'을 제시하면 사용자는 상호작용하는 '인터랙티브 스토리텔러'가 되는 셈이다.

세계 최고의 최강의 혁신전도사들인 일론 마스크나 제프 베이조스나 로켓 발사선을 타고 우주여행을 다녀와서 지구인의 관심은 이제 우주를 향해 있다.

이미 공상과학 영화에서 맛본 장쾌한 우주 스토리가 우리 곁에 와있다. 자연스럽게 일상에서 우주에 관한 세계관이 형성되기 시작했기에 더욱 공감과 흥행의 확률은 높아졌다고 본다.

우주에 관한 일반인의 관심도 높아졌고 대중이 우주여행을 할 시간도 멀지 않다고 한다. 이런 '호기심'이 대중의 이야기 창조에 크게 기여할 것이다. 우연이겠지만 2012년 최초의 화성 탐사선의 이름도 '큐리오시티(curiosity)'이다. 우주개척 뿐만 아니라 창작에서 그 중요한 '호기심'이다.

6-5-5. 레퍼토리 시스템(repertory system)의 재인식

'그 사람은 워낙 레퍼토리가 다양해서 함께 있으면 심심하지 않다.'

'레퍼토리(repertory, repertoire)'는 음악가나 극단 등이 무대 위에서 공연할 수 있도록 미리 준비한 곡목이나 연극 제목의 목록이나, 특정한 극단이 몇 개의 연극을 교대로 공연하는 형식이다.

'레퍼토리'는 본래 지식과 정보를 축적하거나 저장하는 귀중한 창고(repertoire)

라는 의미다. 극장의 핵심 콘텐츠요, 대표 프로그램이요, 대표작품이 레퍼토리다. 레퍼토리야말로 극장을 존립시키고, 예술 단체를 발전시키는 원동력이다.

한 작품이 끝난 뒤 또 다른 작품을 공연하는 방식에서 벗어나, 한 시즌에 여러 개의 작품을 일정 기간 '매일 밤 또는 매주' 번갈아 가며 공연하는 방식이라 레퍼토리 시스템(repertory system)이라고 말한다. 레퍼토리 시즌제란 극장이 일정 기간을 정해 레퍼토리를 제공하는 극장 운영 방식을 일컫는다.

레퍼토리 시스템은 한 가지 역을 장기간에 걸쳐 연출하는 롱런시스템(long-run system)과는 달리, 다양한 관객층을 끌어들여 극단 운영의 효과를 거두기 위한 전략이기도 하다. 물론 극단이 한 작품으로만 공연하게 됨으로써 야기될 수 있는 지루함과 단조로움을 탈피하기 위한 목적도 없지 않다(드라마사전).

이 방식은 19세기 말까지 순회공연을 많이 가졌던 영국의 런던 시외에서 발생하였으며, 최근 들어서 복합영화관의 등장과 비슷한 현상이다. 복합영화관의 경우 기존의 영화관에서는 한 작품만을 상영하였지만, 여러 영화를 한 영화관에서 동시에 상영함으로써 다양한 관객층을 끌어들이고 영화관의 재정적인 운영도 효과적으로 하고 있다.

레퍼토리 시스템은 다수의 배우와 연기의 앙상블을 필요로 하는 것으로 프로듀서 시스템(producer system)에 의한 흥행에는 맞지 않고, 극단의 조직적이며 계속적인 활동이 전제가 된다.

경영상으로는 롱런 시스템에 비하여 불리하지만, 한 공연의 끊임없는 수정과 보완을 통한 완성도 높은 작품을 양산하고, 연기자의 숙련도와 이해도의 고양을 통해 질 높은 연기력을 터득할 수 있다는 장점이 있다.

연기자는 여러 가지 작품이나 배역을 접할 수 있어 '배우의 창조적 의욕'을 자극하여 그들의 연기력을 배양하는 데에는 롱런시스템보다 유리하다.

레퍼토리 시스템을 운용하는 대표적인 해외 예술 극장으로는 독일 베를린앙상블, 러시아 모스크바예술극장, 영국 국립극장과 로열셰익스피어극장, 프랑스 코메디프랑세즈 등을 들 수 있다.

극장 운영에서 중요한 것이 프로그래밍이다. 이는 극장의 소프트웨어를 구성하는 방식과 내용을 의미한다. 핵심은 공연 프로그램이지만, 전시, 축제, 예술교육, 감상 프로그램, 워크숍, 투어 등이 종합된 연계기획이 이루어져야 한다.

공연 프로그램인 각각의 레퍼토리는 개성과 특질과 차별성을 지닌다. 이들이 극장 프로그래밍에서 어떻게 위치하고 상호작용하느냐에 따라 극장의 이미지와 가치, 브랜드가 결정된다.

극장의 레퍼토리 구축은 작품의 '예술적 측면'과 '경영적 측면' 양쪽 모두에 영향을 준다. 극장이 유산(heritage)이 되고 전설(legacy)을 되기 위한 필요충분조건이 레퍼토리 시스템이다.

레퍼토리 시스템 운영의 방향은 크게 다섯 가지다.

새로운 희곡 작품과 작가 발굴, 폭넓은 작품들로 구성된 공연, 연기와 무대 수준 향상, 지원금 확보, 글로벌 진출과 지방 연극 활성화' 등이다. 결국 지속가능한 '뉴폼 아트'의 융합창작이 답이다.

레퍼토리 시즌제는 통상 2년 단위로 예산을 편성하고 장기적인 계획을 세워 공연을 기획하고 마케팅하는 방식이다. 이것의 장점은 공연 일정과 질에 대한 관객의 예측 가능성을 높인다는 것이다.

장기적인 안목의 관람 문화를 유도해 극장의 효율적 운영, 관객관리 및 관객 개발에 유리하다. 공연 수익금으로 단원들에게 정당한 개런티를 지급할 정도로 기획력과 작품 제작 능력이 뛰어나야 한다.

극장 내 공연장, 무대 시설 등의 하드웨어 개선과 레퍼토리 시스템 운영을 위한 '예산 확보, 레퍼토리 선정, 전속 작가와 문예부 운영' 등도 해결되어야 한다.

시대정신의 반영과 관객의 눈높이를 고려해야 한다는 것이다. 레퍼토리 개발, 단원 보강, 스타 시스템 도입에도 전략(이념과 지표의 연계성)이 중요하다.

특히 레퍼토리 선정에는 '흥행 요소'(strange attractor)'가 필요하다.

관객 서비스 측면에서도 기념 공연 후 팬 사인회, 주연배우와 기념 촬영, 다과회 개최 등의 '팬덤 이벤트'를 제공하기도 한다.

결국 레퍼토리 시스템은 다음과 같은 '고객의 기대효과와 사용자 경험'을 얻어야 한다.

'그 극단은 워낙 레퍼토리가 다양해서 언제 가더라도 의미도 있고 재미도 있다.'

6-5-6. 디지털 전환(digital transformation)의 전략화 필요

우리 대학의 위치설정(positioning)을 하기 위해서는 기존의 전략경영 상의 분석과 함께 디지털 시대라는 시대전환의 의미와 방법에 관해 연구해야 한다.

디지털 전환(digital transformation)은 '기업이 물리적인 요소들을 디지털 기술로 통합하여 비즈니스 모델을 변화시키고, 산업에 새로운 방향을 정립하는 전략'이라고 정의하고 있다.

디지털 전환을 위해서는 아날로그 형태를 디지털 형태로 변환하는 '전산화(digitization)' 단계와 산업에 정보통신기술(ICT)을 활용하는 '디지털화(digitalization)' 단계를 거쳐야 한다.

전통적인 조직구조를 디지털 구조로 전환하는 과정은 다음과 같은 3단계이다. 첫째, 일하는 방식인 작업의 프로세스를 바꾼다. 둘째, 고객이 편하게 이용할 수 있는 서비스를 제공하여 사용자의 가치가 올라가게 한다. 셋째, 온·오프라인의 서비스를 연계·통합하여 비즈니스의 방향이 혁신된다.

우리에게 익숙한 커피 브랜드 스타벅스는 모바일로 주문하는 사이렌 오더(siren order)와 충전 카드를 사용하여 핀테크 기업이라는 평가를 받고 있다. 이케아(IKEA)의 증강현실 앱을 통한 가구의 가상배치는 고객이 오프라인 전시장을 방문할 필요가 없는 좋은 사례다.

우리 대학도 경영과 교육에 관한 기본 학사관리와 학생처의 각종 문서는 물론 행정업무의 처리 등은 전산화가 이루어져 있다. 우리 대학의 예술정보센터는 작품과 강의를 저장한 아카이브(archive) 자료와 창작의 원천 소스나 다양한 영상물과 오브제를 디지털화하여 수업과 창작에 큰 지원을 하고 있다.

12년 전부터는 원격현존감(telepresence) 영상으로 실감미디어 창작을 실험해

왔고, 뉴욕 라마마(LAMAMA)의 컬처허브(Culture Hub)를 통해 시공간을 초월한 공연을 실시간에 수행해 왔다.

이런 광대한 60년의 예술정보들이 빅데이터가 되고 인공지능(AI)으로 재가공될 수 있는 알고리즘이나 창작방법론을 연구 개발(R&D)할 필요가 있다. 이런 자료들이 통합되면서 새로운 서비스(창작 아이디어 뱅크, 스토리텔링, 콘셉트 추출)를 창출하는 기획모델과 창작과 유통과 IP획득까지의 비즈니스 창작모델은 아직 개발되지 않고 있기 때문이다.

우리 대학은 전산화하는 단계에 머물고 전략적인 비즈니스 개발과 뉴폼 아트(New Form Arts)의 혁신창작에는 미흡하다. 그 이유는 창작의 본질을 디지털로 전환하여 고객이 신세계를 경험할 수 있도록 하는 '디지털 감성'에 관한 종합적인 연구가 부족하기 때문이라고 생각한다. 사용자(고객)가 추구하는 가치나 욕구가 무엇인지 사회심리적인 분석도 선행되어야 한다.

디지털 전환은 디지털 기술을 도입만 하는 전산화가 아니라, 다르게 생각하고, 다르게 융합하고, 다르게 창작하는 '뉴폼 전환'의 디지털화이며, 스마트 창작캠퍼스(Smart Creative Campus)의 구축까지 가야 한다. 'Smart'를 '스마트'로 쓰지만, '슴아트(smART)'로 읽어 '가슴이 따뜻해지는 아트'를 지향해야 할 것이다.

결국 디지털 전환은 첨단기술 시대에 대학공동체 조직의 '지속가능성'을 강화하기 위한 전략경영이요 혁신적인 창작 능력을 기르는 것이다.

6-5-7. 학부장에게 권한위임과 책임부여

우리 대학이 서울예대 3.0시대를 맞이하며 도전적으로 도입한 학부(세부전공)제를 실질적으로 운영할 수 있는 제도적 장치를 개발해야 한다. 그래서 학부장을 '창작의 예대'의 메카요, '교육현장의 기함'(flag ship)으로 전개하는 '허브 앤 스포크(Hub & Spoke)' 전략을 구사할 필요가 있다.

학부장에게 예산편성권은 아니라도 최소한의 예산집행권을 부여하여 학부운영에 책무성을 가지고 실천할 수 있게 지원해서 '서울예대의 중심'으로 자리잡게 해야 한다.

또한 교수임용에 대한 합의권을 주어 학부운용에 자긍심을 가질 수 있게 격려하는 게 좋겠다. 학부 단위의 '독립채산제'를 도입하고, 실험실습비 집행에 자율권을 주고, 학부별 교수 성과급 책정에도 협의권을 부여해야 할 것이다.

그러면 '성과지향의 평가'를 실시하더라도 교수간의 상대적인 불만은 적어질 것이며, 업무 만족도를 제고하는 동기부여 효과와 몰입감을 제고할 수 있다고 본다.

무엇보다도 이런 자율권과 협의권을 학부장에게 위임하면 '주인의식'이 생긴다는 점이다. '주인의식'의 부족은 우리 대학의 취약점 가운데 하나인데, 건전한 '사회적 자본(social capital)'으로 확장되고 '상생의식'을 유발하여 조직 활성화에도 기여할 수 있다고 생각한다.

우수 학부장에게는 교수 연구년의 수혜나 해외 연수에 가점을 주고, 교수 연구년제도 현행제도보다 강화하고 성과 지향적이어야 한다.
"비전 공유+우수 인재+인센티브(유, 무형)"는 조직의 혁신과 생산성에 기여한다.* '조직의 역동성'(dynamics)이 생기기 때문이다.

다만 교육환경의 위협요소와 위기 요인만을 강조하면 '개혁 피로감'이 생길 수 있다. 나아가 보신주의나 패배주의 및 복지부동의 풍토가 고착화 될 우려가 생긴다. 이를 극복하기 위한 우수인재 발굴과 성과급 포상을 위해 '인센티브 제도'를 확대 시행할 필요가 있다.
특히 학부장이 주도하는 연계통합 창작과 교과목 개설을 의무화 해야 한다. 혹시라도 실패하더라도 '진정성'이 확인되면 '실험정신'으로 평가하는 학풍을 만들어야 할 것이다.

---

*   잭 웰치 (2005). 끝없는 도전과 용기. 청림출판.

6-6. 교육 혁신 방향

6-6-1. '창작의 예대' 선언

'창작의 예대'를 선언해야(manifesto) 한다. 그동안 서울예대 1.0시대와 2.0시대를 거치면서 체제정비와 규정을 완비하고, 각종 교내외 재정지원 사업을 획득하기 위해 예산에 집중된 사고를 해왔다. 각종 사업진행을 관리하고 중간 점검을 하기 위해 불가피하게 '관리 감독의 서울예대'였다고 본다.

이제 서울예대 3.0시대에는 특성화의 구체적 성과처럼 '창작(교육)의 명문 서울예대'가 되어야 한다. 이를 널리 공표하고 선언함으로써 대전환의 분기점으로 삼고, 우리 스스로가 대 사회적으로 약속해야 한다.

그러면 ACC(예술창조센터)의 활성화와 산학협력을 통한 '숨은 챔피언(Hidden Champion)'의 유전자가 발동하기 시작할 것이라고 본다.

현존하는 조직과 구성원의 장점을 버릴 것인가? 이 문제는 비록 '매몰비용'(sunk cost)이 들더라도 과감하게 이전효과를 노리는 게 좋다고 생각한다.

각 학부(세부전공)와 프로그램의 다양화로 극복될 수 있을 것이다. '고위험, 고수익'(high risk, high return)의 원칙이 적용된다고 본다. 다만 온정주의에 입각해서 '좋은 게 좋다는 관행은 지양해야 한다'고 본다.

창작의 예대를 선언하기 위해서 구성원이 공유해야 할 개념과 정책을 논의해보자.

① '창작을 통한 교육'의 의미

한국예술종합학교가 '클래식 예술 중심'의 예술대학으로 알려져 있다면, 서울예술대학교는 '응용예술 중심'의 대학교로 알려져 있다. 전통 클래식(classic) 예술은 창작에서 엄격한 규범(normal)이 있고 각종 창작문법을 적용하고 있다.

음악이면 예술창작의 기본원리로써 화성법과 대위법이 있고 '고른 음'을 사용하며 각종 연주기법과 발표공간이 격조를 지키는 것은 물론이고 예술감상자도 까다로운 에티켓을 지키며 격식과 품의를 유지해야 한다. 드레스 코드도 있어 예술향유에 비용이 많이 든다고 할 수 있다.

그러나 응용예술은 규범을 파괴하는 것을 기본으로 하며 변형을 이용한 새로운 미학을 창조해야 한다. 창작문법을 의도적으로 혁신하며 일반인이 몸과 마음이 가는 대로 자유롭게 반응하는 것을 허용한다.

변형은 '낯설게 하기'와 같이 전통 고전예술에서 발휘하는 미학도 있지만, '비틀기'와 같이 관점전환을 추구한다. '응용해서 다르게 하기'에 가치를 둔다.

이런 가치는 디지털 시대에 '형식 파괴'로 이어지면서 '트랜스포메이션(transformation)'이라는 기본개념으로 바뀐다. '규범의 변형'이다. '창조적 형식 파괴'와 기술혁신이 적용된 변형으로 해석할 수 있다. 우리 대학이 '예술과 과학의 융합'을 지향하는 이유이기도 하다.

'응용-변형-혁신'이 진행되면 '뉴폼(New Form)'이 된다. 4차 산업혁명 시대에 이 뉴폼이 새 규범이 된다. 뉴폼 아트가 예술의 뉴노멀(new normal)이 된다는 것이다.

'뉴폼'은 '뉴 콘텐츠'의 개념과 대비된다고 할 수 있다. 콘텐츠의 핵심은 주로 세계관이나 테마나 콘셉트나 메시지 같은 '속'이 될 것이고, 폼의 핵심은 형태나 무대나 색상 같은 '겉'이 될 것이다.

콘텐츠 부문은 역사시대 이전의 신화(神話)를 바탕으로 한 원형(archetype)이 있어 거의 비슷하지만, 폼 부문은 수많은 변형이 가능하기에 새로운 창작의 솔루션으로 작동하게 된다.

결국 예술에서 뉴 콘텐츠가 콘텐츠 자체의 '내용'이 본질적 핵심이지만, 이 콘텐츠(내용)의 본질은 '형식의 혁신', 즉 창작의 본질은 뉴폼 아트가 되어야 한다는 것이다. 우리 대학이 '뉴폼 아트'를 주창하는 이유도 예술의 근간을 이루는 형식미의 중요성을 강조하는 것이다.

서울예술대학교가 추구하는 교육이념은 '창작을 통한 교육'인데 '창작'을 중심으로 교육한다는 것은 창작의 본질인 뉴폼 아트의 핵심을 가르치고 학습해야 한다는 뜻이다.

이는 교육학에서 말하는 '문제해결형 교육과정'과도 연결된다. 창작은 이론 중심이 아니고 '프로젝트의 문제해결력'이어야 한다는 의미다. 창작의 개념과 용어에 관한 기본적인 이해는 학생이 스스로 사전에 학습하고, 교육 공간에서는 자율적인 집단창작과 지성을 통해 솔루션을 찾는 '거꾸로 학습방법(flipped learning)'이 대안이 될 수 있을 것이다.

이런 혼합 학습(blended learning)에서는 교수가 '티처(teacher)'가 아니라 '코치(coach)'의 역할을 해야 한다. 강의 현장에서 생산되는 수업형태는 '교수가 가르치는 교(敎)'가 아니라, '학생이 스스로 배울 학(學)'인 셈이다.

팬데믹(pandemic) 이후 시대에 '교수의 교육'이 '학생의 학습'으로 대전환되었다는 현실을 확실히 인식해야 할 것이다.

특히 예술창작 수업에서는 교수가 학생과 밀착해서 방법과 해결책을 안내하는 '도제 시스템'이 가장 효과적인 교육방법론이라는 점이다. 도제 시스템은 외국의 유명 예술대학교에서 이미 검증된 음악학교의 콘서버토리(conservatory) 같은 교육시스템이며, 자연스럽게 교수의 관여도와 학생의 몰입도가 높아지게 만든다.

교수의 역할도 수직적인 'teacher'에서 수평적인 'coach, facilitator, mento'로 바뀌었다. 의사소통과 방향을 안내하고 조력하거나 협력하며 발상을 촉진하거나 자문하는 기능으로 충분하다는 뜻이다.

학생과 교수의 연계 수업이기에 교육현장에서 응용력이 향상되고 창작 프로젝트의 문제를 발견하고 해결하는 방법이 질적으로 높아지는 효과를 만든다.

교수가 프로페셔널(professional)이기에 창작작품의 질적 수준도 프로 수준으로 향상되며 학습효과도 프로화되는 선순환 효과를 기대하게 된다. '창작의 프로화'가 이루어져야 마케팅으로 이어지며, '산업화'와 '수익창출'이 가능해지며, '지속가능성'이 커지게 된다.

② C.D(Creative Director) 교수 임용

'창작의 예대'를 책임지고 이끌어 갈 교수가 필요하다. C.D교수는 예술총감독으로서 학교를 대변하는 총장의 대리인이며 보좌역이기도 하다.

일종의 디벨로퍼(Developer)로서 작품의 기획과 창작과 유통과 산업화까지의 모든 제작과정을 개발하고 관리하는 책임교수다.

일반교수는 교육과 창작 및 개인연구 과제를 수행하기 때문에 학교 차원의 창작을 고민하기 어렵다. 그래서 학교를 대표할 창작물을 제작하거나 학생 기말 작품에 대한 총괄적인 지원과 생산을 담당하는 전임교수가 있어야 한다.

C.D교수에게 3 가지 책무를 부여하고 권한을 위임해야 할 것이다.

- ACC센터장을 겸하면서 원니스(ONENESS)같은 대표 레퍼토리를 기획하고 생산하고 유통하며 비즈니스 모델화를 주도하도록 한다.
- 대외적으로 발표하거나 산업화할 우수 창작물을 발굴하는 사냥꾼(creative hunter) 역할이다. 우리 대학에서 대외적으로 발표하는 기말작품 수는 연간 대략 100 여 편이다. C.D교수는 공연 부문과 미디어 부문에서 각각 대표 작을 선정하는 권한을 갖는다.

  산업화가 가능한 뉴폼 아트인 '종자 작품'(seed performance)을 발굴하고 파일럿 제작(pilot production)을 지원하는 임무를 부여해야 할 것이다.

- 우리 대학의 '프로의 예술'급 대표작을 발표하는 게 중요 목표이기에 '크리에이티브 거부권'(creative vito license)를 부여하면 좋겠다. 창작에 관한 한 무한책임을 지는 보직교수이기 때문이다. 이스라엘에서는 회의할 때 '악마의 변호인'(devil's advocate)이 의무적으로 반대의견을 제시하여 '결론의 오류'를 예방하는 장치와 비슷하다고 하겠다.

이렇게 '창작의 예대'를 위한 집단지성을 활용하면 '메기효과'도 얻을 수 있어 연구 · 개발(R&D)차원의 전반적인 '질 향상'에 기여할 수 있다고 생각한다.

6-6-2. '특수연구(Matrix1)의 체계'

'특수연구(Matrix1)의 체계'에 관한 이해를 위해 간략히 해설해 본다.

기본적으로 우리 대학의 특수연구(Matrix1)(1981년)는 자아계발 커리큘럼 체계 (Mental Processing Curricula System)이며, 종합예술 창작의 원리에 관한 체계(system)이다. 4개의 기둥 '인간, 창조, 예술, 형태'을 중심으로 연계 · 순환하는 창작 설계도이다.

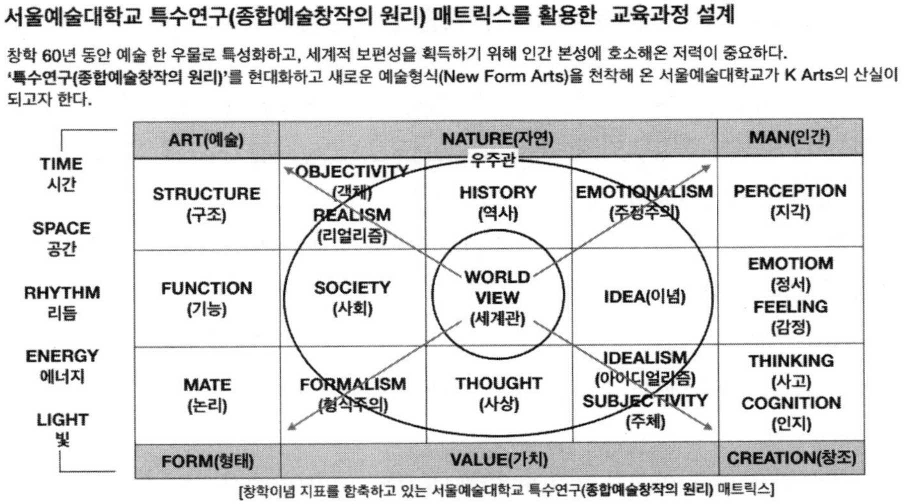

서울예술대학교 특수연구(종합예술창작의 원리) 매트릭스를 활용한 교육과정 설계

창학 60년 동안 예술 한 우물로 특성화하고, 세계적 보편성을 획득하기 위해 인간 본성에 호소해온 저력이 중요하다.
'특수연구(종합예술창작의 원리)'를 현대화하고 새로운 예술형식(New Form Arts)을 천착해 온 서울예술대학교가 **K Arts**의 산실이 되고자 한다.

ART(예술)		NATURE(자연)			MAN(인간)
TIME 시간	STRUCTURE (구조)	OBJECTIVITY (객체) REALISM (리얼리즘)	HISTORY (역사)	EMOTIONALISM (주정주의)	PERCEPTION (지각)
SPACE 공간					
RHYTHM 리듬	FUNCTION (기능)	SOCIETY (사회)	WORLD VIEW (세계관)	IDEA(이념)	EMOTIOM (정서) FEELING (감정)
ENERGY 에너지	MATE (논리)	FORMALISM (형식주의)	THOUGHT (사상)	IDEALISM (아이디얼리즘) SUBJECTIVITY (주체)	THINKING (사고) COGNITION (인지)
LIGHT 빛					
FORM(형태)		VALUE(가치)			CREATION(창조)

[창학이념 지표를 함축하고 있는 서울예술대학교 특수연구(종합예술창작의 원리) 매트릭스]

그림 10. 특수연구(Matrix1)의 체계도

첫째, 예술가로서의 인간은 '지각, 정서, 감정, 사고, 인지'를 통해 '창조'를 일으 킨다. 예술가의 창조는 '예술'을 호명하고(불러 세우고), 예술은 '구조, 기능, 논리'를 통해 '형식'(형태)를 갖추어 비로소 '예술작품'으로 탄생된다. '시간 · 공간 · 리듬 · 에 너지 · 빛'은 작품으로 형태화시키는 예술의 주요 구성요소이다.

둘째, 예술가로서의 인간은 우리를 둘러싼 '자연, 역사, 사회, 사상, 이념, 가치' 를 통해 '주체와 객체'를 오가며 '정체성'을 구성하고 예술창조의 핵심인 '세계관'을 구축한다.

셋째, 예술가의 세계관이 대상화된 객체(objectivity)에 천착할수록 예술은 현실 주의(realism)를 향하며, 주체(subjectivity)가 강조될수록 추상적인 이상주의(realism)를 향한다.

또한 예술형식 자체를 우위에 두면 (모더니즘처럼) 예술은 형식주의(formalisn)를 향하고, 인간의 감정과 정서를 중시하면 예술은 주정주의(emotionalism)를 향한다.

넷째, 메트릭스1(Matrix1)은 그 가장 깊은 가운데에 세계관을 둠으로써 서울예 술대학교의 모든 창작 교육과정이 궁극적으로 예술가의 세계관을 구축하는데 연 계되어 있음을 보여준다. 예술가의 세계관을 여과하여 창조된 예술은 '자연의 본 질과 신비'를 밝히며, 세계관을 넘어 우주관(자연관)으로 그 가치를 확장시킨다.

6-6-3. 매트릭스2 (Matrix2) '종합예술 창작 방법론'(안)

40년 전에 서울예대 교수들이 만든 '창작원리 MATRIX'는 신(神)의 영역에 도전하는 '창조성의 근본원리'에 대한 '위대한 도전'이고, 예술가의 실험정신에서 나온 독창적인 이론이었다. 특수연구(Matrix1)는 창작현장 출신들인 교육자들의 집단지성이 숙성시켰고, 창안자인 '특수연구위원회'(위원장 유덕형 총장)의 통찰력과 혜안이 만들어낸 비법이었다.

정교성과 심층성과 역사성을 가지고 있으며 '완성도'가 담보하고 있다. 대지에서 초월하여 '권력에의 의지'(will to power)(Nietsche)를 가지고 있기 때문이다.

예술도 사회도 인간도 자연도 만물의 작동원리(유전원리)는 '하나'(oneness)이고 '매트릭스'(자궁)이고 '시간 · 공간 · 리듬 · 에너지 · 빛'이다.

1981년 특수연구의 '매트릭스(Matrix)'가 '종합예술의 창작원리'라고 한다면, 또한 구체적인 창작방법론으로서 매트릭스2(Matrix2)가 필요하다.

2022년의 '매트릭스2 (Matrix2)'는 매트릭스의 원리를 15개 전공에서 '실전 응용 편'으로 활용할 수 있는 '실용주의적인 창작(아이디어) 발상법' 같은 것이다.

매트릭스2는 교육(창작) 실습용으로 응용한 자궁이라고 할 수 있다. 15개 전공의 책무이기도 하다. 개요를 설명하면 다음과 같다.

매트릭스(MATRIX)라는 기본 창작원리를 바탕으로 세부 전공에서 창작 아이디어를 발상하려고 하면 먼저, 창작의 관련 당사자인 '개인, 조직, 사회'의 3축을 고려하지 않을 수 없다.개인의 발상은 집단(팀, 조직)의 승인이 필요하고, 사회(소비자, 관객)의 공감이 있어야 하기 때문이다.

현실의 규범은 일상적(cliche)이어서 새로운 규범(new normal)이라는 창의성의 세계로 올라가야 한다. 그 과정에는 '개인, 조직, 사회'의 발상기준과 선택준거가 있어서 최상의 아이디어(발상)을 선택하게 될 것이다.

현실세계와 중력의 법칙이 지배하는 규범(normal)은 일상(cliche)이고 이성이 지배하며 '내용 중심'의 세상이다.

반면에 무중력의 법칙과 감성이 지배하는 새 규범(new normal)은 가상세계를 포함한 '형식 중심'의 세상이다.

이런 창작의 블랙박스에서 '규범에서 새 규범'의 세계로 이동(상승)하는 과정에 아이디어(발상)가 숙성되며 최상의 아이디어가 선정된다고 할 수 있을 것이다. '과학에서 예술로' 비행기가 이륙하듯이 상승하면서 '창작의 환희(fantasy)'를 얻게된다. '몸과 마음이 절정(orgasm)의 기쁨'에 빠지는 물아일체의 세상을 맛보게 된다고 생각한다.

물론 각 단계는 '연계 · 순환 · 통합 시스템'의 작동원리를 따를 것이다.

이 과정에서 주요한 주제나 오브제는 '나노, 바이오, 네이처'가 된다. 창작자 (creator)는 '기획자 → 창인 → 아바타 → 초인'의 경지로 상승(이동)하면서, '신(神)'의 경지인 '창조'를 경험하고 '미래예술'의 가능성을 도전하고 체험하게 된다고 할 수 있을 것이다.

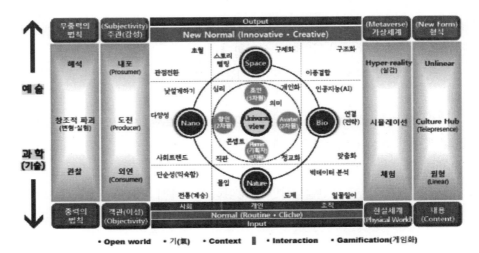

그림 11. 매트릭스2(Matrix 2) '종합예술 창작방법론(안)

개정된 학교법인의 정관에도 '미래예술창작 혁신위원회'가 생겼고, 우리 대학의 '특성화와 세계화'에서도 '우주의 진리와 자연친화적 예술창조를 지향한다'고 선언했다. 우리 사회에서도 10여 년 전부터는 과학과 기술 분야에서 '나노, 바이오, 네이처' 예술에 관심을 가지고 각종 전시회와 페스티벌을 개최하고 있다.

이제 서울예대는 '선언만 있고' 형식적인 참여로 구성원의 내적 에너지를 함양하는데 소홀한 것과 구성원의 전공 관련성을 찾지 못해 생기는 불협화음을 자각하고 그 문제점과 해결책을 '질문'함으로써 새로운 관점을 가져야 할 시점이다.

사실 우리 대학은 40년 전부터 '나노, 바이오, 네이처'에 관한 관심과 각종 세미나와 외국인 교수 초청특강을 개최해 왔다. 1982년에 '로만 비시니엑'이 '인간과 문명의 미래'(신의 눈, 인간의 눈, 자연의 눈)를 토론했다. 다른 예술 분야보다도 '선도적인 통찰'로 관심을 가져왔다.

다만 바텀업이 아니고 탑다운 식으로 수행되어 내부구성원의 공감대가 형성되지 않은 아쉬움이 있었다.

그러나 우리는 그 전에 5대 과제로 '스페이스, 디지털, 네이처, 나노, 바이오'를 외쳤지만 '스페이스와 디지털과 네이처'에서 이룬 주목할 만한 성과나 창작물은 미흡하다고 본다.

2020년에 '바이탈 사인'과 '라이브 랩' 공연, 2021년 XR 공연(3 aXis Live-Invisible Touch)(고주원, 김보슬) 같은 컬처허브의 공연을 통해 실험성을 재평가하면서 새로운 전기를 마련해야 할 때가 되었다고 생각한다.

다만 분명한 스토리텔링과 연기의 이유가 전해져야 공감이 커질 수 있을 것이다.

최근에는 '인공지능'(AI)과 VR세상과 메타버스가 트렌드이지만 '근원적인 삶의 본질'에 대한 성찰과 '예술이 인생에 던지는 질문'에 새로운 관점을 가질 필요가 있겠다.

이런 '세계관을 가진 예술창작인'을 양성하기 위해서 학교 구성원들은 교육적 고민과 창작의 지향점을 천착해야 한다.

그 계기를 우리 '미래예술 연구진(TF)'이 사명감을 가지고 전념하면 좋겠다. 지금까지와는 다르게 접근하고 실행력을 보여 기대 이상의 효과를 창출할 수 있도록 노력하면 될 것이다.

특히 4차 산업혁명 시대와 팬데믹 이후의 시대에 나노 바이오는 '창작의 오브제'이고 '새로운 세계에 대한 경험'을 한다는 뜻도 있지만, 더 중요한 것은 '첨단디지털 기술'과 '환경파괴'나 '인권경시'나 '생명의식의 약화'를 경계하는 측면에서도 '나노, 바이오, 네이처'는 중요한 '창작의 영감'을 불러일으킬 수 있다고 본다.

나아가서 '생명의 신비'와 '우주(자연)에 대한 세계관'을 갖게 만드는 '동기부여'가 될 수 있다는 측면에서 중요하다고 생각한다.

60주년이라는 '테마'를 가지고 '창작 가이드라인'에 맞게 15개 전공이 다양한 창작물을 생산한다면 주제의식으로 사회적 반향을 유도할 수 있다고 본다. 공연과 영상을 가리지 않고 다양한 작품으로 전시회를 개최할 수도 있다.

교육과정에 반영하고 기본 역량평가단에게 우리 대학의 내적 에너지를 과시할 수도 있을 것이다. 서울예대 '유파'(流派)를 만들 수도 있다.

결국 나노와 바이오와 네이처를 통한 '뉴폼 아트'(New Form Arts)를 창작하고 교육과정을 개발하면서 우리 대학의 차별화된 미래예술 전략으로 가져가야 할 것이다.

6-6-4. 미래예술도 '삶의 문제'를 해결하는 현장으로 들어가야 한다

미래예술도 기본적으로 삶의 현장으로 들어가고 삶의 문제를 해결하는 주제로 표현되어야 할 것이다. 그 오브제와 미디어가 달라져 수용자가 감동을 얻고 연예의 즐거움을 누리는 방식이 달라졌을 뿐이다.

미래예술의 핵심 요소도 세상과 연계되어 있다는 뜻이다. 우리의 핵심역량도 학생과 사회와 연계되어 있기에 그들이 무엇을 원하는지를 파악해야 한다.

4차 산업혁명 시대에 수용자의 삶과 생각과 욕구는 무엇인지를 분석해야 한다. 그 창작원리가 '시간 · 공간 · 리듬 · 에너지 · 빛'이다.

4차 산업혁명 시대와 팬데믹 이후 시대에 현대인의 '관심'과 '맥락'을 '사회학적 상상력'으로 발휘한다면 '주제'로 전환될 수 있는 '핵심어'를 쉽게 도출할 수 있을 것이다.

'모빌리티', '인공지능(AI)', '빅데이터', '로봇', '노마드', '메타버스', '학교폭력', '성폭력', '환경파괴', '기후변화', '생명경시 풍조', '팬데믹', '고독력' 등이다.

이 주제를 표현하고 창작할 수 있는 방법론이 무엇일까? 예술의 다양성이라는 측면에서 방치해도 괜찮을까? 우리는 예술대학의 창학이념을 기반으로 우리 예술혼을 계승발전 시키는 연구가 필요해진다.

첨단 디지털 과학기술의 발달로 시간과 공간의 통합, 인간과 인공지능의 공존, 세대와 세대의 갈등, 국가와 국가의 영역이 파괴되는 시대에 예술도 고유 분야를 탈피하여 장르와 장르의 경계를 파괴하는 '종합예술'이 '신예술'(New Form Arts)로 새로운 규범(New Normal)이 되었다.

이런 현대사회의 '복잡적응계 시스템'(Complexity Adaptive System)에서 주제를 표현하고 창작할 수 있는 다양한 창작방법론이 있겠지만 일상 속에서 '소소한 사물(언어)'에서 연계된 기발한 발상을 '뜻밖의 발견'(serendipity)으로 치부하는 경우가 많다.

이렇게 의도하지 않은 발견이나 뜻밖에 혹은 운 좋게 '유레카'를 발견하거나 의외성을 만들어내는 '세렌디퍼'(serendipper)는 창작인의 전형이라고 할 수 있다.

'창작의 블랙박스'요 '마법'(magic)으로도 불리는 창작의 세계는 지금도 현재진행형이다.

우리는 창작수업 현장에서 연구공간에서 '신기(新奇)하고 신비(神祕)롭고 신통(神通)하다'는 창작의 기쁨을 '오래된 미래(현대성, Modernity)'로 경험할 수 있기 때문이다.

6-6-5. 시간 · 공간 · 리듬 · 에너지 · 빛'은 종합예술의 기본 창작원리

물, 얼음, 수증기는 형태만 서로 다를 뿐 기본 원소는 수소(H)와 산소(O)의 결합인 물(H_2O)이다. 투명 유리컵에 어떤 과일의 색깔을 담느냐에 따라 노란 컵, 빨간 컵, 파란 컵이 되지만 '근본 그릇'은 컵인 것과도 비슷하다. 40년 전부터 서울예대의 15개 예술 전공은 형태(form)만 다를 뿐 신예술(New Form Arts)을 생산하려는 다양한 방법론적 회의(方法論的 懷疑)의 결과라고 할 수 있다.

결국 창작원리에 관한 탐구는 사물(예술)의 이치를 연구하여 지식(작품)을 완전하게 제작하려는 통찰, 즉 격물치지(格物致知)의 정신에서 나온 것이다.

현대인의 문제를 해결하고 심리를 치유하는 예술의 창작방법론으로써 기본 원리가 '시간 · 공간 · 리듬 · 에너지 · 빛'이다. 가장 '서울예대 유파'를 형성할 수 있는 원리로서 채택되어야 할 원리이다. 교육을 통해 지속가능한 창작원리로서 공유하고자 한다.

'2개 대학과 15개 전공'의 공통 창작원리로서 '창작의 효과성과 효율성'을 제고하기 위해 40년 '시간의 축적' 속에서 '실험'과 '숙성'과 '구조화'를 통해 탄생한 보검 같은 방법론임을 강조하고 싶다.

디자인에서 'Form, Space, Light'를, 동영상에서 'Sight', 'Sound', 'Motion'을 바우하우스에서 칸딘스키가 '점, 선, 면'을 강조한 것과 같다. 명의는 10가지 병도 1개의 약으로 처방한다. 돌팔이는 1개의 병에도 10가지 약을 처방한다.

창작의 원리란 '모범답안'을 찾아가는 '질문'이다.

'예술이란 무엇인가?', '창작이란 무엇인가?'이다. 예술창작에서는 '하나의 정답'은 없지만 '솔루션'을 발견하고자 하는 '지적 고뇌'의 과정이다. 이 창작의 원리는 '모범답안'을 찾아가는 '질문'이라고 할 수 있을 것이다.

또한 신(神)이 인간에게 부여한 '창조성'을 실천하는 존재론이고 성찰이다.

신의 명령에 대한 '인간의 소명'이다. 거꾸로 신(神)의 영역인 '창조성'에 대한 인간의 도전이기도 하다. 장르를 넘어 경계를 파괴하는 '창작원리'이기에 '종합예술의 창작방법론'을 지향하고 있다.

그래서 '창작을 통한 교육'이고 '교육을 통한 창작'이 우리 대학의 정체성으로 자리 잡고 있다. 그 과정에서 '최고의 완성도'로 명품창작을 만들어 '인류의 보편적 정서'를 교감함으로써 세계화를 지향한다고 할 수 있다. 바로 서울예대의 '교육특성화와 세계화 전략'이다.

결국 창작인 자신과의 '대화'이고 수용자와의 '토론'이고 사회와의 '연계'이다. 세상을 바라보는 '관점'과 '분석'이 있어야만 가능하기에 '창작은 세계관(world view)'이라는 '매트릭스'의 심층구조를 이해해야 할 것이다. '특수연구(Matrix)'의 원형도 '세계관이 있는 창작인' 양성을 최종 목표로 하고 있다.

이는 특수연구의 기본 창작원리가 예술인에게만 필요한 게 아니라 보통사람들이 가져야 할 '필수교양'이라고 한 이유이다. '예술이 세상을 다 바꿀 수는 없지만, 예술 없이 세상을 바꿀 수 있는 것은 없다'(열린토론)라고 할 수 있다.

우리 대학이 '종합예술의 창작원리'를 모색하는 근본 이유도 '지금, 여기에서' 창작하고 있는 예술이 향후 '오래된 미래(현대성, modernity)'가 되게 하기 때문임을 알아야 할 것이다.

6-6-6. 교육과정은 어떻게 할 것인가?

교육과정이란 수업을 통해 도달해야 할 학습 결과로서, 의도되고 계획된 경험의 총합이다. 학생은 학습해야 할 지식이고, 교수는 가르쳐야 할 지혜이다.

교육과정의 설계는 우리 대학의 창학이념과 4대 지표 및 특성화 목표와 연계되어야 한다. 특성화 목표가 글로벌 융합인재 양성과 콘텐츠 창작이다. 이 교육목표를 전제로 교육과정은 설계되어야 한다.

교과과정 개편은 대학헌장과 이념, 목적, 목표의 논리적 구조가 잘 확립되어야 한다. 그래서 마지막에 '창작의 예대 특성화'와 연계된 가이드라인을 따라야 한다.

지금까지의 교과과정에 추가하는 부분 수정이어서는 안 된다. 교육목표를 공유하고 과학 기술을 수용하고 변화하는 시대정신을 생각한 앞서가는 교과과정을 생각해야 한다. 다른 대학과의 차별화와 의미적으로 경쟁력이 있는 교과과정이어야 한다.

뿌리에서부터 줄기와 큰 잎사귀와 작은 잎사귀로 분화되는 논리와 체계가 있어야 한다. 단순한 개편이 아니라 '혁신적인 재구조화'가 되어야 할 것이다.

서울예대는 건학 60년의 역사와 함께 창의적이고 자유로운 창작 학풍을 가지고 있다. 이런 학풍을 지키면서 4차 산업혁명의 기술 변화에 대응하는 혁신사고와 도전정신이 교육과정에서 나타나야 한다. 급변하는 기술과 예술의 융합창작 시대에는 선도적인 '오픈 커리큘럼(Open Curriculum)'을 채택할 필요가 있다. 오픈 커리큘럼이란 '전공필수'와 '전공선택' 과목이 확정된 교과과정을 따라가는 게 아니라, 학생 스스로 자신이 '원하는 수업을, 원하는 과정으로' 들을 수 있는 프로그램이다. 최소한의 필수과목만을 정해놓고 학생의 자기결정권을 보장하는 교육과정으로 차별화해야 한다는 뜻이다. 또한 미디어 학부와 공연 학부의 세부전공 2개 분야를 부전공(혹은 복수전공)하는 프로그램을 학생들에게 제공할 수 있어야 한다. 산업현장에서도 '멀티 플레이어'로 활동할 수 있는 경쟁력을 길러야 하기에 융합 교육과정을 편성해야 한다.

교육과정은 우리 대학의 인재양성 목표와도 긴밀히 연결되어야 한다.

특히 4차 산업혁명 시대엔 융합형 교육과정을 운용해야 하기에 NCS(PACS) 시스템이 학부간 전공간의 연계 · 순환 · 통합 체계로 구조화되어야 한다.

입체적이고 통합적인 사고능력을 겸비하고 장르 파괴적인 뉴폼 아트(New Form Arts)를 창작하려면 피할 수 없는 커리큘럼이 되어야 할 것이다.

기능중심능력(practical competence)에서 문제해결능력(problem solving competence)으로 확대되어야 한다는 뜻이다. 기본적으로 기능중심에서 전공심화를 이루고, 향후 그다음 단계인 문제해결 능력으로 계열확장을 시도해야 한다고 생각한다.

우리 대학의 졸업생이 성장곡선을 그렸을 때 조직의 간부가 되고, 개인이 창업했을 때 리더십을 발휘할 수 있으려면 갖추어야 할 능력을 고려하지 않을 수 없기 때문이다.

'기획 마인드부터 창의적인 제작까지' 프로젝트 수행능력을 가져야 경쟁력이 생길 수 있다고 본다. 웹 3.0시대에 '문예 전공'과 '시각디자인 전공'과 '예술경영 전공'과 '광창 전공'이 연계하는 '웹 콘텐츠 창작 전공'을 개설해야 할 것이다.

그래서 '생각의 탄생'[*]에서는 창조의 비밀에서 '공감각'을 중요시 한다.

'사과 맛을 정확하게 이해하려면 혀 못지않게 눈, 코, 손의 감각도 중요하다'는 것이다. 감각과 사고를 융합하는 것은 창조력이 뛰어난 사람들 사이에서 연상적 공감각만큼이나 흔한 일이다.

공감각(synesthesia)은 융합, 결합, 다 같이를 뜻하는 'syn'과 감각을 뜻하는 'aisthesis'가 합쳐진 말이다. '한꺼번에 느낀다', 혹은 '감각의 융합'을 의미한다.

---

[*]   로버트 루트번스타인 외, 박종성 역(2007). 생각의 탄생. 에코의 서재.

'상상하면서 분석하고, 화가인 동시엔 과학자가 되라'는 종합지(synosia)는 '공감각의 지적 확장'이다.

과학자와 예술가의 사고과정이 놀랄 만큼 흡사하다는 것은 '창조과정의 보편성'에 주목하게 만든다. 과학자들이 '공통적인 문제해결법'이라고 인식하는 것은 예술가들에게도 '공유된 영감'으로 이해해야 한다.

그래서 프랑스의 물리학자인 아르망 트루소(Armand Trousseau)도 '모든 과학은 예술에 닿아 있다. 모든 예술에는 과학적인 측면이 있다. 최악의 과학자는 예술가가 아닌 과학자이며, 최악의 예술가는 과학자가 아닌 예술가이다.'라고 말했다.

과학자와 예술가는 '친척관계'라고도 한다. 이런 과학과 예술의 공통점은 '내적인 느낌을 다른 사람들이 받아들일 수 있는 외적인 언어로 변환(번역)해낼 수 있을까'하는 문제라고 했다(생각의 탄생).

교육과정은 우리 대학만의 교육철학과 창조성에 대한 성찰을 바탕으로 해야 할 것이다.

6-6-7. 교육과정을 어떻게 재구조화 해야 하는가?

첫째, '대학헌장'에서 전문과 '설립목적'과 '교육 목표'가 잘 이어져야 한다. 그리고 특성화 방안과 연계되어진 '전공의 교과과정'이 나와야 한다. 나아가 '대학 중장기 발전 계획'에 수렴되어야 할 것이다.

연계 · 순환 · 통합이 관념적으로 공중에 떠 있으면 안 된다. 각 학부에서 방법론으로 구체화 되어야 한다. 원칙을 알고 있으면서 실천하지 않으면 죄를 짓는 것이다.

둘째, 시대정신과 사회와 산업계의 요구를 반영해야 한다. 학부(세부전공) 교수와 학생의 의견도 잘 수용되어야 한다. '특성화 된 정체성'을 지키면서도 교육생태계의 상호작용의 원리가 적용되어야 한다.

교육과정은 미시적으로 보면 변하지 않았는데, 거시적으로 보면 변해 있어야 할 것이다.

셋째, 국제화는 로컬화가 선행되어야 한다. 국제교류 내용은 우리의 '정체성'(이념, 철학)이어야 하기 때문이다. 선진국 모델이라고 따라 하면 의미가 없다. '문화식민주의'에 빠지지 않고 세계일류 예술대학으로서의 자부심을 가져야 한다. 다시 한번 'Think Global, Act Local'이다.

넷째, 우리의 교육방법론인 실습(교육)을 위한 팀 워킹과 프로덕션(창작)을 위한 그룹 워킹을 잘 이해하고 실천해야 할 것이다. 우리만의 융합창작(교육)을 다른 대학이 벤치마팅 하고 있다는 사실을 알고 있어야 한다.

다섯째, 첨단기술을 이용하고, 팬데믹 시대의 '비대면 교육방법론'을 개발해야 한다. 역선행 학습(flipped learning), 프로젝트 기반 학습(project-based learning) 등은 '도제식 학습'과 연동되며, 디지털 트랜스포메이션으로 해결되어야 할 것이다.

교육과정 재구조화는 입체적이고 종합적인 혁신사고에서 출발해야 한다.[*]
예술대학교의 교육과정은 도제시스템의 대면교육이 주류를 이루고 있다. 각종 리뷰와 질문과 토론으로 시청각 감각을 동원해서 소통한다.
또한 창작(실습)은 신체기관이 하나의 매체 역할을 한다. 개별 전공이 있지만 협업을 통한 융합창작이 되려면 인접 전공과 연계성이 아주 중요하다.

그래서 '비대면 수업'이 불가피한 팬데믹 이후 상황에서 교육과정은 '커리큘럼 디렉터'의 관점에서 입체적이고 종합적인 관점과 혁신사고를 통해서 이루어져야 한다. 교육과정이 대학의 상품(브랜드)임을 자각해야 한다.

첫째, 기존처럼 일부 학부(세부전공)장이나 연구진만으로 만들어서는 안 되고 또한 한계가 있다. 이념과 철학이 담겨야 하고 논리적 접근이 충족되어야 한다.
둘째, 학교 전체의 교과과정과 연계된 시각이 필요하다. 학교의 설립목적과 세부전공(학부)의 설립목표가 이어져야 한다. 학교의 설립목적과 교육 목표는 각각 학부의 그것과 연결되어야 한다. 나아가서 '인사와 시설과 재정까지' 고려한 과정이 되어야 할 것이다.

---

[*]   최호성, 박창언, 최병옥(2014). 교육과정 이론과 실천. 교육과학사.

셋째, 교육과정은 학교의 정체성과 동일체가 되어야 한다. '내적 타당성'과 '외적 신뢰성'을 확보하여 종합적인 사고에서 탄생되어야 할 것이다. 일관된 정체성을 확보해야 브랜드 자산이 축적되며, 그래야 지속가능한 성장과 교과과정이 될 것이다.

넷째, 경쟁력을 확보하는 유일한 방책이라는 사고가 필요하다. 교육 시장 개방과 입학 자원의 급격한 감소추세가 이어지고 있기에 적자생존 전략이 갈수록 치열해지고 있는 환경을 잊어서는 안 될 것이다.

6-6-8. 교육과정 체계도 및 기본 설계

NCS(국가 직무능력 표준, National Competency Standards)는 무엇인가. 산업현장에서 직무를 수행하는 데 필요한 능력(지식, 기술, 태도)을 국가가 표준화한 것이다. 교육·훈련·자격에 NCS를 활용하여 현장중심의 인재를 양성할 수 있도록 지원하는 제도이다.

교육과정을 표준화하면, 기업은 NCS를 활용해서 조직 내 직무를 체계적으로 분석하고 이를 토대로 직무 중심의 인사제도를(채용, 배치, 승진, 교육, 임금 등) 운영할 수 있는 이점이 있다. 교육과정이 모듈(module)화되어 규격화할 수 있으므로 '실무형 인재'나 '자격증' 제도로 확립된다.

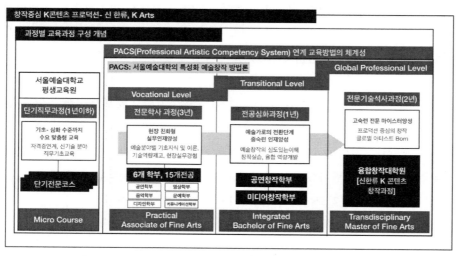

그림 12. 창작중심의 PACS 교육체계(전문학사-학사-석사과정 체계)

국가직무능력표준(NCS, National Competency Standards)이 현장의 '직무 요구서'라고 한다면, NCS 학습모듈은 NCS의 능력단위를 교육훈련에서 학습할 수 있도록 구성한 '교수·학습 자료'이다. NCS 학습모듈은 구체적 직무를 학습할 수 있도록 이론 및 실습과 관련된 내용을 상세하게 제시하고 있기 때문이다.

그러나 서울예대처럼 '창작중심'의 대학은 창의성과 탈 규격화를 지향하기에 예술대학의 교육과정으로는 'NCS'제도가 타당성과 적합도가 떨어진다. 그래서 예술대학의 특성화에 맞춘 교육과정으로 PACS(Professional Artistic Competency System) 제도를 창안했다.

서울예대 60년 예술교육의 암묵지와 경험을 수렴하고 현대화시킨 교육과정이다. 예술교육은 국가가 규격을 청하는 '표준화'(standard)가 아니라 '체계화'(system)이다. 그래서 PACS는 '지식, 기술, 태도'만으로 일반화 과정을 이수하는 게 아니라, '새로운 형식의 예술'(New Form Arts)을 창작할 수 있는 독창적인 프로페셔널을 양성한다는 목표가 다르다. 표준(standards)와 체계(system)의 차이를 확실히 이해해야 할 것이다.

이 'PACS 교육과정'은 전문학사 과정(3년)의 직업교육 단계에서 학사학위 과정(1년)의 전공심화 단계를 거쳐 마이스터 급 대학원 과정(2년)의 융합창작까지 학년별 '연계교육 방법'으로 '단계(level)별 체계성'을 구비하고 있다.

직업예술인 과정을 거쳐 창작예술인 과정으로 진학하고, 글로벌 융합창작을 지향하여 장인(Meister)으로 성장하는 교육과정(총 6년)이다. 최종 PACS 교육과정을 이수하면 신한류의 'K-Contents'를 창작하여, '세계적 보편성'을 획득하거나 산업화로 수익창출 할 수 있는 '창업자(entrepreneur)'로 성장할 기초를 완성하게 된다.

또한 4차 산업혁명 시대에 예술 현장 전문가를 재교육하는 '평생교육원' 과정은 개인맞춤형 단기과정(micro course)으로 프로그램을 운영한다. 기업에서 요구하는 '문제해결형' 실무 능력(competency)도 집중해서 제공하고 나노 자격증(nano degree)을 수여한다.

이 'PACS 교육과정'은 서울예대의 '인재양성 목표'와 학년별 수준(level과) 연계·순환·통합되는 '특성화' 된 교육과정이다.

6-6-9. 교육과정 경쟁력의 4 원칙

교육과정의 개발과 편성 및 운용은 대학가치의 핵심이고 경쟁력의 원천임을 확인하고 차별화 전략을 구사해야 한다. '이념-목적-목표-방안'의 논리구조를 잘 가져야 가능하다.

이어서 '평가기준-성과'로 구체적인 실적을 구축해야 한다. 구성원들 간의 심리적 이념적 간격을 이기고 이념적 철학적 공감대를 넓혀야 한다. 교육과정에서도 이런 이념적 패러다임을 잘 반영해야 한다. 교육과정 편성에 가이드라인이 필요한 이유라 하겠다.

교육과정의 구성은 현장에서 일어나는 학습활동인데, 다음과 같은 단계를 거쳐야 한다.* 교육목표에서 교과목 프로파일과 수업목표와 강의계획서와 수업방법과 평가까지 티칭 포트폴리오의 매뉴얼(manual)이 개발되어 있어야 한다.

첫째, 교육목표를 어떻게 설정하여야 할 것인가의 목표설정 단계이다.
둘째, 목표달성을 위해 어떤 내용을 선정해야 할 것인가 하는 문제다.
셋째, 선정된 내용을 어떻게 편성할 것인가의 문제다.
넷째, 학습단원의 설정과 계획은 어떻게 해야 할 것인가이다.

교육과정은 교수와 학생이 상호작용을 하면서 가치사슬(value chain)을 만들어가야 한다. 그렇게 하기 위해서 몇 가지 확인을 해야 한다.

첫째, 중요성의 확인이다. 각 교과목의 주요내용을 반영해야 한다.
둘째, 일관성의 확인이다. 이념, 전략, 인재상(목표), 수업목표가 일치해야 한다.
셋째, 적합성의 확인이다. 비대면 수업에서도 학생의 요구와 수준에 맞아야 한다.
넷째, 미래성의 확인이다. 학생의 과거와 현재를 바탕으로 미래의 성장과 연결되어야 한다.

---

* 홍후조(2002). 교육과정의 이해와 개발. 문음사.

다섯째, 혁신성의 확인이다. 첨단디지털 기술의 채택으로 실험정신을 돋구어야 한다.

목표는 인재양성 유형인 'New Form Arts Planner & Performer'임을 확인해야 한다. 그리고 '차별화 된 교육과정 개발의 4 원칙'이다. 물론 4원칙도 중요하지만 그 실행방안이 더욱 중요할 수 있다는 점을 기억해야 한다.

① 다양성

예술에 있어서 다양성의 가치는 아무리 강조해도 지나치지 않다. 다양한 시각과 관점과 레벨을 제시하고 토론하면서 학생과 교수는 경쟁력을 갖게 될 것이다. 세상은 멀티 디멘젼(multi dimension)이고 멀티 레벨(multi level)이며 멀티 퍼스펙티브(multi perspective)다.

② 통일성

모든 교과목은 그 목적과 목표가 다를 수밖에 없다. 각론은 다르지만 총론은 같아야 한다. 방법론은 다르지만 지향점은 같아야 한다. 획일성은 거부하지만, 일관성은 학교 구성원의 교육 목표가 일치하고 학과 간 연계·순환·통합 시스템에 적응하기 쉽게 만들어 주는 효과가 있다. 이렇게 누적된 학습효과가 있을 때 우리 학교의 교과과정은 경쟁력을 갖게 된다고 본다.

③ 현장성

다른 4년제 대학교 교과과정과의 차이를 두는 게 중요하다. 이 차이는 특성화이고 경쟁력이 된다. 전문 예술대학이기에 교육목적과 목표와 교육(창작)방법론이 달라야 한다. 바로 예술현장과 밀착성에서 찾아야 한다. '교실이 무대이고, 무대가 교실이다'는 우리 대학의 지표를 지켜야 한다. 비대면 수업에서 '몰입도'와 '실습효과'를 제고하는 방안을 담고 있어야 한다.

④ 첨단성

'예술과 과학(기술)의 접목'을 지향하는 융합창작이 가능하게 하는 디지털 기술을 도입하고 있어야 한다. 새로운 예술 양식은 기술(technology)에서 나온다.

특히 팬데믹이 바꾼 학습방법은 전화위복처럼 뉴폼 아트를 생산하는 기회가 되었다. 랜선 콘서트나 장르 통합시도가 대표적이다.

6-6-10. 교육과정 편성의 4 기준

이런 단계와 확인을 거치면서 우리 대학의 교육과정 목표가 결정된다. 교육 현장에서 실행력 제고, 글로벌 융합인재 양성, 특성화를 반영한 교과목 개설, 담당 교수의 세부전공 심화, 교수의 경쟁력 향상 등을 감안해서 설정된다.

'1학년부터 4학년까지의 연계 · 순환 · 통합에 융합까지'는 물론 대학원 석사과 정(마이스터대)의 교육과정이 연계되는 '프로 양성'을 위한 '편성의 구조화'가 이루어 져야 한다.

- 1학년 스터디(study): 예술창작기초, 고전읽기. 사회 보기, 학문의 개론 이해
- 2학년 워크숍(workshop): 연기, 연출, 스탭(세부전공)별 학습, 전시, 기획 연습
- 3학년 프로덕션(production): 제작실습, 현장실습, 직업기초능력, 취업연계
- 4학년 융합(convergence): 학제 간 연계, 뉴폼 학습, 취 · 창업 연계
- 5학년 마이스터(Meister): 장인의 예술세계 창조 및 예술사의 실험(대학원 과 정의 숙련)

이런 구조 속에서 다양한 '질문과 토론'을 거쳐서 교육과정을 완성해야 한다.

첫째, 전체 학부제 교육과정이 구조화되어 있는가? 우리 대학의 교육이념과 전체 교육과정과는 조화가 되는가?

둘째, 학부별, 세부전공별 콘셉트는 무엇인가? 왜 교과목을 개설하는가? 교육 효과는 무엇을 기대하는가? 어느 전공과 연계되는가? 누구에게 가르칠 것인가? 인재양성 유형과는 어떤 관계가 있는가?

셋째, 사회적 요구와 부합하는가? 학습자 중심설계인가? NCS(PACS) 기반교 육과정 개발 프로세스를 거쳤는가?

넷째, 세부전공별 108학점 개설은 타당한가? 교과목 중복 개설의 방지효과 가 있는가? 교과목 담당 교수의 자유경쟁을 유도하는가? 학부제 취지와 맞는가?

다섯째, 각 교과목은 특성화를 반영한 학부 내 세부전공과 연계되는가? 학부

간 전공과 연계되는가?

여섯째, 교과목은 학부 내 '뷔페형 편성'인가? 학년별 '누진형 편성'인가? 학부 간 '통합형 편성'인가? '학부 내 제작실습 1,2,3,4,5, 제작실습 A,B,C,D,E' 형을 지양해야 한다.

교육과정 편성기준은 다음과 같이 목표성, 연계성, 수용성, 사회성의 4가지다.

① 목표성은 창학이념과의 일치이다

이런 이념과 생각을 잘 조화시켜야 한다. 구성원들의 생각과 학교의 이념이 연결되지 않고 약간의 갭이 있다고 생각한다. 이 이념과 각 구성원의 생각이 조화되고 수용될 때, 새로운 응용이 생긴다.

그래서 결국 커뮤니케이션이 중요하다. 하나의 '유파(類派)와 학파(學派)'를 만들면 경쟁력도 생길 것이다. 학교의 주인은 이념이다. 이런 이념과 가치관에 동의할 때, 입학과 임용과 수업에 통일성을 갖는다. 이런 역사의식을 갖고 몇 세대쯤 이어져야 한다.

② 타 학부(세부전공)와 연계성이다

교과과정 개편의 기획과 관리 운영에 대한 주체도 없다. 이게 문제다. 교과과정 개편의 중요성에 대한 이해가 있는 내부 책임자는 누구인가? 과연 누가 구조적으로 개념적으로 기획할 수 있는가? 정확한 목표고객은 누구인가? 무슨 목표를 달성할 수 있겠는가?

교과과정의 구조화와 내용 구성이 중요하다. 학교 특성과 학과 대표 프로그램을 잘 알아야 된다. 대고객의 접점으로서 역할과 기능을 다할 수 있게 해야 한다. 학부의 고유성과 다르거나 타 학부나 세부전공과 중복된다면 단순화 시켜야 한다. '프로그램 디렉터'로서 접근해야 한다.

③ 학생들의 수용성 제고이다

현대 학생들은 디지털 원주민(digital native) 세대이다. 아날로그 세대인 교수진과 사고와 행동 방식이 다르다. 공부 방법과 지향점과 가치관이 다르다. 이런 격차를 좁히고 학생들이 소화할 수 있으며 관심을 두고 있는 교육과정을 제공해야 한다.

문제를 해결하는 과정과 지식을 습득하는 방법이 다르므로 목표고객인 학생들의 성향을 이해하고, 개인별 수준차를 감안한 '차이'가 있기에, 학생들이 수용할 수 있는 지식과 경험을 전달해야 한다.

④ 국제적 경쟁력을 가진 융합창작이다

예술 콘텐츠도 세계시장으로 향해 있어야 한다. 프로페셔널 수준의 창작이 가능해야 하고, 언어의 장벽을 넘어설 수 있는 기획력과 완성도를 갖추지 않으면 안 된다. 감성과 공감이 인류의 보편적 정서를 자극해야 하고 수용성을 감안한 융합창작이어야 한다. 물론 가장 개인적인 것이 가장 대중적인 것이라는 창작문법을 잘 이해하면 될 것이다.

⑤ 산업계의 요구에 대한 반영 정도이다

우리 학교는 영미권 중심의 유학파 교수가 많다. 특히 미국에서 공부한 학력과 경력은 장점이자 단점이 될 수도 있다.

예를 들면 할리우드를 중심으로 세계를 지배하고 있는 미국 영화계는 칼 아츠를 비롯한 유명학교의 학생들이 진출할 시장이자 산업이다. 거대한 자본과 펀드가 학교의 교과과정을 움직인다. 아니면 교과과정이 산업특성과 시장요구를 따라간다. 맞춤형 교과과정인 셈이다.

작품도 주로 극영화를 중심으로 제작되어 대중산업화 하고 고수익을 창출하는 비즈니스 모델의 하나가 된다. 최근 세계적인 동영상 스트리밍 업체(OTT 기업)의 동향과 전략도 읽어야 한다.

그러나 우리 학교의 상황이 미국과 다른 점도 확인해야 한다. 거대 자본의 유입도 적을 뿐만 아니라, 문화산업 자체의 크기도 작다. 더구나 아날로그 시대의 학원처럼 극영화만 만들고 있을 수 없다. 우리 대학은 학원이 아니고 학교이기 때문이다.

전통 극영화 시장은 경쟁만 치열하고 성공 가능성이 낮은 레드오션(red ocean) 시장이다.

특히 예술대학교로서의 사명인 신 예술(New Form Arts)의 창조를 위해서는 새로운 교육(창작)방법론을 교과과정에 반영해야 한다. 예술의 본령인 창작을 위해서는 전략적인 차별화가 필요할 것이며, 학생의 사회진출을 위해서는 전략적인 블루오션(blue ocean)이 필요할 것이다.

또한 교수가 현장의 유명 감독으로 성공하지 못한다면 학생에게 '역할모델'(role model)로서 자리 잡기도 힘들 것이다. 명분과 리더십과 교육효과가 모두 떨어지기 쉽게 될 것이다.

다시 강조하면 교육과정은 '우주관(자연관)-이념-목적-목표-방안-지표'의 연계 순환통합의 구조를 잘 가져야 한다. 개발 주체와 편성의 책임자는 학생과 교육적 이념적 간격을 좁히고 철학적 공감대를 넓혀야 한다.

교과과정에서도 이런 이념적 패러다임을 잘 반영해야 한다. 교육과정 편성에 가이드라인이 필요한 이유라 하겠다.

6-6-11. 학부(세부전공)제 개편의 배경

● 왜 학부(세부전공)제을 시행할 수밖에 없었는가?

장르 통합으로 '융합 창작'을 일상화하고, 프로페셔널 수준의 뉴폼 아트(New Form Arts)를 생산하여, 글로벌 지적재산권(IP)을 소유하려는 전략적 선택이다.

환경변화와 소비자의 변화에 따라 시대정신이 바뀌어 '융합 예술'이 대세로 부각되었으며, 4차 산업혁명과 '코로나19'라는 대유행병(Pandemic) 이후 시대에 '다원 예술'로 뉴폼 아트에 대한 요구가 가속화되고 있다. 창작예술인도 장르를 초월하는 '융합 엔터테이너'와 '멀티 플레이어'가 되어야 경쟁력을 가질 수 있게 되었다.

학부(세부전공)제는 선도적인 개편이었고, 창학이념을 실천하고 창작을 특성화할 수 있는 교육철학과 방법론을 혁신함으로써 교육성과를 심화하려는 목표를 가지고 있다.

배경을 구체화하면 다음과 같다.

① 예술인과 교육철학과 교육목표를 지향한 개편이다

예술인은 다양한 경험과 혁신 및 실험정신 속에서 창조적 소수자로 살아간다. 사회의식 면에서는 경계인으로서 문제적 개인이라는 속성을 지닌다. 이런 의식을 가지려면 관점의 다양성을 체험하고 지식을 습득하지 않으면 안 된다.

교육철학면에서도 인간은 다중지능을 소유하고 있으며, 잠재능력을 계발하고 육성하기위해서는 다방면의 학습이 필요하다.

교육목표 면에서는 연계 순환 통합의 교육방법론을 지표로 채택하고 있기 때문이다.

② 교육과정 측면에서는, 장르 중심에서 기능중심으로 전환이다

유사과목을 통폐합하고 중복성을 제거하는 것이다. 그만큼 교과목 개발의 여지가 많이 생긴다. 예를 들면 시나리오의 경우 영화과(전공)에서 극작과(전공)로 이동해야 한다.

이런 기능의 연계 순환을 통해 공동창작실습을 강화할 수 있는 제도적 장치(예산지원, 심화강의)를 마련할 수 있다.

연기전공은 공연학부로, 극작전공은 문예학부로. 실내디자인은 디자인 학부로, 한국음악은 음악학부로 모태회귀(母胎回歸)한 개편이다. 예술경영은 기획중심으로 역량을 보강하여 독립전공으로 신설한 것이다.

③ 형식은 학부제이지만, 내용은 커리큘럼 선택제다

계열은 확장되면서도 전공은 심화되는 효과를 얻을 수 있다. 강의 선택권을 학생에게 주므로써 다양한 강의를 수강할 수 있다. 다만 수강신청 코디네이터로서 지도교수의 개별 상담이 필요하다. 일대 일 도제식 사제관계를 만들고 상담과 세부지도가 가능해 진다.

트랙별 수강코스를 협의하고 자신의 진로와 연계함으로써 커리큘럼 선택제다. 학생이력관리제와도 연동할 수 있어, 결국 학생중심의 자율전공제도로 발전할 수 있다.

④ 취업의 질을 높이고, 산업체 요구를 반영한 제도이다

산업체는 신입사원보다는 경력직을 선호한다. 그래서 고용에 부담을 느끼는 사용자는 멀티 플레이어를 선발하려고 하기에 취업에서 경쟁력을 확보할 수 있다. 특히 '취업의 질' 제고 관점에서 크게 기여할 수 있다.

예술 산업체는 집단창작으로 업무를 수행하고, 프로젝트 별로 팀 구성을 한 후 제작에 참여하며, 완료 후에는 해체하는 아메바 조직을 갖는다. 소위 스토리텔링 공장(storytelling factory)이나 프리랜스 체제가 일상화되고 있다.

⑤ 수평적 융합 지향이다

사회 트렌드도 융합을 통해 경쟁력을 확보하려는 노력이 전 세계적으로 진행되고 있다. 융합 방식은 수직적 융합과 수평적 융합으로 나눌 수 있다.

수직적 융합은 지금도 많이 활용되고 있지만, 의사결정 주체와 업무의 지휘 통제 및 책임이 각각의 스페셜리스트인 분업 형태의 물리적 융합이다.

수평적 융합은 세부전공을 수직적으로 심화하면서 인접 전공(장르)와 통합하는 프로페셔널의 '화학적 융합'을 지향한다. 다분히 과정중시와 성과지향이다.

우리 학부제는 정보 통신 기술(ICT)의 융합처럼 이종교배(異種交配)를 통한 혁신으로 '화학적 융합'을 하고, 뉴폼 아트를 창출하기 위한 창조적 파괴이며 생존 전략이라고 할 수 있다.

⑥ 5대 지표 관련 전공 신설이다

디지털 스토리텔링, 테크놀로지의 접목, 글로벌 경쟁력을 통해 '신 한류 창조'라는 성과를 얻기 위한 학부제가 필요하다. 창작의 원천 재료인 스토리텔링 교과목은 문예계열 학부에 집중하고, 예술과 과학의 접목을 위한 공학 베이스의 예술공학센터(ATEC) 개편과 디아전공의 정체성을 위한 분석이 요구된다.

각 세부 전공별로 발전적 해체 같은 혁신을 통해 학부제를 최종 완성해야 한다.

⑦ 취 · 창업에서 월드스타(World Star)배출과 유파(School, 類派)창조이다

제2의 김은숙, 제2의 유재석, 제2의 전도연, 제2의 이상봉, 제2의 김봉진 등 걸출한 인재양성(World Star)으로 서울예술대학교만의 문예사조(文藝思潮)로서 유파(類派)를 형성할 때다.

이는 바우하우스(Bauhaus)를 넘어서는 네오 바우하우스로 우리 대학의 정체성과 존재이유를 공언하는 것이다. 학부(세부전공)제가 자생력을 갖는 제도가 되도록 노력해야 할 것이다.

우리 학부(세부전공)제는 학문 간(interdisciplinary) 설계로 구성되어야 한다. 간 학문적 설계는 몇 개의 학문이 공통되는 주요 개념, 원리(법칙), 탐구방법 등을 중심으로 새로운 교과목을 개발해야 한다. 우리 학부(세부전공)제는 학습자 중심으로 설계되어야 한다.

특히 예술대학이기에 학생은 스스로 배우는 '능동적 학습자'(active learner)이고, 상호협력하면서 발전한다는 전제가 중요하다. 학습에서도 '경쟁과 협력의 정신'이 통한다.

'관심'만 있어서는 안 되고, '관점'이 있는 창의적 인재로 양성해야 하기 때문이다. NCS(PACS)기반 교육과정을 통해 다양한 지식과 기술과 태도 및 가치를 학습하고 사회발전에 기여한다는 철학을 갖고 있다.

소위 사일로 효과(organizational silos effect)를 벗어나야 한다. 사일로(silo)는 곡식이나 사료를 저장하는 굴뚝 모양의 창고이다. 조직의 부서(전공)들이 서로 다른 부서(전공)와 교류하지 않고 자기 부서(전공)의 이익만을 추구하는 '각자도생'(各自圖生)의 현상이다. 구성원들이 '연계 · 순환 · 통합'하지 않는 부서 이기주의이다. '비빔밥 정신'으로 탈바꿈해야 한다.

물론 '융합'이 목표인 학부제가 조기에 연착륙(soft landing)하기 위해서는 제도 정비와 의식개혁과 함께 완성도 높은 마스터플랜(master plan)이 작성되어야 한다. 예를 들면 다음과 같다.

첫째, 개별 세부전공의 교과목 강의에서 전공자와 비전공자의 실력(직무능력) 차이로 강의 수준이 불균형을 초래할 수 있다. 교학처는 구분 개설로 피해를 최소화 할 수 있다.

둘째, 학생모집 단위와 입학정원을 학부단위로 광역화 하는 전략이 학칙에 명기되어야 하며, 학생들의 수업부담을 줄이기 위해서 졸업이수 학점과 전공필수 학점, 자율전공제 등에 관한 세밀한 규정 개정도 필요하다.

셋째, 기존 교수의 재배치와 융합을 지향하는 세부전공 교수의 임용이다. '창작의 예대'를 실현하기 위해서 기술과 예술이 만나는 뉴폼에 도전하고, 도제식 학생밀착형 지도교수(Tutor) 역할을 할 수 있어야 하기 때문이다. 투자예산이 따라와야 한다.

넷째, 학생의 수용 태도이다. 과거 전공(과)의 우수한 선배와 네트워크에만 안주하면 안 된다. '독립적인 예술인'으로서 신예술에 도전하는 자긍심을 가져야 한다.

다섯째, 기술 친화적 학습자 양성이다. 새로운 교육환경(4차 산업혁명 기술과 팬데믹 이후 시대의 '비대면 교육방법과 기술도입'에 능동적인 대처가 필요하다. 기술 자체가 장르의 경계를 파괴하는 신 예술 창작에 핵심이 될 수 있다.

덧붙여 학부(세부전공)제 탄생과 연계한 개념으로 '논어'의 화이부동과 동이불화를 빌려서 말하고 싶다. 세부전공의 독립성을 지키면서 전공을 심화하고, 학부 내 타전공과의 조화로 계열을 확장하면서 융합효과를 생산한다는 정책이다.

화이부동(和而不同)은 '남과 사이좋게 지내되 의(義)를 굽혀 좇지는 않는다.'는 뜻으로, 남과 화목하게 지내지만 자기의 중심과 원칙을 잃지 않음이다.

동이불화(同而不和)는 겉으로는 동의(同意)를 표시하면서 속마음으로는 그렇지 않음이다. 조화롭지 않은 '낯설게 보이기' 같지만 '새로운 경험'을 주기에, '같으면서도 다르고, 다르면서도 같다'는 뜻이라고 할 수 있다.

5개 학부(15개 세부전공)제가 가야 할 목표와 방향성을 잘 나타내는 비유이다. '창작과정'은 '협업'이기에 각 학부(세부전공) 간에 상호작용하면서 새로운 융합을 모색하는 교육제도이고, 창작을 위한 '교육과정의 중요성'과 연계시켜 재인식해야 할 것이다.

15개 세부전공들이 '따로, 같이'이면서 '같이, 따로'의 변증법적이면서 상승 작용하는 '회오리 효과'를 발생시키고자 하는 것이라고 할 수 있다.

이런 '5개 학부(15개 세부전공)제'에서 연계 · 순환 · 통합시스템의 교육과정으로 학습한 인재는 '가(歌), 무(舞), 기(技), 상(像), 문(文), 전(展), 기(企)'의 능력을 발휘하게 된다.이런 능력들을 '연계 · 통합 계발'하고 융합하여, '멀티 플레이어'가 되고 공연이나 미디어나 전시로 발표하는 프로페셔널(Professional)이 될 것이다.

7. 혁신과제와 대책(안)

'아마추어는 보신주의자이지만, 프로는 혁신주의자이다.'

7-1. 서울예대의 구조개혁 실시

우선 몇 가지 발상을 위한 상황분석이나 사전조사가 있어야 한다. '우리 대학의 경쟁력' 확보와 '대학의 구조개혁(Restructuring)'을 위한 의견수렴이다.

- 대학 내부의 자발적 개혁: 중앙대학교와 동국대학교 등의 학과 통폐합 사례수집
- 대학 외부의 비자발적 개혁: 재정과 행정 지원 사업의 요건으로 각종 규제
- 교육 수요자의 요구: 학생, 학부모, 사회단체, 산업체 등
- NCS(PACS) 기반의 교육과정 요구: 학습모듈(module)로 교육의 표준화 및 특성화
- 교육환경의 기술적 요구: 비대면 교육과 양방향 수업을 위한 디지털 기술 도입 등
- 지적재산권(IP) 확보전략: 국제화와 융합창작으로 수익모델을 창출할 수 있는 방향
- 4차 산업혁명과 팬데믹(pandemic) 이후 시대의 미래예술과 그 의미

이런 가이드라인을 바탕으로 서울예대의 입학전형 경향을 분석해 보면, 입학 경쟁률이 세부전공별로 편향이 심하다. 2021학년도 수시전형에서 연기과(30%), 실음과(28%), 문창과(10%)의 3개 전공에 68%가 지원하고 있다. 경쟁률의 부익부 빈익빈 현상은 인기 전공에 유리하다는 간단한 문제가 아니라, 대학 구조개혁 차원에서 해결책을 강구해야 할 것이다.

다음은 BCG 매트릭스 모델을 응용한 분석이다.

　　전략경영 관점에서 선택과 집중효과를 제고하기 위해 자신(기업)의 브랜드를 분류해 보는 BCG(보스턴 컨설팅 그룹)의 매트릭스 모델이다. 세부전공별 경쟁력을 분석해보면 다음과 같다.

　　가로 축은 '현재 시장점유율'의 대소이고, 세로 축은 '미래 시장성장률'의 대소이다.

　　마케팅 관점에서 우리 대학의 세부전공별 시장점유율, 시장성장률, 충원율, 입시경쟁률, 수상실적, 사회적 평판 등을 종합했다.

　　임의적이지만 연구자의 개인적 판단을 더한 결과이다. 개(Dog), 현금 송아지(Cash Cow), 문제아(Question Mark)에 해당하는 학부(세부전공)는 스타(Star) 브랜드의 세부전공으로 이동할 수 있어야 할 것이다.

　　개(Dog)는 폐과 대상이거나 통합 대상이 될 수 있다. 경쟁력도 약하고 미래전망도 흐림이다. 재정 수입도 별로 없고 투자하기에도 망설이게 되는 전공이다.

　　문제아(Question Mark)는 현재는 경쟁력이 약하지만 미래 입학전형 시장의 전망은 밝은 전공이라고 할 수 있겠다. 그러나 불확실성은 여전히 남아 있기에 성공여부는 모른다. 과감한 투자를 하고 육성해서 스타 전공으로 키울 만할 뿐이라 고민이 많은 전공이다.

　　현금 송아지(Cash Cow)는 현재의 경쟁력은 강하지만 미래도 강할 것이라고 생각되지 않는 전공이다. 투자를 늘리려는 계획은 수립되지 않는 전공이다. 아무튼 현재는 주요한 재정수입을 올려주는 효자 전공인 셈이다.

　　스타(Star)는 문자 그대로 현재도 미래도 전망이 탁월한 전공이다. 입학 지원율도 높고 사회적 수요도 많아 지원율이 높을 것이라고 예상된다. 그러나 '연기, 문예, 실음' 3전공의 경쟁력은 내용적으로 차이가 크다.

　　문예학부(문창전공)의 경우, '프로의 예술가'가 응시하고, '예술의 프로'가 작품을 낳는 초격차의 전통 강호이다.

　　현 시점에서 4개 영역의 분포도이지만 앞으로 언제 어떻게 바뀔지는 모른다. 한때 광고창작 전공은 스타 전공이었지만 지금은 약세를 걸고 있다. 영화전공은

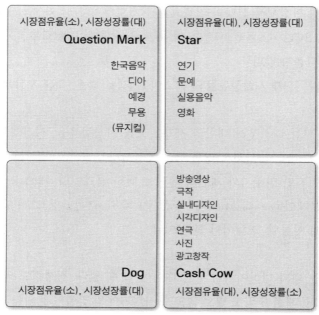

시장점유율(소), 시장성장률(대) **Question Mark** 한국음악 디아 예경 무용 (뮤지컬)	시장점유율(대), 시장성장률(대) **Star** 연기 문예 실용음악 영화
  Dog 시장점유율(소), 시장성장률(대)	방송영상 극작 실내디자인 시각디자인 연극 사진 광고창작 **Cash Cow** 시장점유율(대), 시장성장률(소)

그림 13. 전공별 경쟁력 분석(안)

약세였었지만 최근엔 대형 영화의 흥행성공으로 인기스타 전공으로 급부상하고 있다. 물론 상대적인 분류이다.

이 매트릭스의 경쟁력 분석은 현재의 입시에서, 각 전공의 포지셔닝을 알아보고자 하는 것이다. 입학지원율도 크게 올리고 '세상을 바꿀 예술'로 '예술의 프로'를 양성하고 사회의 주목을 받을 수 있게 대비해야 한다는 뜻이다.

뉴폼 아트의 미래예술 전공으로 지속가능한성장을 할 수 있어야 하기 때문이다.

4차 산업혁명 시대와 학령인구 감소 시대에 모두 스타 전공이 되길 기대할 뿐이다.

7-2. 서울예대의 혁신전략

전략은 기존의 판을 깨고 '새로운 규칙'(rule)을 만들어 성과를 창출하는 기획이다. 전략은 남들이 하지 않는 일종의 '뉴 노멀'을 정하는데 우리 대학은 특성화(차별성) 전략과 5 지표를 교육목표로 혁신하고자 한다.

- 연계-순환-통합 체계와 예술-과학의 융합
- '계열 확장+학과 중심 탈피+학부제 정착+교수 중심 탈피'
- '학사과정 중점 육성과 전문학사 과정의 연계 교육 실시'
- 교육과정과 연계한 공간과 조직(인력)의 합리성 및 예산의 집행효과 극대화
- 컬처허브(Culture Hub)를 중심으로 글로벌 창작교육

전략은 이렇게 장 단기 혁신과제를 개발하고, 우선순위(priority)를 선정해서 실행해야 한다. 혁신전략의 사례로 '2014 브라질 월드컵'에 대해 언급하면 이해가 빠를 것 같다.

우승 후보인 브라질이 초토화되고 독일이 우승하였으며, 각 언론에서 월드컵 결산에 대한 보도가 나왔다. 독일 축구가 왜 진화했는지 3가지로 요약해 보면 다음과 같다.

첫째, 힘과 조직력을 바탕으로 한 전통적인 독일 축구에 남미, 스페인의 개인기를 접목하여 '전통과 혁신을 조화' 했다는 것이다. 2014년부터는 독일 같은 조직적 축구가 지배할 것이라는 분석이며, 독일 축구를 '메탈 사커'로 칭하며, 이는 단단한 조직력을 바탕으로 한 '힘의 축구'라 하겠다.

둘째, 폴란드, 아프리카 출신의 우수 선수를 과감히 기용해서, 국가대표 선수로 발탁하는 '혁신적인 개방'이라 하겠다. 다양한 문화와 혁신적인 사고방식을 융합한 드림팀의 구성이라고 하겠다.

마지막으로 독일은 10년 전부터 월드컵을 준비해 왔으며, '유소년 클럽'을 많이 양성하여 철저한 기본기와 지속가능한 축구를 전개한 '탄탄한 장기전략'으로 요약해 보았다. 우리 대학의 동랑 청소년예술제가 프리 스쿨(pre school)로 도약해야 할 이유가 되지 않겠는가?

이러한 분석 기사를 보면서 우리 대학의 이념과 정책 방향, 개방을 통해서 연계 · 순환 · 통합시스템과 함께 진취적으로 나갈 때라고 본다. 앞으로 어떻게 사회적 트렌드를 빨리 받아들여 전개해야 하는지를 월드컵 결산과 함께 생각해 보았다.

월드컵 사례로 파악한 우리의 전략을 확인하는 방법은 간단하다.

- 기존의 예술관을 깨는 융합이고 '뉴 노멀'인가?
- 전통 예술혼을 재해석 한 새로운 개념인가?
- 변화에 대해 구성원의 생각이 실험적이고 개방적인가?
- 팬데믹 이후 시대에도 지속가능성을 가진 교육관인가?
- 기본이 탄탄한가?
- 국제화 마인드를 자극하는가? 등
- 산업화와 수익모델까지 스케일 업 할 수 있는가?

이런 '질문과 토론'을 보장할 수 있을 때 전략으로써의 혁신가치를 가진다고 본다.

과연 "변화는 좋은데, '변화하는 과정'이 싫다면", 무엇을 할 수 있을까?

그리고 교육기관으로서 예술대학의 혁신전략은 기본적으로 '과정 중시'의 관점을 유지해야 한다. 서울예대는 '학습하고 실험하고 도전해서' 작품(공연과 미디어 예술)을 생산해야 하지만, 생산 자체만을 목표로 강조해서는 안 된다고 본다. '교육과정' 속에서 혁신하여 목표(결과)와 균형을 지키려는 노력이 필요하다. 등반에서 말하는 '등정주의'와 '등로주의'의 가치관과 비유된다.

히말라야산맥의 14좌 정복이라는 목표를 달성하는데, 무산소 등정과 신 루트의 개척주의자들은 독자적인 코리안 웨이를 고집한다고 한다. 오로지 정상 정복이 목표인 '등정주의자'가 아니라, 등반의 목적을 중요시하는 '등로주의자'들이다. '남들이 가지 않은 길'로, '남들이 하지 않은 방법'으로 올라간다는 태도가 중요하다는 뜻이다.

등로주의자는 암벽과 기상의 악조건을 극복하고 공략이 어려운 길(루트)로 정상에 올랐을 때를 최고의 알파인 경지라고 생각한다. 상업등반과 순수등반 사이에 '선(線)'을 긋는 자긍심이요 도전정신이다. 초격차의 등반을 수행했을 때 더 큰 성취동기를 얻는다는 것이다.

황금 피켈상은 무산소, 무동력의 알파인 스타일 등반을 궁극의 가치로 생각하고 정상을 정복한 팀에게 수여하는 상이다. 6명 이하의 원정대가 최소한의 장비와 식량을 직접 짊어지고 정상까지 속공 등반하는 방식이다. 등로주의는 '등반은 어떻게 해야 하느냐'는 질문에 대답하고 있는 진정한 혁신 가치라고 생각한다. 결과 중시가 아니라 과정 중시이다.

예술교육(창작)의 창조적 혁신은 저예산, 제작기간 단축, 전공 간의 협업 효율성, 뉴폼 아트의 아이디어 발상, 주제(concept)의 전위성 등의 변화와 전략을 개발하는 과정이다.

결국 혁신은 예술대학의 정체성을 현대적으로 재해석하고, 시대정신의 반영이라는 사회성과 조화시키는 과정일 것이다.

7-3. 서울예대의 핵심 실천전술

유명한 패밀리 레스토랑 'TGI Fridays'의 유래를 'Thanks God, It's Friday'라고 말하는 사람이 있다. 신(神)에게 감사드린다, 오늘은 금요일입니다. 일상업무에서 해방되는 날로 영어권에서 익숙한 어휘인 'TGIF'의 이니셜(initial)을 가지고 세상 사람들이 많은 이야기를 만들고 있다.

지난 2010년 전후 혁신적으로 생활방식과 비즈니스의 판도를 바꾼 4 기업 'TGIF'다.

'T'는 Twitter, 'G'는 Google, 'I'는 iPhone, 'F'는 Facebook이다.

디지털 모바일과 SNS 시대에는 플랫폼과 디바이스(device)가 세상을 지배하는데, 이러한 세상에서 살아남기 위해서는 TGIF의 '기업가 정신'을 가져야 한다는 보고서다.

TGIF의 이니셜를 보고 우리 대학의 창학이념, 4대지표와 절묘하게 잘 맞는다는 생각을 가져 보았다. 우리의 지향점이 사회의 흐름과 동일성을 갖는 개념임을 확인할 수 있었다.

2014년에 들어와서 'TGIF'는 세상을 지배하는 핵심단어(key word)로 바뀐다. 일종의 칼랑부르(calembour)인데, '동음이의어에 의한 언어유희'이다. TGIF는 디지털 시대의 기술격차로 인해 2020년대에도, 메타버스의 시대가 온다고 해도 비즈니스 모델의 솔루션이고 유효한 핵심 아이콘이 될 것이다.

'T'는 Technology, 'G'는 Global, 'I'는 Innovation, 'F'는 Fan이다.

'T'는 예술과 과학의 융합, 즉 뉴폼 아트(New-form Art) 창출을 위한 기술(Technology)이다. 아트의 형식을 파괴하기 위해서 과감하게 도입해야 하겠다.

'G'는 Global로서 우리 대학 특성화 목표이기도 하며, 특성화 사업명 또한 글로벌 예술인재 양성이다. 우리 대학의 지향점, 정책적인 방향성을 잘 요약하는 이니셜이다.

'I'는 세상을 지배하는 혁신적인 사고('innovation')이다. 우리 대학의 디자인 입시 시험문제인 '발상과 표현', '사고의 전환'과도 연관하여 생각해 볼 수 있다. 혁신의 구체적인 방법으로는 세상과 사람과 조직 간의 상호작용(interaction)으로도 나타날 것이다.

'F'는 지지자 팬(Fan)이다. 우리 주변에 학생부터 시작해 학부모, 교외 기관까지 예술대학에 대한 후원자와 팬을 만들고 이를 확대해 나가야 하겠다. 이해당사자 모두를 우리 대학의 추종자(follower)로 만들고 여성적(female) 감성화로 설득해야 한다는 뜻이다.
세상은 이 '3F'의 지배로 운행된다고 분석할 수 있기 때문이다.

'TGIF'는 세상을 재단하는 용어가 된 것처럼 우리 대학의 교육지표로 적절하다고 해석할 수 있다. 앞으로 'TGIF'를 우리 대학의 공용어로서 사용하여 '빈도, 광범위성, 지속성'을 높이면, 예술교육적 함의를 내포하게 되고 사회적 전파력을 지닌 단어로 자리 잡을 것이다.
우리 대학 발전의 핵심 실천전술과 방향(안)은 다음과 같다.

- "융합과 글로벌 경쟁력을 갖춘 창작 교육으로 특성화와 NCS(PACS)의 기반 구축"
- 뉴폼 아트에 '선택과 집중으로 성과 중심주의' 지향.
- 성과는 전시, 공연, 공모전을 통해 취업률 제고에 기여
- 컬처허브(Culture Hub)와 연계한 교육과 지원으로 글로벌 지수 향상에 기여
- 지적재산권(IP) 확보를 위한 '초격차 콘텐츠' 생산에 주력

7-4. 주요 과제의 대책과 실행방안 1

교육환경의 급격한 변화에 능동적이고 적극적인 대응할 필요가 있으며, 무한 경쟁시대에 살아남기 위하여 혁신해야 한다.

다만 혁신의 주요과제는 수단일 뿐이다. 항상 '더 좋은 아이디어가 있다'는 'The Better Spirits'를 가져야 할 것이다. '좋은 게 좋다'(Good Job)는 생각은 버려야 한다.

NCS(PACS) 기반의 특성화된 교육과정 개편도 세계적인 명문대학으로의 목표를 달성하기 위한 체계이다. 신 한류 인재양성이라는 인력 양성 목적도 견지하고자 하며, 융합과 창작을 통해 교육과 창작은 모든 면에서 지속 가능한 성장을 담보해야 한다.

그렇게 하려면 다양한 관점의 창작방법론을 시행하기 위한, 또한 뉴폼 아트 창출 실현에 도전하기 위한 제도적인 장치로써 교육조직 개편을 위한 '학칙 개정'도 필요하다.

교육 철학적 관점에서 4대 발전지표가 나왔고, 학생들의 잠재적인 역량을 계발해 주기 위한 노력이 절실하고, 그것을 제도화해야 하기에 효율적인 학칙 개정이 긴요하다.

교육방법론에 대한 자신감, 미래발전에 대한 자부심을 구성원들이 다 같이 공유하고, 융화되어 시스템 경영이 되어야 하고 잘 시행되어야 하겠다.

4차 산업혁명 시대엔 STEAM교육을 기본으로 코딩교육의 의무화가 실시되며, 팬데믹 이후 시대엔 스마트 러닝으로 알려진 거꾸로 학습(flipped learning), 블렌디드 러닝, 캡스톤 디자인 등을 활성화 해야 할 것이다. 주요과제 선정과 대책은 환골탈태의 혁신이 되어야 할 것이다.

미국 노동부 보고서에 따르면 4차 산업혁명으로 지금 초등학생의 65퍼센트는 현재 존재하지 않는 직업에 종사할 것이라고 한다. 미래의 인간은 '평생학습자'로 공부해야 하며, 자신의 직업을 계속해서 바꿔가야 살 수 있는 '변신 로봇'이나 '다중 아바타'가 될 것이다.

이를 위해서 '예술은 무엇을 할 있는가?' 하는 질문을 끊임없이 던지고, 토론을 통해 혁신으로 이어지도록 해야 한다. 좀 더 혁신적인 내용은 무엇일까를 같이 고민하는 시간을 많이 가져야 할 것이다.

'마이스터 대학원 부문, 학부제 부문, 제도 부문, 학생 부문, 수업 부문, 교원 부문, 예산 부문, 공간 부문, 산학협력 부문, 동문회 부문, 국제화 부문, 미래예술 부문, 신사업 부문' 등으로 나누면 다음과 같다.

7-4-1. 마이스터 대학원 부문(설립인가 신청): 장인을 위한 장인의 도제 시스템

2021년부터 전문대에서도 석사학위를 줄 수 있는 마이스터대 시범사업이 수행되었다. 마이스터는 유럽의 마에스트로에서 나온 개념이며 장인을 말한다. 장인은 분야별 소수정예이고 고숙련 기술자이며 최고의 완성도를 자랑하며 명품을 생산하는 프로페셔널이다.

특히 예술성에서 누구도 모방할 수 없는 감수성을 표현하는 프로는 디지털 시대에서도 지켜나가야 할 최고봉이다.

마이스터(MFA) 양성은 '거장(巨匠), 명장(名匠), 대가'를 배출하는 명실상부한 전문대학의 최고의 명예이다. 한 치의 빈틈(바느질 땀)도 없이 천의무봉(天衣無縫) 같은 완벽한 장인정신을 구현할 때 도달할 수 있는 신(神)의 세계다. 쟁쟁한 예비 마이스터를 지도할 교수는 진정한 마이스터일 수밖에 없을 것이다. 글로벌 경쟁시대에 현장 업계에서는 최고만이 살아남고 승자독식이 새 규범이 되었다.

이런 사명감과 교육적 자신감과 창작경험의 3요소를 가진 예술대학만이 마이스터 예술장인을 양성할 수 있다.

마이스터의 탄생 요건은 첫째, 자신만의 정체성(암묵지)를 갖고 있어야 한다. 도전과 실험으로 탁마된 기술력이다. 둘째, 역량을 강화하고 직무를 고도화하기 위해 반복과 수정을 거듭하며 숙성시키는 정신력이다. 셋째, 장인을 존중하는 사회문화이다. 사회적 소외감을 이겨내고 최고가 무엇인지 끊임없이 자신과 대화하며 심화시켜온 태도이다.

이런 요건을 만족시키며 마이스터를 양성하려면 마이스터를 이해할 수 있는 안목과 실력과 비전을 갖춘 마이스터가 스승이 되어야 한다.

위대한 예술가들의 전기에 '살아있는 전설'(legend)들은 이런 역사를 만들어왔기에 감동을 전해준다. 사회를 진보시키는 원동력이고 인간의 의미를 깊게 하는 충전소이다.

디지털 시대에도 마이스터는 살아있어야 하고 양성되어야 지구촌 경쟁력이 생기고 삶의 가치도 심화될 것이다. 짧은 영상(short form) 소비에 익숙한 세대들에게도 '시간·공간·리듬·에너지·빛'이 융합된 진정한 예술의 세계가 있다는 것과 '창작의 희열'을 경험시켜 주면 동기부여에도 좋을 것이다.

서구에서 10,000시간의 법칙은 거의 10년 각고의 시간을 투자했을 때 얻을 수 있는 경지다. 생활의 달인도 거의 10년 직업생활의 결과라고 할 수 있다.

이런 '축적의 법칙'에서 우러나오는 에너지는 힘도 세고 오래 간다. 단순한 감동을 넘어 전율을 느낄 수 있는 세계가 열리는 것이다.

'스시'가 '사시미'(일본식 회)를 제치고 해양강국 일본의 대표 음식이 된 것은 치밀한 비법 때문이다. 우리는 스시를 '초밥'이라고 부르는데 '초'는 신맛, 밥은 쌀밥이라는 뜻이다. 이 '밥'이 '생선 맛'을 좋게 하기 때문이라고 한다.

그래서 '스시' 맛은 밥이 60%라는 말이 있다. 밥 무게와 생선 무게를 15g으로 같게 하고, 온도는 선도와 숙성을 좌우하니 제맛이 나게 해야 한다 등이 있다. 특히 '밥 짓기 3년, 스시 주무르기 8년을 해야 장인이 된다'는 말도 있다.

최고의 스시 탄생은 '밥과 생선의 융합이요, 시간의 숙성'이라고 할 수 있다.

이 명품을 만든 장인 요리사(chef)는 까다로운 재료 선정과 비결을 연구해야 할 것이다. 예를 들면, 초밥 한 점에 담긴 밥알이 몇 개가 적당할까? 점심시간에 식사용으로 먹을 때는 320알, 저녁 시간에 술과 안주를 함께 먹을 때는 280알이 좋다. 조리법에도 장인정신이 있어야 한다. 장인은 디테일에서도 남달라야 최고가 된다는 걸 잊지 말라고 했다(시사저널).

과연 마이스터를 누가 가르칠 것인가가 숙제다. 단순한 기계나 기술로만 이룰 수 없는 경험과 지혜와 전수능력이 있어야 가능할 것이다. 특히 예술창작에서는 '창작을 통한 교육'과 '교육을 통한 창작'으로, 이론과 실습을 넘나드는 실천과 경험을 가진 기관만이 할 수 있을 것이다.

창학 60년 동안 예술 한 우물로 특성화 하고, 세계적 보편성을 획득하기 위해 인간 본성에 호소해온 저력이 중요하다. '종합예술창작의 원리'를 현대화 하고, 새로운 예술형식(New Form Arts)을 천착해온 대학만이 가능할 것이다. 과연 우리나라에서 누가 프로를 가르칠 수 있는가가 궁금하다. 프로는 창작의 비결에서 디테일까지 장인정신이 살아있어야 할 것이다.

결국 미래예술을 선도할 프로를 가르칠 수 있는 프로를 찾아야 한다. '진정한 마이스터가 예비 마이스터를 가르칠 수 있기' 때문이다.

이제 마이스터 대학원은 왜 서울예대인가에 관한 질문에 대답해 본다.

첫째, 예술에서 2등은 아무도 기억하지 않기 때문이다(Game Changer).
서울예대의 정체성(Institute)은 '창작의 예대'를 지향하며 전통예술혼을 현대적으로 재해석하고 실험적인 화제작을 생산하는 데 목표를 두고 있다. 이런 예술 '특성화'를 콘셉트로 해서 국제적인 경쟁력을 배양한다. 이런 교육목표는 '예술 시장에서 2등은 아무도 기억하지 않는다'는 시장논리를 알고 있기 때문이다.
결국 예술작품은 프로페셔널과 마에스트로가 최고의 작품으로 예술시장의 '게임 체인저'가 되는 수박에 없다.

둘째, 4년제 졸업생의 전문대학 재입학(U-turn)생이 10,000명을 넘었다.

서울예대는 정원 외 입학생이 정원 내의 60%가 넘는다. 이 학생들은 직업선택을 위해서든 자기재능 개발이든 예술전문대학의 가치와 효용성을 잘 알고 있기 때문이다. 이제 마이스터 대학원이 생기면 석사과정으로 입학하여 전문성을 가진 예술인재로 재탄생하게 된다. 예술장인이 되는 '숙성의 시간'을 거쳐 도제시스템 속에서 장인의 길을 가게 될 것이다.

셋째, 직무중심의 고도화 교육과정이 '고숙련 전문기술인재'를 양성한다.

수업 연한의 확대로 현장 창작인의 역량을 극대화하고, 직무 고도화로 성인 학습자의 재교육도 가능하다. 진정한 현장 출신 교수들이 프로페셔널의 진수를 강의할 것이다. 프로는 프로가 가르쳐야 한다는 교육관을 실현하고자 한다.

넷째, 국제화의 첨단기지인 '컬처 허브' 시스템을 구축했다.

'컬처 허브' 시스템으로 뉴욕과 이태리와 미국 LA와 인도네시아를 다원 연결하여 시간과 공간을 초월한 실험작품을 창작할 수 있다.

이는 텔레프레즌스 기술과 예술융합센터(ATEC)을 운영하며 명품 뉴폼 아트를 생산할 수 있다. 수업이 창작이고 창작이 수업인 '현장 밀착 교육'으로 '글로벌 콘텐츠 크리에이터 육성'의 특성화를 실천하고 있다.

다섯째, 4차 산업혁명 시대와 팬데믹 이후 시대의 석사과정이다

첨단 디지털 기술과 비대면 교육이라는 패러다임 변화를 수용하고 새로운 창작 모델 '뉴폼 아트(New Form Arts)'를 생산할 시스템을 갖추고 있다.

예술창작의 빅데이터와 인공지능과 로봇을 활용한 교육으로 다양한 창작방법론을 실험함으로써 '미래예술의 전범'을 보여줄 것이다.

여섯째, 명칭 '뉴폼 아트' 마이스터 대학원(가칭)과 운영

학령인구 감소(2025년 이후 최대 40% 입학자원 감소 예상)에 대비하고, 고품질 창작을 위한 융합인재 양성을 목표로 한다. 기성 프로수준의 창작으로 'K-콘텐츠'의 메카로서 자리잡고, 남산 캠퍼스에서 '마케팅과 수익 창출 및 기금 유치(funding)'가 가능한 성과를 내도록 한다.

입학인원도 50명(전문학사 입학정원의 10%) 내외로 하여 독자 생존이 가능하게 한

다. 정원 감축으로 인한 등록금 회계 예산 축소는 전문학사의 '정원 외' 모집인원을 확대해서 극복할 수 있다고 생각한다.

참여전공(학부)은 대학중장기발전전략과 특성화계획 아래 교육과정 개편을 연계해야 한다. 우리 대학의 구조개혁과 대표전공을 강화하는 전략으로, 연기전공과 실용음악전공과 문예학부 및 디지털아트전공이 참여하여 디지털 세상의 종합예술을 지향하면 경쟁력이 배가될 것이다.

세부전공으로는 'Xtorytelling(스토리텔링)전공, Xpliedmusic(실용음악)전공, Xteractive(퍼포먼스)전공, Xtertainment Technology(엔터테인먼트 기술전공)'을 신설하면 좋겠다.

7-4-2. 학사학위 과정 부문: 학사학위(전공심화) 과정의 혁신

2015학년도 우리 대학 학사과정에 대한 '학사제도 개선 우수 전문대학 선정'을 위한 현장평가가 있었다. 최종 현장평가에서는 융합교육모형과 팀티칭 교수학습방법 제시, 3년간의 시범운영에 대한 성과, 이와 연결된 만족도 문제에 대하여 주된 평가를 이루어졌으며, 학부장, 학과장, 커리큘럼 디렉터, 담당 직원께서 열심히 자료를 준비하고 답변하여 좋은 평가를 받았다.

교육자로서 고민하고 있는 내용들에 대해 진술하게 대응한 결과, 평가위원들은 우리 대학의 융합교육모형이 다른 대학에 전파될 수 있는 중요한 교육 모델이라는 긍정적 평가를 하였다.

연계·순환·통합 교육모형은 우리만 고민하고 있는 것이 아니라, 다른 전공 분야인 평가단 교수들도 고민하고 있다는 사실을 확인하였다. 우리가 안고 있는 담론, 주제, 과제들이 우리만의 문제가 아니라 대한민국 교육에서 필요한 질문임을 확인하는 시간이기도 하였다.

그 결과 2021학년도 학사과정의 입시현황은 116명 정원에 360명이 지원하여 '3대1' 수준을 유지하고 있고, 매년 전국적으로 20개 내외의 대학 출신이 응시하고 있다. 지원자가 많은 순위는 인기 전공인 연기·연극·영화·방송 전공 다음으로 광고창작 전공이 5위권을 유지하고 있다.

업계에서 광고창작 전공의 학력 요구수준이 높고, 타 대학의 광고홍보학과와 차별화된 교육과정 때문이라고 생각한다.

이제 직업예술인을 넘어 창작예술인 급의 자질을 함양하고 향후 '앙뜨레프레뉴어'로 창업의 길을 갈 인재를 양성해야 한다. 그 첨병으로 육성하고 지원해야 할 학사학위 과정이다. 우리 대학의 '질적 양적 확장의 보검(寶劍)'임을 재인식해야 할 것이다.

학사학위 과정에서 루틴과 이노베이티브의 구분과 혁신전략을 세워야 한다. '생각에 관한 생각'*의 사례처럼 '빠른 생각'(thinking fast)과 '느린 생각'(thinking slow)의 대상을 구분하여 장기전략을 세워야 한다. 대학원 수준의 도제식 수업을 강점으로 하는 학사학위과정을 특성화시켜야 우리 대학의 정체성을 살리고 차별화하는 길이라고 생각한다.

또한 '3+1' 학제의 정착과 특성화를 위해 학사과정 혁신에 '예산확대'가 필요하고, 학사학위 과정 전담 책임교수를 임용하여 질적 성장을 도모할 수 있는 투자가 있어야 한다.

① 학사학위(전공심화)과정의 전담교수 임용이 필요하다

지금 운용하고 있는 체계로는 질적성장에 한계가 있다. 그 이유는 다음과 같다.

첫째, 과정의 목적과 목표를 재설정해야 한다. 학위과정인지 심화과정인지를 명확히 선언해야 한다. 목적이 다른 다양한 수요자의 욕구를 충족시키기보다는 학교의 의지와 목표를 설득하는 게 중요하다. 프로페셔널 양성이라는 목표를 입학요건에 명시하고 일체의 학습 방해요소를 제거해야 한다.

둘째, 등록금 전액장학금(full scholarship) 확대이다. 우수 학생에게는 학업계획서의 수행정도에 따라 장학금 혜택을 부여하여 수업몰입 효과를 볼 수 있게 해줘야 한다. 최우수 학생에게는 생활비까지 지원하는 파격제도를 실시해야 한다.

---

*   대니엘 카너먼, 이진원 역 (2012). 생각에 관한 생각. 김영사.

셋째, 교과목의 개설을 세분화하고 전공 밀착도를 제고해야 한다. 특히 심화과정을 원할 경우, 개인의 '전공연구' 과목을 3학점에서 6학점으로 강화하고 지원해야 한다.

넷째, 지도교수와 함께 평생 동안 창작(연구)의 동반자 효과를 주고, 일반 대학원 수준의 프로그램을 공급하여 '멘토 역할'을 충분히 제공해야 한다. 차세대 스타 발굴의 회열을 맛보게 해야 한다.

② 학사학위(전공심화)과정의 '정원 외 정원'의 완전 자율화가 요구된다

최근 대학사회에서는 학령인구 감소에 따른 입학정원 감축이 대학구조개혁의 현안으로 떠올라 있다. 찬반양론으로 갈라져 있는 대학구조개혁은 '우물 안 개구리' 식의 발상으로는 해결하기 어렵다. 외부평가나 컨설팅보다는 현실적인 대응책으로 신입생 입학자원을 다원화하는 외국인 전형의 자율화가 시급하다.

특히 전문대학의 학위과정은 2, 3년제 전문학사과정과 전문대 졸업자를 다시 전형하는 학사학위(전공심화)과정이 있다. 이 가운데 유독 전공심화과정만 입학정원을 전문학사과정의 20%로 제한하고 있다.

또한 모든 대학에 자율화 되어 있는 '외국인의 정원외 전형'을 '학사학위(전공심화)과정'에서도 전면허용해야 형평성에도 맞다. 이는 교육부의 시행령 개정이나 지침 개정이 되어야 할 사안이지만 아래와 같이 이유를 들어 설득해야 할 것이다.

첫째, 대학구조개혁의 핵심은 대학의 경쟁력과 질적 특성화가 되어야 한다.

융합으로 이종교배 학문이 일반화 되고 있는 시대에서 우수 외국인 입학은 필수가 되어야 할 것이다. 내국인 신입생만을 끌어오기 하는 양적 호구책보다는, 입학자원 자체의 질적 다양성을 키우는 전략이다.

모집정원을 크게 줄이지 않고도 신입생을 충원할 수 있는 외국인 입학생은 대학의 국제화 지수와 학생의 글로벌 마인드를 제고하고 재정적으로도 크게 도움이 되고 있다.

둘째, 학사학위(전공심화)과정의 '외국인 전형'을 포함한 '정원 외 정원'의 자율화는 전문대학의 생산적인 독립선언이다.

세금으로 주는 국가장학금, 학자금대출, 재정지원 사업에 투자되는 국가예산에 의존하지 않으려는 자구노력이다.

학사학위(전공심화)과정의 외국인 전형과 정원외 정원의 허용은 고등교육법 시행령에도 나와 있기에, 학사학위(전공심화)과정의 '손톱 밑 가시 뽑기' 차원에서 전향적인 검토가 필요하다. 일부 외국인 유학생의 이탈 문제는 법적 단죄가 가능하므로 구더기 무서워 장 못 담그는 접근이 되어서는 안 된다.

셋째, 예술대학의 학사학위(전공심화)과정에는 한류의 영향으로 외국인 학생 수요가 대폭 확대되고 있다.

그래서 외국인 전형의 자율화가 더욱 절실하다. 중국과 동남아 국가의 우수 학생이 한국의 예술대학에서 전공을 심화하려는 '인바운드(inbound) 수요'가 폭증하고 있다. 구체적인 유학생 선발방법과 파견에 대해 심도 있는 논의가 진행 중이었지만, 학사학위 여부로 좌초되는 사례가 많다. 해외에 있는 '세종학당'의 한글 프로그램 수강자가 대폭 늘었다고 한다.

지금은 외국인 유학생을 한류 확산의 동반자로 심화 교육시켜야 할 때다. 유명 기획사가 외국인 스타를 육성하여 현지화에 성공시킨 사례가 많다. 모든 오디션과 프로그램은 글로벌 경쟁이기에 선제적인 타이밍이 중요한데 우리나라가 스스로 발목을 잡는 기회손실이 생겨서는 안 될 것이다.

학사학위(전공심화)과정 모집에서 '외국인의 정원 외 전형' 완전자율화는 대학도 살고, 국가예산도 아끼며, 외국인의 한류 교육 수요를 해소하는 개혁의 하나다.

전공심화과정은 그동안 보이지 않는 차별대우를 받아온 전문대학이 고유의 존재감과 경쟁력을 발휘하고, 세계일류 스타를 양성하기 위해 '전공을 심화하는 과정'이기에 자율화의 때를 놓치지 않길 바라기 때문이다. 이런 강점을 꾸준히 교육부에 건의해야 할 것이다.

③ 글로벌 레지던스(residence) 교수 파견과 컬처 허브 현장실습 필수화이다

글로벌 컬처허브는 과연 무엇을 해야 할까? 우리 대학의 특성화 목표가 글로벌 예술인재 양성이기에 제도적으로 지원해야 하는 전략을 가져야 한다. 뉴욕, L.A, 이탈리아 스폴레토, 인도네시아 등에 있는 컬처허브의 창작 전진기지를 지금보다 더 적극적으로 활용하고 새로운 '창작(교육) 플랫폼'으로 육성할 필요가 있다.

특히 뉴욕과 L.A 컬처허브를 각각 공연학부과 미디어학부의 글로벌 현장실습 기관으로 지정하고, 학점이수 프로그램의 개설 및 필수과목으로 지정해야 할 것이다.

또한 현장실습 기관으로 지정함에 따라서 예산을 지원하고 유연학기제를 도입하여 '1년 3학기제'로 운용하면 좋겠다. 현행 '1년 2학기제'로는 학생의 수업권에 관한 기회손실이 크다고 본다.

학생들이 '한 학기, 한 작품' 창작에 온전히 몰입하고, 수업과제 부담을 줄이기 위해서도 다학기 운영이 효율적이고 교육적이며 학습적이다.

학습효과를 얻기 위해서는 한 학기를 온전히 투입해야 하기 때문이다. 한 학기에는 '해외 현장실습'에 전념하고, 나머지 두 개 학기에 국내에서 학점을 이수하면 이론과 실습을 경험한 예술가적 안목을 함양하고 경쟁력을 도모하는 기회가 될 것이다.

현장실습 학생을 지도하기 위해서는 우리 교수를 해외 '컬처허브에 레지던스 교수'로 파견하는 제도를 병행해야 할 것이다. 글로벌 레지던스 교수는 3가지 주요 임무를 수행해야 한다.

첫째, 현장실습 학생을 지도하고 국내와 연계수업을 지원해야 한다. 그리고 해외에 체류하면서 현지 프로페셔널들과 협업으로 새로운 프로젝트나 연구 과제를 수행하면 가시적인 성과를 낼 수 있을 것이다.

둘째, 최신 예술 경향과 새로운 실험 창작을 시도하여 국내에 소개하는 창구 역할도 할 수 있을 것이다. 글로벌 콘텐츠 헌터(global contents hunter)가 되는 것이다.

셋째, 현지에서 생산된 각종 창작물을 국내에 수입하여 공연이나 미디어를 통해 발표한다면 우리 대학은 국내 예술대학의 선도자로서 리더십을 발휘하는 효과를 얻을 수 있다. 뉴욕 라마마(LAMAMA)의 콘텐츠를 라이선스로 교환하여 공연하면 좋을 것이다.

넷째, 세계는 정치 경제적으로 미국과 중국의 G2 중심으로 재편되고 있기에,

문화예술계에도 큰 영향을 미칠 것이다. 국제예술계의 흐름에 대응하기 위해서 '베이징 컬처허브'도 신설해야 할 것이다.

7-4-3. 제도 부문: 학부(세부전공)제의 혁신

우리 대학은 특성화와 교육목표를 달성하고, '변화의 시대'를 앞서가기 위해 교육조직을 학부(세부전공)제로 개편하고, 2015학년도 입시전형부터 적용했다.

2017년은 학부(세부전공)제의 3년 편제가 완성되는 해이지만, 여러 가지 성과와 보완점을 찾아내는 시기이기도 하다. 학부제의 완성도를 제고하기 위해 여러 가지를 성찰하고 토론해야 할 것이다.

우리 대학은 학부제에 관한 명확한 '교육철학'을 바탕으로 소신있는 교육조직을 만들어야 한다. '창조적 파괴'를 통한 혁신으로 관점의 전환을 해야 한다.

① 과연 우리 대학의 학부제 실현율과 정착률은 몇 %인가?

혁신의 로드맵 상으로 본다면, 2017학년도에 학부(세부전공)제 교육편제는 완성되었다. 그런데 아직도 제도적으로나 심리적으로나 학부(세부전공)제의 정착은 미완성이라고 본다. 조직, 교육과정 등 교육과정의 하이어라키는 준수하고 있는가? 교육과정의 목적성(창학이념 연계), 교과목 간의 연계성, 교육 수요자의 수용성 정도, 사회 수요를 반영한 산학협업 정도 등의 완성률은 얼마인지 명확하지 않고 일정도 명쾌하지 않다.

신학기에 학부제 개편을 위한 적극적인 부응이 필요하지 않을까 생각한다. 조직이나 정책이 변경될 때는 엄청난 후속 조치가 필요하다.

전공부터 시작해서 학칙, 규정, 시스템, 교수 임용, 교육과정, 공간, 예산까지도 기본적으로 정비해야 하며, 더 중요한 것은 소프트웨어에 해당되는 구성원의 인식 변화, 패러다임의 혁신 등이 더욱 절실하다.

조직의 경쟁력은 "방향"과 "속도"라 하겠다. 학부제라는 방향과 정책이 정해져 있으므로 구성원 모두가 방향과 정책을 실행할 수 있는 여건을 만들고 정착시켜야 하겠다. 그래야 멀리 갈 수 있는 지속가능성이 확보된다고 보기 때문이다.

대학 구성원 모두가 학부제 조기 정착이라는 특명을 완수해야 하겠다. 학부

(세부전공)제는 목적이 아니라 수단일 뿐임을 알고 있지만, 융합의 핵심이고 강력한 정책의지를 공유하지 않으면 개혁 피로감만 쌓일 것이다. 누가 방아쇠(trigger)를 당기길 기다릴 것인가?

우리 대학 특성화 목표는 글로벌 예술인재 양성이다. 우리 대학 정책 방향이 글로벌이며, 이러한 특성화를 위한 구체적인 액션 플랜과 예산지원, 실행이 특성화 사업 등을 통해 이루어지고 있다는 사실을 잘 알고, 이런 방향성에 맞게 구성원들이 참여해야 할 것이다.

② 학부(세부전공)제는 융합과 글로벌로 가는 전략적 선택이다

거의 모든 분야와 사람들이 융합과 글로벌을 외친다. 한국의 현대예술도 이런 트렌드를 반영해서 '융합'과 산업화를 위해 '글로벌' 등을 주요 이슈로 주장한다.

우리 대학은 창학 60년 동안 줄기차게 융합과 글로벌을 주창해왔고, 안산 캠퍼스 이전 후인 2,000년 전후에 명문화해서 특성화 개념으로 '융합과 글로벌'을 공표했다.

학부(세부전공)제는 그 특성화 목표를 실현하기 위한 최선의 전략적 선택이어야 한다.

③ '예술에서의 융합'이란 무엇인가?

먼저 융합은 '뉴폼을 위한 화학적 연계'라고 생각한다. 융합은 예술미학을 만들기 위해 '창조적 파괴'를 하는 혁신의 과정이라, 단순한 '물리적 연계'와 다르다고 본다. 그 과정 속에서 남들이 하지 않는 '희소성'을 찾고 '전문성'을 담을 수 있는 미학창조이다.

희소성은 형식이고 전문성은 내용이라고 할 수 있다. '낯설게 하기'효과와 '예술가만이 표현할 수 있는 담론'이라고도 할 수 있다. 희소성과 전문성은 우리의 인재양성 유형이기도 하다. 4장에서 언급한 'VRIO 분석'과도 연계되는 의미다.

우리 대학은 이런 인재가 경쟁력을 갖기 위한 교육(창작)방법론을 학습시키는 기관이다. 인재는 직업예술인이든 창작예술인이든 희소성과 전문성을 가져야 한다. 희소성(형식미)과 전문성(내용미)은 '창조적 파괴'라는 발상의 전환에서 길러진다.

발상의 전환은 세상의 모든 사건과 사물을 '거꾸로 보는 방법'이나 '다르게 보는 방법'으로 질문하고 토론하는 '학습'(學習)이다. 전통적으로 '가르치는 교육'이 아니라, 현대적으로 '스스로 해보는 학습'이다.

우리 대학은 그 학습을 도와주는 코치(coach)이지 티처(teacher)가 아니다. 스스로 배우게 하고 서로 섞이게 하는 제도적 장치로 우리 대학은 '학부(세부전공)제'를 선택했다. 그 성과가 변화의 시대에 '신의 한 수'가 되도록 우리 공동체 구성원 모두가 노력해야 할 것이다.

'글로벌'은 우리 예술의 현대적 재해석으로 세계적 보편성을 획득하겠다는 의지라고 본다. 시간과 공간을 초월한 뉴폼이 만들어 지고 인류의 공감을 얻게 된다. 공감은 인류공영의 기반이 되고 그 성과의 열매로 레퍼토리가 되고 산업화가 따라온다.

산업화라는 수익모델이 되면 새로운 뉴폼을 만들 재투자가 이루어지고, 우리 대학의 지속가능한 성장도 보장될 것이다. 예술적 공감의 세계가 확장되는 기회를 얻게 된다.

④ '교수다운 교수'가 되어야 한다

우리 모두 '교수다운 교수'가 되고 서울예대 3.0 시대의 역사를 바꾸는 동력이 되어야 하지 않을까? 끊임없이 이어지는 '질문과 토론'을 위해서 교수는 지금보다 더 많이 공부해야 한다. '교수의 노블리스 오블리제'(nobless oblige)라고 하겠다.

자신만의 대표 강의를 개발하고 연구업적과 학습방법을 제안해야 할 것이다.

새로운 학습방법을 실험하고 융합인재가 학습하는데 도우미(tutor)가 되어야 한다.

사회적 영향력이 높은 뉴폼을 창작하여 예술적 미학적 감동을 전하면서 우리 삶을 풍요롭게 만드는데 기여해야 할 것이다.

우리 대학은 이런 교수의 교육(창작)활동에 제도적으로 적극 지원하고 응원해야 한다.

⑤ 교육과정인 PACS는 어떤 구조인가?

교육과정인 PACS(Professional Artist Competence System)는 어떤 구조인가에 대답할 수 있어야 한다. '선(先) 계열확장, 후(後) 전공심화'인가? 거꾸로 '선(先) 전공심화,

후(後) 계열확장'인가의 차이다. 명쾌한 선택이 있어야 혼란스럽지 않게 된다.

우리 대학의 교육과정 운영체계를 보면 '선(先) 계열확장, 후(後) 전공심화'이다. 1학년 기초과정과 예술적 토양을 가꾸는 예술인의 능력배양의 시작이다. 2학년은 전공핵심 능력을 양성하는 시기이다. 3학년은 세부전공 능력의 심화단계이다. 4학년은 융합형 창작예술인 학습기간이다.

이렇게 '목표-교수-교육과정'의 체계 아래에 현행 학부(세부전공)제의 보완책이 나와야 한다. 우리 대학의 주장이 수용자(학생)와 산업체에서 어떻게 받아들여지고 있는지 살펴야 하기 때문이다.

취업과 산업계 수요를 안다면, 학부제가 잘 운용되지 못하는 이유의 일부도 해결될 수 있다고 믿는다. 아래와 같은 아홉 가지 숙제를 조사하고 분석해야 한다.

첫째, 학부(세부전공)제 시행 직전인 '2014학년도와 2017학년도의 비교'이다.

둘째, 학생의 만족도 조사가 필요하다. 교육 수용자들이 느끼는 체감지수가 얼마인지 알아야 하기 때문이다.

셋째, 개선사항은 무엇이고, 문제가 개선되면 학부(세부전공)제를 수용하겠는가에 대한 조사이다.

넷째, 산업체 요구조사이다. 직업예술인 양성으로 현업 적응력을 키워야 하기 때문이다.

다섯째, 최고 경영자의 학부(세부전공)제에 대한 교육철학이 무엇인지를 명확히 해야 한다. '대헌장'이 없어 우리 학부(세부전공)제는 가건물 같은 '약한 연대'에 머물러 있다.

여섯째, 학부(세부전공)제를 보완한다면 창의적인 특성화 전략은 무엇인지를 밝혀야 한다.

일곱째, 학부(세부전공)제의 목표를 구체적으로 규정해서 평가할 수 있어야 한다.

여덟째, 자율전공제를 도입하여, 뉴폼 아트(NewForm Arts)의 가능성을 제고해야 한다.

아홉째, 학부장에게 권한과 책임을 부여해서, 인사권과 예산권을 대폭 양보해야 한다. 학부장에게 권한의 위임이 조속히 이루어져야 한다. 또한 학부장은 '창작의 예대'에서 주역이 되어야 한다.

그런데 학부(세부전공)제가 조기에 정착하지 못하는 또 다른 이유가 무엇인가? 솔직하고 말하고 내밀하게 살펴서 제도를 보완해야 할 것이다.

첫째, 학부(세부전공)제를 반대하는 교수가 많아서 그렇지 않은가? 교육과 창작관의 차이 때문에 생기는 불가피한 상황인가? 혹시라도 복지부동은 아닌가?

둘째, 아직은 학생들이 제도의 장점을 이해하지 못하고 있지 않은가? 기존 전공의 선배를 찾고 개인의 능력보다는 '동문의 네트워크'만을 활용하려는 생각인가?

셋째, 최고경영자와 학생 및 교수의 인식차가 크지 않은가? 경영상의 예산과 교육상의 창작 가운데 무엇을 우선순위로 할 것인가의 문제인가?

이런 조사나 조치와 함께 선행되어야 할 사항은 다음과 같다.

- 전공 내의 세부전공의 교육과정이 구별되지 않는다.
- 학칙, 규정, 관련 시행세칙 등이 아직 미흡하다.
- 아르바이트 시간을 줄일 수 있는 장학금과 복지 확대가 필요하다.
- 학생과 교수의 개인별 재교육과 설득이다.

특히 학생의 수학태도가 '학위' 취득이냐 '융합창작' 학습이냐의 선택이다. 이런 기준은 입학전형에서도 엄격히 적용해야 한다.

전형방법 중 전형위원 평가에서 '동일 전공 교수'의 '동일 전공 학생'의 평가는 배제하고, '비동일 전공'교수의 평가를 중시하는 원칙도 중요하다.

'창작의 예대'에 맞는 '인재의 잠재성'을 보고 선발해야 한다. '학업계획서'도 학교에 대한 학생의 약속이기에 주요한 기준이다.

⑤ 학부제로, 평균 강좌수는 20% 내외 증가, 강사료 2억원 내외 증가

예산상으로 보면 2017년의 경우, 2014학년도와 대비하여 시간강사료 증가액은 시수 505시간 증가에 강사료 35,000원(20년 이상 경력자는 50,000원)을 곱하면 1억 8천만원에서 2억5천만원 내외이다. 강좌수는 1학기 113% 증가, 2학기 127% 증가다.

앞으로 시간강사는 1년 계약이 법제화 되었다. 강사에게 퇴직금을 지급해야 하며, 개인당 기본 시수는 학기당 6~9시수로 증가시켜야 한다. 300명 내외의 강사의 임용과 해임 방법도 인사위원회의 심의를 거치고, 전임교수 수준의 엄격한 절차를 준수해야 하기에 행정인력의 보강이 필요해진다.

아무튼 제도변화에 시행착오를 막고, SWOT분석, 5-FOECES 분석, VRIO분석 등을 활용하여 경쟁력 있는 예술대학교가 되고, 다른 대학이 예술분야의 유사학과(전공)을 새로 만든다고 해도 운용하기에 어렵기 때문에 우리 대학이 혁신적으로 잘 만들어야 할 것이다.

● 학부(세부전공)별 정원제 폐지 및 자율전공제 도입

'서울예대인을 뽑느냐?, 세부전공인을 뽑느냐?' 이는 '계열 확장'과 '전공 심화'와 연계되는 주요한 목표라고 할 수 있다.

미국과 일본 등 선진국은 학과를 정해놓고 대학에 입학하지 않는다고 한다. 우선 대학에 가서 기초 과학과 교양을 배운다. 기초 교양 과목을 이수한 뒤에야 자신이 원하는 전공을 선택한다. 전공 선택에는 제약이 없다. 대학은 학생이 원하는 것을 학습시킬 의무가 있다. 교수가 학생정원을 이유로 전공 선택을 제한해선 안 된다.

현재 학과 시스템은 19세기에 만들어진 것이다. 지금 전공체계도 19세기 산물이다. 우리는 21세기에 살고 있는데 전통적인 가치관에 매달리는 사람이 너무 많고, 어느덧 그게 기득권이 되어 버렸다.
ICT(정보통신) 기반 사회에서는 당연히 ICT 관련 전공자에 대한 '니즈'가 높다. 이미 스탠포드 소속 대학생의 45%가 전공과 상관없이 ICT 관련 학문을 배우고 있다고 한다.

진정한 혁신은 기득권을 양보하는 데서 나온다. 학생들이 원하는 전공, 학문을 탐구하지 못하게 하는 것은 잘못됐다. 학생은 희망하는 전공에 따라 자신이 배울 수 있고 교육 여건이 잘 돼 있는 곳으로 진학하길 바란다.
특정 학교 배지를 달기 위해 원치 않는 전공을 선택하는 것은 옛날 방식이다.

과감하게 학부(세부전공)별 입학 정원을 철폐하고, 자율전공으로 선발하는 혁신을 이루어야 한다.

우리 대학은 입학전형에서 과도기에는 '학부(세부전공) 정원의 50%를 사전 선발'하고, 2학년 진학 시 50%를 자율선택으로 돌린다. 인기 전공에 몰릴 경우에 대비하여 공정한 선택기준과 자격을 정해놓으면 될 것이다.

장르별 최고의 인재가 지원할 가능성을 제고하는 정책이라고 생각한다. 또한 경쟁력이 있는 세부전공을 시장 수요에 맞게 선별할 수 있는 부수효과도 얻을 수 있을 것이다.

특성화 목표에 맞는 융합 예술인재를 양성하려면 '자율전공제'를 조속히 도입할 필요가 있다. 가시적인 혁신과 경쟁을 통해 학생의 질적 수준을 향상시키는 성과도 있을 것이다.

● 부전공 의무화

학부(세부전공)제 정원 철폐와 연동해서 부전공 이수를 의무화 하는 제도를 도입해야 할 것이다. 우리 대학의 연계순환통합 제도를 실질적으로 적용하는 학사제도이기 때문이다. 융합인재 양성목표와 멀티 플레이어 양성목표를 위해서도 부전공제는 꼭 필요하다고 본다.

이수학점 배정과 공연학부와 미디어 학부를 넘나드는 '학부(장르)초월형 부전공 이수'를 권장하는 게 혁신적이고, 선도 예술대학으로서의 리더십이다.

한국과 독일이 인구 및 산업 구조가 유사한데 착안한 현대경제연구원의 보고서*는 시사하는 바가 크다. 예술교육 분야의 특이성을 감안하더라도, 두 나라 청년실업률의 큰 차이를 두고 보고서는 교육에서 원인을 찾았다.

한국 젊은 층은 고등교육 이수율이 69%나 된다. 반면 독일은 30%에 불과하

---

* 　현대경제연구원(2017). '한국과 독일의 청년 실업률 비교와 시사점' 보고서(2017.8.6.).

다. 고학력 청년들은 일자리와 전공 불일치 비율은 한국이 50.5%로 독일(35.7%)에 비해 상당히 높다(2016년).

직업교육을 받은 청년층에서 전공 불일치 비율은 한국이 45.8%로 독일(9.8%)의 4배가 넘는다. 어렵게 입사해도 첫 직장에서 1년 이내 이직하는 청년은 전체의 36.2%로 집계됐다.*

국내 교육시스템이 노동시장 수요를 제대로 뒷받침하지 못하는 것이다.

한국 청년들은 독일보다 일자리 경험도 부족하다. 학업 중인 청년 중에 학업과 일을 병행한 비율은 한국이 18.6%로 독일(47.3%)의 절반에도 못 미친다.

직업교육 중 견습제도로 일자리를 경험한 비율도 한국은 4.6%로 미미하지만 독일은 72.8%에 달한다. 기업들이 점점 더 경력직을 선호하는 추세인데 한국 청년층은 일자리 경험이 매우 부족한 것이다.

그러나 4차 산업혁명 시대에는 자율과 인공지능 시대이기에 사람의 일자리에는 상상을 초월하는 대변혁이 생길 것이다. 팬데믹 이후 시대에도 평생직장이 없고 평생직업도 없으며 변신만이 생존방법인 시대를 준비해야 하는 학생들에게 '구명정을 탈 수 있는 능력'과 '트랜스포메이션 하는 방법'을 배우게 해야 한다.

프로페셔널들의 드림팀에 프로젝트 별로 소속되어 협업하는 프리랜서가 일반화 되고, 프로젝트가 끝나면 해산하는 '긱 경제' 제도가 일상화 되지 않을까?

나머지 시간은 자신만의 여가를 즐기는 신인류의 탄생이다.

그런 신인류의 공감을 얻어야 하는 예술인이 되고, 미래사회의 주인공이 되기 위해서는 다양한 전공의 경험치를 학습하지 않을 수 없다는 것이다.

KBS 한국방송에서 프로그램 '명견만리'를 방영했을 때(2016년), '3-5-19' 숫자를 제시했다. 4차 산업혁명 시대에는 평생 3 가지 영역에서 5개 이상의 직업을 갖고 19개 이상의 서로 다른 직무를 경험하게 된다고 했다.

서울예대의 졸업생들에게 원용해본다면 어떻게 될까?

---

* 　세계일보(2017.10.2.). 한국노동연구원 보고서.

연기전공의 경우, 연극, 방송, 영화 3가지 장르에서 연기자, 배우, 탤런트, 이벤트 진행자(MC), 연출 스태프의 5개의 직종에서 연기자 관리, 연기학원장, 연기강사, 프로듀서, 매니저, 구성작가, 동화 구연교사 등의 19개 인접직무를 수행하지 않을까?

일찍이 '가수와 배우와 진행자의 삼위일체형' 만능 탤런트가 인기를 누렸고, 최근엔 직종의 경계를 넘나드는 연예인이 엔터테이너라는 별칭으로 수용자(관객)의 호응을 얻고 있다.

문화 산업현장에서 요구하는 인재상이 '멀티 플레이어'라는 말을 실감할 수 있는 키워드라고 하겠다. 세부전공 하나만 학습하여 문제해결 방안을 갖는 '톱니열쇠'가 되는 게 아니라, 다양한 직무를 해결할 수 있는 '마스터 키'가 되는 인재를 양성해야 한다.

뉴폼 아트를 창안하기 전에, '왜 부전공을 해야 하는지'를 현실적으로 보여주고 있다. 일생동안 직업과 영역을 3개 이상 바꿔야 하는 4차 산업혁명 시대이가 때문이기도 하다.

● 유연학기제 도입

우리 대학은 창작 실습과목 위주로 교육과정이 편성되어 있어 기말에 작품 발표가 몰려 스케줄 잡기가 어렵다. 학기말이 종료되어도 공연과 전시가 이루어지는 경우도 많다.

공연장과 강의실의 활용도와 효율성이 떨어지고 학생 개개인은 작품에 최상의 시간과 노력을 경주하기 어려웠다.

경직된 일정표와 학기말에 집중된 '공연 교통량집중' 때문에 혼잡도가 극에 달하고, 외부 공연장이나 촬영 기자재를 대여하여 불필요한 예산 낭비를 초래해왔다.

또한 작품의 완성도는 창작에 투입되는 시간에 비례할 정도로 스케일 업(scale up)하는 단계를 거쳐야 프로페셔널답게 발표할 수 있다. 그리고 글로벌 시대에 해외 현장학습과 연계하려면 학기 조정으로 수업권의 박탈을 예방하는 제도나 조치를 마련해야 할 것이다.

이런 측면에서 유연학기제 혹은 다학기제를 도입해야 할 시점에 왔고, 그 장단점을 세밀히 분석 할 필요가 있다고 본다.

우선 사전 제도정비와 준비 후, 앞에서 언급한 '1년 3학기제'를 강력히 제안한다.

7-4-4. 학생 부문: 우수 인재 입학전형

우리 대학은 입시경쟁률이 높아서 우열을 가리기 힘든 우수한 수험생 학생이 몰린다. 실력 차이가 없어서 누가 입학해도 좋을 정도다. 그래서 '올림픽 양궁 국가대표 선수'를 뽑는 과정을 참고하면 좋겠다. 특히 1988년 서울올림픽에서 여자단체전이 생긴 이후 2021년 도쿄올림픽까지 9연패를 달성한 기록이 있기 때문이다.

먼저 1년 전부터 지역별 '세 차례 선발전'을 치르고, 상위권을 대상으로 '두 차례 평가전'을 거쳐 4명을 뽑는다. 본선 진출자는 국가별 3명이라 최종 1명을 탈락시켜야 한다. 각 단계 마다 다양한 이유로 선정에 개입할 우려가 생기기 때문에 '투명성, 공정성, 실력(랭킹)'을 갖추지 않으면 안 된다.

세계선수권대회나 전 올림픽 우승자 같은 전관예우는 없다. 소위 '블라인드 채용' 방식 같은 것이다. '와일드 카드(wild card)'도 없다. 절차와 과정을 엄격히 하여 '타당성과 객관성'을 확보하는 숙성된 시스템으로 운영된다.

스포츠는 '각본 없는 드라마'라고 한다. 모든 선수가 페어플레이를 하듯, 선발도 페어플레이다. 과연 '5분 내외의 면접'으로 우수학생을 확정할 수 있을까?

2021학년도 전문학사 과정 입시전형(수시 · 정시 포함, 전원 내외) 현황은 다음과 같다,
'정원 내' 581명 모집에 19,656명이 지원하여 '34 대 1'의 경쟁률이었다. 최근 10년간 35대1 수준을 유지하고 있다. 총 입학생은 정원 내 581명, 정원 외 438명을 합해서 1,019명이었다. 예년 수준을 달성했다(부록1 참조).

2021학년도 최초등록률은 전체 평균 82%이지만, 무용(69%), 한음(65%), 시디(60%), 실내(56%)는 부진했다.

2020학년도 최초등록률은 전체 평균 89%였지만, 시디(68%), 디아(65%), 한음(62%)는 미흡했다. 물론 전체 등록률은 거의 100%이지만 다른 대학과 비교우위를

가늠할 수 있는 최초 등록률 관리는 요인분석과 대책이 필요해 보인다.

실음 · 연기 · 문창 · 영화 전공에서 '최초등록률과 입시경쟁률'에서 최고수위를 보여주고 있다. 이러한 추세가 고착되고 있으므로 다른 전공에서는 고민과 대책이 있어야 할 것 같다.

정원내 전형은 "최초 등록률"과 "충원합격 예비순번"으로 경쟁력을 판단할 수 있지 않겠느냐 생각하며, 전공간 격차가 심함을 알 수 있다.

'정원 외' 입시현황은 680명 모집에 2,880명이 지원하여 '4대1' 수준을 유지하고 있다. '전문대 졸 전형'의 정원은 각 전공 정원의 60%~80% 내외로 설정하는데, 2021학년도에는 562명에 4.5대1 수준이다. 각 전공별 경쟁률과 지원자 수가 편차가 심하다. 매년 전국적으로 50개 대학 출신이 지원하고 있다.

등록률은 전체 평균 96%이지만 시디(71%), 한음(66%), 공간(53%)은 부진했다.

정원외 전형은 합격자 발표 후 학과의 합격자 관리여부에 따라 결정될 수 있는 "합격인원 대비 등록률"도 매우 중요한 지표라 하겠다.

정원 내 경쟁력, 정원 외 경쟁력, 최초등록 및 예비충원 경쟁력을 종합한 학과별 입시 경쟁력에서는 실음 · 연기 · 문창 · 영화가 상위그룹, 극작 · 방영 · 연극 · 사진 · 광창 · 시디 · 실디는 중위그룹, 디아 · 무용 · 한음은 하위그룹으로 나타났다.

이 분석 결과는 2021학년도에 달라졌고, 일부 다를 수 있겠지만 취업률, 산학역량, 입시경쟁률, 충원율 등의 각종 평가지표가 반영되었다. 다만 객관적인 종합 경쟁력 분석은 아니며, 미래를 대비한 학부(세부전공)의 상대적인 참고사항이다.

정원외 전문대졸이상 전형 분석자료를 보면, 대학구조조정, 특성화 관련하여 입학정원 감축 계획이 중요하며, 전문대졸이상과 외국인 전형은 입학정원의 제한이 없기 때문에 우리 대학의 교육 역량에 따라 조절할 수 있다.

입학생 수의 약 60% 내외가 전문대졸이상 전형이라는 특성이 나타나 있다. 이 수치는 학령인구 감소와 수도권 대학의 정원 증원 정지 및 지방대 육성 차원의 억제정책으로 점점 감소하리라 예상된다.

전문대졸이상 전형에는 전문대 졸업이 46.3%, 4년제 대학 출신(수료 및 졸업)이 38%로 약 85% 이상이 전문대학과 4년제 대학 출신이다.

① 전문대졸이상 전형에 대한 집중적인 관리와 대책

전문대졸이상 전형에 대한 집중적인 관리나 대책, 입시제도의 개선 등이 필요하지 않을까 생각한다. 실음·연기·문창은 전문대졸이상 입학자원이 충분한데 특정 학과의 집중이 괜찮은지에 대한 내부 구성원의 지혜와 아이디어도 필요해 보인다. 다양한 대학 출신의 자원을 연계·순환·통합 교육으로 교류시켜 새로운 아이디어나 작품들이 창출될 수 있는 기회를 마련하는 것이 중요하다.

전문대와 대학 출신 입학이 많아야 하는 이유의 하나는 나이와 경험이 중요하게 작용하는 예술의 특수성도 있을 것으로 추측도 해보았다. 교육에서 전문대졸이상 입학생들이 이탈하지 않고 무사히 졸업할 수 있도록 지도해야 할 것이다.

우리 대학과 수도권 전문대학의 정원외 입학생 비율을 비교해 볼 때, 다른 대학은 입학정원 대비 정원외 입학생수 비율이 한자리수(평균 6.6%)이지만, 우리 대학의 정원외 입학생수 비율은 입학정원(581명)의 60% 이상~100%이다. 정원외 입시 경쟁력의 강점을 보여주는 동시에 학생규모에서 정원외 입학생수의 비중이 상당이 크다는 것을 알 수 있는 수치다.

전문대졸이상, 외국인 전형에 대한 연중 모집, 입학홍보정책 등의 대책이 마련되어야 할 것이며 외국인 전형은 우리 대학이 추구하는 글로벌 정책과 맞물려 우리 대학이 다져야 할 입학자원이 아닌가 생각된다.

② '외국인 입시전형'의 확대방안이 절실하다

또한 '외국인 전형의 정원'은 118명인데 일부 허수(의욕치)가 있고 언어소통 문제로 모집에 어려움이 있다. 물론 최종 등록률은 각 전공별로 차이가 있고, 학교 전체로 보면 외국인 학생의 등록은 극히 미미하다.

향후 국제화 경영과 융합창작을 위한 인재유치 전략과 홍보방안이 필요하다.

외국인 전형과 증원대책의 활용. 정원 외 정원 가운데 전문대 졸 이상 인적 자원은 미래 사회적 영향력을 과시할 잠재적 인력이다. 우리가 잘 육성해야 할 인재들이다. 재외국민과 외국인 입학생은 문화 교류와 국제화의 첨병이 될 것이다.

우리 국내학생에게는 다양한 가치관을 형성해 주고 국제화 마인드를 제고

하는 좋은 교육 기회가 된다. 하버드 대학교도 의무적으로 외국인 학생을 뽑는다. 이는 '국제화 지수'로 연결된다. 그 정책과 전술은 무엇인지를 검토해야 한다.

그러므로 우리 학부(세부전공)은 '왜 이런 모집인원 숫자를 갖게 되었는가' 하는 문제를 '내용적으로 분석'해야 할 것이다.

③ 입학전형 위원의 융합화가 절실하다

전략기획실의 특성화 정책에 'Global Leading Art Institute', 'Transfor-mation for Great Vision' 이라는 문구가 있었다.

이를 자칫 오해하면 막연한 구호로만 받아들일 수도 있겠지만, 미래와 비전, 특성화는 불가피하게 선택하고 수행할 수 밖에 없는 것이며 학부제 또한 이와 연관된다.

2015학년도부터 학부(세부전공)제로 개편되며, 2017학년도부터 학부제 전면 개편과 편제 완성이 이루어졌다. 이제부터 '학부제의 조기 정착'을 위해 입학전형 에서도 과감히 학부제 취지를 도입해야 한다.

학부제에서는 '한 지붕 한 가족'이 되어야 한다. 각 학부 내 세부전공이 벽을 가지고 과거 관행대로 전공만의 특성만 유지한다면 '한 지붕 아래 두 가족, 세 가족' 이 된다.

관점에 따라 다양한 의견이 있을 수 있다. 전공별 교수의 개별적인 관점도 있을 수 있으며, 대학행정적인 관점, 경영적인 관점도 있을 수 있어 오픈 마인드가 필요하며, 세상은 오픈 이노베이션이다.

우리 전공만이 베스트 우수인재를 선발할 수 있다는 접근보다는, 예술은 실험이며 새로운 도전이다.

우리가 그간 고민해온 것을 과감히 시행하여 교수들이 현장에서 동참하여 연계·순환·통합해야 한다. 적어도 학부내의 다른 전공 교수의 관점도 받아들인다면 우려하는 것만큼 우수학생 선발에 대한 장애가 없을 것이라 판단했기 때문에 전형위원 연계를 실행해야 한다.

자기 전공만 잘 뽑을 수 있다고 한다면 학부내 타 전공 교수께 섭섭한 말이 될 것이다. 전문 작품심사가 아니고 함께 가르쳐야 할 학생의 잠재력과 발전가능성을 보는 것이다.

자기 전공의 성에 안주한다면 '갈라파고스 신드롬'(Galapagos Syndrome)*에 빠져 도태하게 될 것이다.

문예창작 전공의 디지털스토리텔링 세부전공은 새로운 장르문학, 조선일보사의 New Wave 소설 공모, 판타지 등 트렌드와 창작 의도 등이 변화하면서 좀 더 경쟁력 있게 발전시키고자 제시된 것이다. 문예창작 교수도 개인적으로는 디지털스토리텔링 분야에 연구 활동을 하고 있는 것으로 알고 있다.

앞서 나가야 하고 퍼스트 무버(First Mover)의 역할과 도전을 권장하고 시도해야 한다.

세부전공별 필수로 이수해야 하는 과목 등 교육과정 설계 기준에 대하여 뉴 폼 아트를 창출해야 한다는 당위성에 대해 이해하고 협조를 해야 한다.

우리 대학 창학이념과 발전지표, 이와 연계된 학부(전공) 교육목표와 인재상, 또한 NCS(PACS) 기반 교육과정 개발과 관련한 인재양성 유형에서까지도 그간 계속적으로 학부(세부전공)와 논의해야 할 것이다.

경쟁률이 약한 전공의 대책과 함께 입시 전형방법의 비효율성 문제나 시간과 행정력의 기회비용 등 고려해야 할 사항이 많다. 그밖에 추가 검토사항들이다.

- 계열별 모집과 전과(轉科) 제도 검토(예, 실디전공 입학 후, 연극전공으로 졸업)
- 우수 인재 전형방법의 다양화(실기, 수능, 학생부 외 면접 내용의 혁신)
- 입시경쟁률에 따라 입학정원의 유동화와 예산 지원정책의 연계가 필요함.
- 우수 인재 조기 확보대책으로 '수시 모집인원 확대'를 검토해야 함(Pre-school System과 연계).
- 동랑청소년예술제의 확대 개편과 수상자의 가점 확대
- 외국어 특기자와 경영학 전공자, 수능 성적우수자 등에게 특별전형 기회부여

---

* 다윈이 발견했던 고유종들이 대륙에서 멀리 떨어진 갈라파고스섬에서 독자적으로 진화하듯, 최고의 기술을 가진 일본의 전자제품들이 내수시장에 안주하여 세계시장과는 단절되고, 국제 표준을 소홀히 하여 경쟁력 약화라는 치명적인 상황을 비유한 신조어(시사상식사전).

- 입학전형 관련 홍보 마스터플랜(Master Plan)과 연계한 입시예산 수립

● 우수 학생 육성방안: 교육과정 혁신과 연계

우수 인재라 했을 때 여러 사람들의 시각이 다를 수 있겠지만, 우리 대학에서 지향하는 우수인재상은 특성화에 잘 나타나 있으며, 바로 "글로벌 융합 인재"이다.

우수인재라고 하면 떠오르는 사람이 있다. 미국의 GE(General Electric Company)가 80~90년대에 쓰러질 때 오늘의 GE로 성공시킨 경영의 귀재, 최고의 경영자로 유명한 GE의 잭 웰치(Jack Welch) 회장이다. 그가 우수 인재에 관하여 언급한 것이 있다.

조직이 뛰어난 성과를 창출하려면 비전을 공유하여야 한다, 우수한 인재가 있어야 한다, 구성원에 대한 인센티브가 있어야 한다. 이 세 가지가 GE를 오늘날의 세계적인 기업으로 성공시킨 요인이었다.

굳이 우리 대학과 비교해 본다면 비전 공유는 창학이념과 4대 지표라 하겠고 우수 인재는 교수, 학생, 직원이며, 우리 대학 구성원 모두가 수월성 인적자산인 입시생을 선발해야 하고, 그 비중이 높은(모집정원의 83%) 수시 입시에서도 우수한 인재를 선발하기 위해 최상의 노력을 해야 할 것이다.

그 다음의 인센티브는 물질적 보상을 포함해서 정신적인 것까지 중요하다 하겠다. 위대한 승리를 위한 법칙으로 언급하여 보았다.

우리 대학에서 추구하는 우수인재 선발은 학사학위와도 연결되므로, 학사학위 우수 인재 선발에도 관심을 가져야 한다. 융합인재의 경우, 타대학 출신과 외국인에게 '혁신적인 개방정책'을 써야 할 것이다.

또한 시스템, 창작·교육·연구 지원, 학부제 교육과정 등이 종합적으로 잘 이루어지도록 발전시켜 나가야 하겠다.

● 필사적(必死的)으로 필사(筆寫)하라

문예학부 학생들은 작가수업의 하나로 명작을 그대로 필사한다고 한다. 정규교육을 받지 못한 작가 지망생 가운데도 이런 사숙(私淑)을 통해 역할 모델(role model)을 따라 하는 사례가 있다. 한 글자 한 문장을 쓰면서 생각하고 구조를 파악하고 테마를 발견해내는 과정을 통해 명작의 의미를 되새기는 것이다.

신자들이 경전을 필사하고, 애독자가 시집을 필사하며, 화가 지망생은 '모사'(模寫)부터 시작하는 이유를 생각하면 이해가 될 것이다.

필사라는 고단한 작업을 겪으면서 깊은 의미를 깨닫게 되고 문장력 훈련과 구조화 방법론까지 학습하게 되니 그 효과는 기대 이상으로 크다고 한다.

이런 숙련과정은 몸을 쓰는 공연학부 수업에서도 똑같이 적용될 수 있을 것이다. 매일 되풀이되는 몸 만들기는 '근육에 루틴(routine)을 기억시키는 시간'이요, 경험을 체화하는 과정이기도 하다. 불자가 '1,000배 고행'을 하면서 득도하려는 간절한 마음일 것이다.

영화 위플래쉬(Whiplash)가 주는 광기는 '깨져서 나오거나 깨고 나오거나'의 열정이 아닐까? 최고에 대한 집착으로 '손바닥에 피가 날 정도'로 자신을 향해 '채찍질'하지만 최고의 연주를 위한 집념은 '필사적(必死的)인 프로정신이라고 할 수 있다.

예술교육에서 중요한 '경험의 축적'이고 '축적의 시간'이다.

우리는 이런 기본적인 교육과정을 잘 수행하고 있는가를 매 학기마다 확인하고 점검해야 할 것이다. 미디어 예술교육에서 발상의 전환 수업도 거듭되는 시행착오를 이겨내고 세렌디피티(serendipity)의 경륜을 통해 직관력을 얻게 되기까지 부단히 연습하는 것이며, 결국은 필사적으로 필사하는 목적과 같을 것이다.

교양은 격조와 깊이감과 배려심이기에 하루아침에 이루어지지 않는다. 교양을 뜻하는 영어 'culture'의 원뜻은 '경작(耕作)'이고, 독일어의 'Bildung'은 '형성', '쌓아가는 것'이라는 뜻임을 보아도 알 수 있듯이, 여기에는 인간정신을 개발하여 풍부한 것으로 만들고 완전한 인격을 형성해 간다는 뜻이 포함되어 있음을 알 수 있다.

선천적으로 타고나는 것이 아니라, 부단한 노력과 학습을 통해 얻어지는 후천적 결과물이다.

예술도 '오래된 미래(현대성, modernity)'의 전통처럼 향기가 우러나야 공감의 넓이가 커질 것이다. 근대 유럽에서의 교양은 로마시대에 형성된 후마니타스(humanitas: 인간성)의 이상을 다시 일으키려는 것이었다.

그러나 기술의 우위가 결정적인 현대에서는 이것과는 다른 새로운 유형의 교양이 요구되기 시작하고 있다.

우리 대학은 이런 독특한 수업방식을 모든 교과목에서 창작방법론의 기초 (fundamental)로 고집스럽게 실행하고 권장할 수 있겠는가? 세인트 존스 대학교의 '고전읽기 100선'도 차별화 된 교육철학의 반석 위에서 수행될 수 있기 때문이다.

대학의 경쟁력은 이런 혁신적이고 확신에 찬 '코페르니쿠스적인 대전환'에서 나오는 것이라고 본다.

예술은 현실과 시대정신을 반영(反映)한다고 한다. 그런데 거울처럼 비추는 게 '뒤집을 반(反)'이다. 역설적인 한자어임에 분명하다. '시선 비틀기'나 '낯설게 보이기'와 같은 의미라고 하겠다.

이런 창의성의 기본을 교육과정의 혁신에 반영해야 할 것이다. 현실의 반영은 '거꾸로' 반영(反映)일 때 더 강하다.

● 우수 동아리 육성

전통적으로 제2의 전공으로 불리는 동아리 활동을 적극 권장하여 융합인재 나 'H형 인재'의 기본 특기로 육성할 필요가 있다. 비정규과정으로 학생의 자율에 맡길 게 아니다.

1,2학년 학생이 동아리 활동에 참여함으로써 생기는 수업결손과 학생의 과제 부담은 생각 이상으로 크다.

다른 수업에 결석하면 성적에도 영향을 미치고 과도한 연습으로 인한 심신 피로를 견디지 못해 수업 몰입도가 떨어지며, 다른 학생에게 미치는 훼방효과가 커 교수권과 학습권이 모두 피해자가 되고 있다.

이런 현상이 매년 반복되고 있지만 학생들의 동아리 활동 만족도가 크기에 해결책을 내지 못하고 있다. 이에 적극적으로 대학본부나 학부의 정규과정으로 흡수하여 창의적인 지원을 하는 방안을 검토해야 한다.

학교생활 안에 학습하게 되는 경험, '숨은 교육과정'(hidden curriculum)이기 때문이다.

또한 중앙 동아리 가입 숫자를 줄이거나 참여활동을 학점 이수로 인정해 주는 대안을 마련해야 한다.

물론 부전공제가 실시된다면 학생의 공감을 얻을 것이라고 확신한다.

학생 자치기구의 운영도 관리보다는 '지원과 응원'으로 관점을 바꾸면 학생의 동의를 얻을 수 있을 것이다. 아래는 연계되는 검토사항(안)들이다.

- 우수 동아리 활동의 해외 공연 특별 지원
- 동아리 작품의 창작 콘텐츠화에 예산 지원
- '예대 연연제'와 축제의 통합 및 특성화 발전방안
- '오징어 게임'류의 전통 게임 개발과 현대적 재해석 축제 개최
- '미디어 센터'(방송국+교지+학보) 통합의 의미를 소통과 교육(창작)에 연계

● '학생의 원니스(ONENESS)'와 창작지원금의 확대

교육 기자재와 장비 구입을 포함한 액수는 예산액 대비 8% 내외이지만 순수 창작지원금이 미흡하다는 생각이다(도표 12 참조). 개인별 실험실습비는 타 예술대학에 비해 많다.

다만 특성화 사업으로 기자재와 장비 구입에 별도 투자가 있었지만, 실험실습비가 전체 예산 대비 미미한 정도다. 투자 항목이 많겠지만 콘텐츠 플랫폼을 지향하고 글로벌 창작인재를 육성하는 특성화 전략에 비추어 많지 않다고 본다.

2021학년도 실험실습비 예산편성 및 배정 원칙과 지원계획은 다음과 같다.

첫째, 2021학년도 실험실습비 예산은 전년도 등록금 수입액의 3.7%를 편성하여 운용할 계획이다(학부/전공 실습비 2.1%, 공용실습비 1.6%).

둘째, 전공심화교육 강화를 위해 학사학위과정 2개의 학부에 공용실습비에서 등록금수입액의 1.9%씩을 추가(등록금대비 총 4%)로 지원할 계획이며, 우수한 콘텐츠 창작실습 집중 교육을 위해 각각 1,000만원씩 추가로 지원하여 우리 대학교 교육정책에 부응할 계획이다.

셋째, 학부/전공별 실습비 지원의 형평성 확보를 위해 제작실습 수강신청인원(전년도 기준)에 따라 실습비를 이관 배정하고, 수강신청 정정 후 수강신청인원을

파악하여 실습비를 재배정, 지원할 계획이다.

넷째, 창작실습교육지원사업에 100,000천원을 편성하였으며, 1차 젊은창작 9개의 사업을 선정하여 45,950천 원을 지원하기로 결정하였음. 2차 신청은 7월 중 재공지하여 진행하고자 한다.

표 2. 실험실습 예산편성 현황(2021학년도)

2020학년도 등록금 수입액(A)	2021학년도 예산총액 (B)=(A×3.7%)	예산 지원 계획(금액단위:원)			
		구분		금액	비율(%)
25,401,292	939,848	학부/전공 실험실습비 (2.1%)	2021-1학기	271,070	28.84
			2021-2학기	262,358	27.92
			소계	533,428	56.76
		공용 실험실습비 (1.6%)	학사학위과정 특별지원	39,893	4.24
			예술창작기초학부	10,000	1.06
			창작실습교육지원사업	100,000	10.64
			일반공용실습비	56,527	6.02
			소프트웨어 임차료	170,000	18.09
			실습기자재 수리비	30,000	3.19
			소계	406,420	43.24
			합계	939,848	100.0

2021학년도 창작실습교육지원사업 지원 계획은 다음과 같다.

일반 조직(기업)의 연구개발비와 비교는 무리겠지만, 10% 이상도 욕심이겠지만 과감한 원천 소스 개발과 미래 지속가능한 성장을 위한 투자로 보고 과감한 경영전략이 요구된다고 하겠다. 현행처럼 루틴(routine)에만 안주하지 않고 자기주도적인 '젊은 창작' 프로젝트에 추가개혁을 제안하고자 한다.

뉴폼 창작과 글로벌 제안형과 융합형 연계시스템을 활용하는지를 평가 기준으로 삼아야 할 것이다. 특히 이념과 혁신적인 발상을 주요시 해야 할 것이다.

또한 '선택과 집중 효과'는 필히 적용되어야 한다.

첫째, 학기 중 창작이다. 현행 공연작품의 경우 주인공을 공개 오디션으로 뽑고, '젊은 창작실습'이나 '학사학위 과정의 '융합 창작실습'처럼 경쟁을 통해 뉴폼 아트를 지향하는 우수작에 제작비를 투입하는 건 계속해 나가면 좋겠다. 다만 '글로벌 융합 창작' 공모전으로 발전하면 좋겠다.

둘째, 방학 중 창작이다. '학생의 원니스(ONENESS)'를 만들 기회를 주는 새로운 제안이다. 우리 대학 최고의 신예들이 펼치는 '뉴폼 아트의 경연장'으로 확산시키는데도 효과적이다.

학생들에게 학기 중에 수업부담을 덜어주어야 하기에 시기는 '방학중'이라야 한다. 다양한 인턴 생활이나 현장학습이 있지만, 창작 욕구가 강한 학생은 자기가 하고 싶은 창작에 다걸기(all in) 할 수 있는 기간을 갖게 된다.

VIP(Vacational Intensive Program)로 명명하여 자발적 창작실험을 하는 것이다. 이 '학생의 원니스'(ONENESS)는 학부장 3인의 승인이 필요하고 '뉴폼+기술+독창성'의 조건을 평가해야 할 것이다.

이 작품 창작은 소방차나 구급차가 막힌 도로에서 '사이렌'을 울리고 달리면, 차량들이 '모세의 기적'을 만들어 길을 터 주듯이 '특별 창작 지원금'을 파격적으로 배정해야 한다.

향후 미래 스타의 등용문으로 활용하면 인재양성 목표를 달성하는 것이기도 하다. 이런 창작지원금의 확대는 투자효과(Return Of Investment)가 큰 최고의 전략경영이 될 것이다.

추가로 혁신해야 할 사안들을 나열하면 다음과 같다.
- '알바(arbeit)몰입' 학생을 '학습 몰입'으로 전환할 대책 강구
- 공모전 수상자의 등록금 한도 내 지급 철폐
- 장학금 지급의 보편성(소득 기준)과 특수성(성적 기준)을 병행해야 함.
- 국가 장학금과 교비 장학금의 차별성 부여
- 해외 공모전 참여시 심사 후 경비 지원
- 계열 확대(전공심화)의 해외 프로젝트 공모 선정시 경비 지원 등이다.
- 석식 제공: 야간 수업과 과제를 위해 학교에 체류하면, 학생복지 차원에서 석식을 무료로 제공(혹은 일부 지원)하여 '불이 꺼지지 않는 강의실'을 만들어

야 한다. 학부장의 결재를 얻으면 남용을 막을 수 있을 것이다.

표 3. 젊은창작 참여 현황

연번	학부/전공	분야	사업명	참여인원	지도교수	지원금액
1	공연/연극	공연	EASY PARADE	장한순 외 19명	정승호, 나한수, 정상우, 김승미	5,900,000
2	공연/연극	공연	팜 오디네어	전은주 외 16명	나한수, 송희영	7,000,000
3	커뮤니/예경	공연	DRIVING LOG	박수연 외 6명	김제민, 송희영	3,500,000
4	영상/방영	영상	막&장	김주섭 외 9명	장지헌, 임도완, 김지훈, 이주갑	4,000,000
5	영상/방영	영상	몽상가 둘	이재은 외 14명	장지헌, 서양범, 김광집, 김지훈	1,550,000
6	영상/방영	영상, 전시	우리의 기억법	김희준 외 4명	서양범, 이영렬	3,000,000
7	문예/극작	영상	DO! RIAN	이창민 외 13명	고선희, 장지헌, 김영준, 김지훈	7,000,000
8	커뮤니/광창	영상	추추 시즌2	황승훈 외 23명	윤준호, 정한솔, 김상일	7,000,000
9	커뮤니/예경	영상	판소리 웹드라마 〈차오르다〉	이명은 외 15명	장지헌, 강상구, 김지훈	7,000,000
합계				–	–	45,950,000

7-4-5. 수업 부문: 수업의 개혁

화제가 된 KBS(한국방송)의 프로그램 '명견만리'에서 소개한 내용은 대중매체의 특성을 살려 주요 현안에 대한 이해를 높였다. 프랑스는 200여 년 간 유지하고 있는 바칼로레아의 입학자격 시험문제를 높이 평가했다.

뚜렷한 국가의 교육목표로 '생각하는 힘'을 길러주는 교육이다. 그래서 철학 문제에서 논리적이고 자유로운 해답을 써내기 위해 찾아낸 교육방법론이 '질문과 토론'이다.

강소국가로 알려진 핀란드의 교육개혁에서는 '융합 사고'를 함양하는 것이다. 개별 학문이나 전공에 매립되지 않고 문제해결책을 도출하는 과정중시의 교육현장이다. 학업 성취도를 높이고 학습동기를 올리기 위한 방안이다.

미국의 세인트 존스 대학교는 독서의 효용과 '교육철학에 대한 신념' 때문에 4년 동안 고전작품 100권을 읽고 토론하는 파격실험을 해오고 있다. 한국의 대학처럼 강의내용을 완벽하게 재현하는 '받아쓰기'수업이 되지 않도록 하고 있다. 스펙 관리용으로 '학점 기계'를 만드는 수용적 사고만 기르고, 비판적 사고나 창의적 사고를 키울 시간을 주지 않기 때문이다(이혜정).

① 다양한 예술교육 방법론을 개발하고 '강의 혁신'을 실천해야 한다

부전공 이수는 물론 멀티 플레이어처럼 '마스터 키'인재를 육성하기 위해서는 교수의 팀티칭(team teaching, 협동강의)도 도입해야 한다. 서로 다른 학부의 교수진이 문제를 해결하기 위한 관점을 다르게 제시하여 창의적인 문제해결책을 도출하는 것이다.

'캡스톤 디자인'(capstone design)과 유사한 방식이지만 창의적 발상을 위한 '팀티칭'이기에 교수간의 교육관의 차이나, 기법의 차이나, 전공의 숙련 차이나, 강의법의 차이 등을 완전히 해결해야만 가능하기에 많은 준비가 필요하다.

하지만 이런 실험적이고 도전적인 혁신강의를 즉각 실행해 보는 게 중요하다. 일부 시도한 적이 있는 교과목의 경우에도 불협화음이 생겨 교수나 학생의 수업평가나 학업성취도나 수업만족도의 수준이 낮았다고 한다. 자기 전공의 감옥이나 울타리 안에 안주하거나 관행에서 과감하게 탈피하는 제도를 만들어 지원해야 할 것이다.

또한, '플립 러닝'(flipped learning)은 수업시간에 교사가 학생들에게 지식을 전달하는 기존의 방식과 반대로, 학생이 수업 전에 정보를 얻고 숙제를 해온 후 수업시간에 결과를 검토, 토론하는 새로운 방식의 교수 방법이다.

일명 거꾸로 학습이라고 불리는 플립러닝은 혼합학습(Blended Learning, B-Learning)으로 변신하고 있기도 하다. 블렌디드 러닝은 두 가지 이상의 다양한 학습 환경을 혼합하여 학습효과를 극대화하는 학습 방법을 의미한다.

이를 위해 시간(실시간 여부), 공간(Off-line, On-line), 학습자(개인, 집단), 내용(구조화 여부), 방법(강의, 사례연구, 시뮬레이션, 심포지엄, 워크숍 등), 테크놀로지(미디어 선택), 상호학습자 활동(학습자 간, 강사 간 등)등 측면에서 다양한 학습 환경 및 기술을 상호 혼합하여 활용할 수 있다.

결국 '자기주도적 학습'의 이해가 필수라고 할 수 있다.

사전 동영상이나 자료를 학습한 후에 '질문 올리기'를 하거나, 온라인 수업 후에 '내용요약'을 제출해야 한다. 팀별 토론 활동을 한 후에 성찰(reflection)을 작성하기 등이다.

일반 대학의 온라인 수업으로 운영되는 비율을 20%까지 제한했으나 규정을 삭제하여 2020년 1학기부터 100% 온라인 수업으로 운영할 수 있게 되었다. 팬데믹(코로나19) 이후의 큰 교육환경의 변화이다. 여기에는 평가의 문제나 학습격차의 문제가 해결과제로 남아있기는 하다.

프로젝트 기반 학습(project based learning), 거꾸로 학습(flipped learning), 디자인 씽킹(design thinking), 블렌디드 학습(blended learning) 등을 활용하면 온라인 수업은 오프라인 수업의 대체재가 아니다.

'콘텐츠 제시형'이나 '과제 제시형'이나 실시간 강의를 혼합하여 강의한다면 효율성이 더욱 높아질 것이다.

예를 들어 집합교육을 중심으로 온라인 교육을 보완하거나 온라인 학습전략에 오프라인 학습을 보조하는 방법 등 매우 다양하다. 일방적 주입식 교육이나 수동적 학습으로는 사고를 확장시키기 어려워 학습효과가 떨어지기 때문이다.

창의사회에 맞는 역동적인 예술교육의 진수를 만들기 위해, 각 교수별로 동영상 강좌를 홈페이지에 탑재하고 'K-MOOC'(Korea Massive Open Online Course)에도 선도적으로 참여해야 한국의 대표 예술대학으로 자리매김 할 수 있을 것이다.

학생중심 참여수업, 문답식 수업, 토론 발표수업, 또래 가르치기, 학생이 교수에게 거꾸로 가르치기 수업으로 대전환이 필요하다.

질문과 토론은 호기심의 발로이자 스스로 생각하고 있다는 증거이기에 학생은 사전학습을 해야 하며 준비과정이 많아 어려울 수 있는데, 이 부분을 '무크'(MOOC, 온라인 공개 강좌)를 통해 해결해야 한다.

4차 산업혁명 시대에 '빛의 속도'로 바뀌는 첨단디지털 기술을 온라인으로 단기 수강하면 학위를 주는 '나노 학위(Nano degree)'의 개념을 예술에도 도입해야 할 것이다.

그런데 아직도 전통적인 대학은 학생들의 사회진출에서 '문지기(gate keeper)' 역할을 하고, 교육을 '묶음 판매'(bundle)를 따르도록 강요하고는 통행세를 걷는 것과 같다. 학령인구가 줄어들면 교육은 '수요자 중심 시장'으로 바뀔 것이니 학생은 자율권을 행사하려고 할 것이다.학사행정, 강의, 시설, 연구, 실험 등을 종합세트로 일괄구매해야 '학위증서'를 주는 '학벌 장사'는 팬데믹 이후 시대의 새 규범(new normal)이 아니라고 주장할 것이다.

학생이 선택권이 있다면 '개별 구매'를 요구할 것이고, 기업체는 '대체가능한 다른 학위증(수강증)'을 수용할 의사가 있으니까 학교는 구 제도(ancient regime)를 철폐할 수밖에 없을 것이다.

특히 문화예술 산업계에서는 '다중지능이론'*에 근거한 재능분류 기준이 다르므로 대안 마련이 시급하다. 평생교육기관으로 성황을 이루는 '플랫폼 교육기업'과 'SADI'나 '건명원'이나 한국판 미네르바 학교인 '태재 대학'의 개설 이유를 잘 분석해야 할 것이다.

② 유데미(Udemy)와 마스터 클래스에서 기회를 찾아야 한다

세계에서 기장 학생 수가 많은 대학은 어디일까. 인도의 '인디아 간디 국립 개방대'라고 한다. 대부분의 수업은 온라인 강의이지만 학생이 400만 명이라고 한다. 그런데 학생 수가 4,400만 명인 '온라인 강의 플랫폼'이 있다. 2010년 샌프란시스코에서 설립된 '당신의 학교'(The Academy of You)라는 뜻을 가진 '유데미'(Udemy)이다.

---

*   하워드 가드너, 문용린 역(2007). 다중지능. 웅진지식하우스.

유투브나 세바시처럼 누구나 배울 수 있는 플랫폼은 많고, 학생 수가 2,100만 명이라는 세계적인 무크(MOOC) 코세라(Coursera)는 세계 유명 대학이 교수가 주도하여 주제나 내용이 학술적이라 수료율도 낮다고 알려져 있다.

반면에 '유데미'(Udemy)는 설립 초기에 100만 명 수준이었는데 '누구나 가르칠 수 있는 플랫폼'으로 발상을 전환하여 성공했다.

그래서 '유데미'(Udemy)는 강사를 할 수 있는 직업군이나 자격요건을 두지 않는다. 수강료도 20~200달러로 상·하한선만 두고 강사가 결정한다고 한다. 강사의 진입장벽이 낮아 강사 수는 6만 5천 명이고 강좌 수는 18만 개가 넘는다고 한다. 일상에서 필요하고 꼭 배우고 싶은 기술에 대한 수요를 읽은 게 '성공비결'일 것이다.

일반 강사가 목표인 유데미와 반대로 코로나19로 인한 '언택트 시대'에 세계 최강 고수를 강사로 섭외하는 '마스터 클래스(Master class)' 강좌도 인기가 있다. 2015년에 창업한 '마스터 클래스'는 온라인 교육의 넷플릭스로 불리는 데 캐치프레이즈가 '모든 사람은 천재에게 접근할 권리가 있다'이다.

한 강좌는 '글쓰기'부터 '경영'까지 9개 분야에 15분 내외의 20회 분량이다. 넷플릭스라는 별칭은 유데미(Udemy)와 비교되는 '돈 낼 만한 가치가 있는 콘텐츠' 때문이다(TTimes).

다른 곳에서는 찾을 수 없는 내용이기에 '오리지낼리티'를 강조하고 있다는 차별화 전략이다. 테니스 클라스에서는 여제 '세레나 윌리엄스'가 나오고, 요리 강좌에서는 미슐랭 셰프 '고든 램지', 연기 강좌에서는 '나탈리 포트만'이 가르친다. 영화 제작 강의는 교과서에 나오는 명감독 '마틴 스코세이지' 같은 초호화 강사진이다.

초일류와 초격차의 실력과 명성을 가진 강사를 만난다는 것은 마스터 클래스가 '명품강좌'를 지향하기 때문일 것이다.

그리고 수강생은 거장들의 기술보다는 그들과의 만남 그 자체에 가치를 둘 것이고 그들의 인생에서 암묵지를 터득하려고 할 것이다. 거장(Master) 강사도 대중과의 만남을 원하고 교감하고 소통하려는 욕구가 있다는 사실을 창업자들이 간파한 게 '성공비결'이라고 생각한다.

우리 대학은 20여 년 전에 마스터 클래스 강좌를 운영했었기에 많은 생각을 하게 한다. 4차 산업혁명 시대와 포스트 팬데믹(Post pandemic) 시대에 학벌사회가 지양되고 문제해결력이 우선시 되며 '평생교육 체제'로 바뀌어야 하기에 많은 시사점을 주고 있다.

결국 다양한 기법과 기술을 개발하고, 서울예대만의 예술교육 방법론을 창안해서 실험할 수밖에 없다. 성공적인 안착을 위해서는 제도와 인센티브의 연계도 필수적이다.

● PACS의 조기 정착 및 확산

국가가 정한 각 직종의 직무별 능력표준화 NCS(National Competence Standard)는 획일화, 매뉴얼화가 아니므로 이에 대한 오해가 없었으면 좋겠다. 표준화라는 것은 어떤 면에서는 상당한 범용성과 확장성을 지니고 있다.

예술에 관한 한 우리 대학의 경험과 암묵지를 글로벌 수준으로 격상시키고 세계화 한다면 문자 그대로 창학이념인 인류공영에 이바지 하는 계기가 될 수 있다. 그 만큼 우리는 예술교육기관으로서의 자부심을 얻게 될 것이다.

PACS(Professional Artistic Competency System)는 NCS의 서울예대 특성화 버전이다. 세계적인 한류스타를 양성한 전통과 경륜의 프로그램을 문서화 한 것이다. 일반 전문대학의 NCS를 예술대학의 교육과정으로 특화시킨 세계 유일의 교육과정이라고 생각해야 할 것이다. 선도자(First Mover)의 위상을 제고할 수 있는 기회이다.

NCS(PACS) 참여를 통해 교수님들의 여러 경험, 노하우, 비전 같은 것을 담을 수 있고, 이를 우리 사회, 교육계 전체에 전파할 수 있다면 엄청난 영향력이 있을 것이다.

교육과정개발보고서를 작성하면서 산업체 수요 조사를 반영한 것처럼 산업체 지표와 연계하여 자료를 수집하고, 개량화하면서 NCS 교육과정 개발로 확장시켜 주면 되는 것이다. 기관평가인증에서 강조된 것처럼 'PDCA 사이클'을 끊임없이 반복하여야 하고, 지속적으로 개선한다면 우리 예술대학의 리더십을 교육과정 속에 확연하게 전파시킬 수 있지 않을까 생각해 본다.

우리 대학은 학년 구별없이 실습과 발표가 거의 모든 교과목에서 수행되고 있다. 기초 이론과목도 실습과목처럼 운영되어 공연과 전시 발표를 하고 있어 폐단이 많다. 학생은 과제와 수업 부담이 크고, 교수는 발표 부담이 크다. 이런 교육과정의 관행을 재검토해서 PACS의 개선이 이루어져야 한다.

교수도 세부전공과 교과목 개발을 심화하게 되고, 학생은 과제 부담이나 발상의 과부하(overload)에서 해방될 수 있다. 여유를 갖고 '생각의 힘'을 기를 '사색의 시간'을 갖게 해줘야 하기 때문이다.

구글은 직원들이 일과의 20%를 고유업무 외에 다른 업무에 쓰도록 하여 '창의력의 생태계'를 조성한다고 한다.

그리고 PACS의 조기 정착을 위해서는 교수의 재구조화가 필요하다. 1학년 담당은 Study 교수, 2학년 담당은 Workshop 교수, 3학년 담당은 Production 교수, 4학년(학사학위과정)는 Convergence 교수, 5학년(석사과정)은 마스터 교수 등으로 학년별 특성화가 필요하다.

교수가 특정 학년에 고정되는 걸 피하기 위해, 지도교수 업무와 함께 전공심화 교수가 될 수 있도록 선택할 수 있으면 될 것이다.

1학년 교과목 담당 교수가 1학년 학생의 멘토가 되고, 다음 해 2학년 교과목 담당이 되어 다시 2학년 학생의 멘토가 되면 장단점이 생긴다.

지도 교수가 담당할 학생들의 승년과 일치시켜 따라갈 때에는 전공심화의 다양성이 어렵고 지도교수를 교체하기 어려워 학생이나 지도교수 상호 간에 거북할 수 있다고 본다.

학생은 여러 교수와 면담기회를 갖고 다른 시각의 예술론을 학습할 기회를 가지는 게 중요하기 때문이다. 학생중심주의이기에 감수할 수 있다고 본다.

PACS의 인재양성 목표는 'New Form Arts Planner & Performer'임을 상기해야 한다.

● 성적 상대평가 비율의 문제

성적평가의 정교화가 필요하다. 거의 모든 전공 교수가 건의하고 있는 A, B학점 인원제한제도 재검토가 필요하다. 성적 상대평가 기준은 학사시행세칙 제38조에 규정되어 있다. 내부규정이니 개정될 수 있지 않겠느냐 하는 의견이다.

다만 객관적으로 보면 우리 대학 학점관리지수가 수도권 전문대학에서 하위 수준이며, 학점관리의 적절성은 기관평가인증의 평가요소이기도 하다. 단순히 예술대학의 창작실습과목이기 때문에 C학점 이하 비율을 줄여야 한다는 논리는 한계가 있다. 대학의 학점 인플레이션 때문에 문제점이 나타나고 있는 것이 사실이다.

또한 C 학점 이하를 많이 받게 되면 우리 대학 졸업생들이 취업에서 다른 대학보다 불이익을 받는다는 점도 솔직히 우리 모두 알고 있다. 학점관리의 객관성과 신뢰성과 함께 이러한 부분도 통합하여 생각해야 할 부분이 상당히 많으므로 함께 검토하여야 하며, 새로운 검토 안을 마련해야 한다.

예술대학에서 A, B학점의 강제배분의 타당성과 교육효과 정도에 대해서는 심도 있게 논의되어야 한다.

아무튼 이런 성적평가를 교육부 지침으로 상대평가에 의한 A학점 30% 이내, B학점 40% 이내로 강제배분 하도록 강요하고 있어서 학생들의 항의나 읍소가 많다.

특히 공동제작실습 과목의 경우, 다수 학생이 팀을 구성해서 작품을 완성하기에 각 부문별로 최선을 다 하지 않으면 우수 작품을 만들 수가 없다. 그런데도 학점 등급은 강제배분으로 A, B, C가 나와야 한다. 요즘 수업은 팀별 과제해결 방안 발표가 많기에 대부분의 대학이 직면하고 있는 문제가 이 상대평가다.

능력과 노력에 따라 수준차가 있기에 상대평가를 해야 하겠지만, 하나의 작품으로 완성시키는 수업에서도 역할의 경중이나 노력의 정도에 따라 강제적으로 평가해야 한다면 제대로 된 온전한 결과평가가 되지 못하게 된다.

특히 작품의 결과보다는 완성까지의 과정을 중시하고, 그 과정에서 학습효과를 얻는 게 교육과정이라면 상대평가는 심각한 문제를 갖고 있는 셈이다. 과도한 경쟁을 유발하고 협업과 상생효과를 막고 집단지성을 창출하는 데 방해가 된다.

① 학점 강제배분이 불가피하다면 '정교화'도 필요하다

또한 강제배분이 불가피하다면 '정교화'도 필요해 보인다. 수강인원이 20명이라면 A학점 6명, B학점 8명으로 정수로 나뉘지만, 수강인원이 19명이라면 A학점이 6명인 경우는 31%가 되어 성적의 전산입력이 되지 않는다. 결국 5명(26%)으로 입력해야 30% 이내이기에 평가가 종료된다.

평가인원을 중심으로 상대평가 해야 하는데 배분 비율을 기준으로 평가하니 억울한 1명이 생기는 것이다. 사람을 나눌 수가 없으니 A 학점은 30%에 걸리게 6명이 나와야 '솔로몬의 지혜'가 되는 것이다.

그렇지 않으면 A학점을 받지 못한 1명은 기대했던 A학점이 나오지 않아 담당 교수와 소원해지거나 '배반의 교수'가 되기 쉽고, 어떤 학생은 장학금을 받지 못하게 되어 고난의 알바를 하게 되기도 한다.

더구나 A학점을 받을 만한 학생은 능력이 비슷하다고 봐야 하기에, 잠재력이 뛰어난 학생일 경우, 자존감을 상실하거나 좌절하게 만들고 급기야 그 관련 학업을 포기하게 만드는 비교육적 평가로 '인재 유실'이 될 수도 있다.

이런 상대평가의 강요는 교육부의 재정지원사업과 대학 구조개혁에 연계하여 전국 대학을 상대평가하기 위한 수단으로 시행하고 있다는 점이다.

이렇게 겁박하듯 '대학 줄 세우기' 정책에 각 대학의 본부는 지침을 따른다는 명분과 치열한 대학평가 점수를 올리는 생존전략의 하나로 삼고 있다.

이런 행위들이 행정의 우월적 지배와 교육부 지침을 전가의 보도로 활용되고, 대학 서열화로 이용되며, 질적 사고로 성찰해야 할 대학사회가 양적 사고로 황폐해지고 있다.

교수가 성적평가를 주관적으로 자의적으로 할 수도 있다는 '합리적 의심'을 넘어, 교수의 권한과 자율을 존중하지 못하는 '불합리적 불신'이 더 큰 문제일 수도 있다.

② 큰 교수(Big Professor)가 되도록 '지원'과 '응원'이 있어야 한다

그러나 이 불신을 통제하려는 정책에도 한계가 있음을 인정해야 할 것이다.

이는 교육자적인 양심과 학자적 '노블리스 오블리제'(noblesse oblige)에 기준한 교수의 평점을 허용할 수 있는 사회가 되어야 할 것이다.

그렇지 못하면 교수는 교육부와 학생의 눈치를 보는 '작은 교수'(little professor)가 되고, 미래인재를 양성한다는 자부심도 없어지며 청춘을 독려하고 포효하는 기상을 가진 '큰 교수'(Big Professor)는 기대할 수 없게 된다.

대학입시에서 중요한 수능시험도 절대평가를 검토한다고 한다. 국가직무능력표준(NCS)에서도 수행능력의 절대평가를 전제로 시행되고 있다. 메이저 예술대학의 자신감을 갖고, 교육부의 재정 지원사업에 과도한 연계 정책은 삼가야 할 것이다.

학생의 과정이수를 가장 잘 파악하고 있는 교수의 책무성을 수용하고, 합리적인 판단기준과 객관적인 자료로 교육과정 중심의 절대평가를 일부 허용한다면 '신의 한 수' 같은 평가방안이 도출될 것이다.

우리 대학은 과감한 '통과와 낙제'(Pass & Fail)제도를 선언하여 예술대학의 리더십과 예술가의 자부심을 발휘할 수도 있어야 할 것이다.

대학행정은 '관리 감독이 아니라, 지원과 응원'이라는 관점전환과 방침을 새로 정하고, 사회에 제안해야 할 것이다.

기타 혁신해야 할 내용들을 나열해 보면 다음과 같다.

- 15개 전공에 1 과목 이상의 연계수업을 의무화(융합과 예술 · 과학의 접목)
- '계열공통과목'의 강사와 실러버스 강화
- 강사 선정의 엄정성과 전임교원에 준하는 기준을 적용
- '디지털 테크놀로지 교육'으로 창작지원 및 New Form Arts 강조
- NCS(PACS) 전담 TFT 구성(계열 확대와 융합형 디지털 창작 인재양성 목표)
- NCS(PACS) 기반의 실습교육 비율(60% 이상) 제고로 취업률 제고 연계
- 계절수업의 전략화: 4대 지표의 연계 및 정책 교과목을 교학처가 직접운영

7-4-6 교원 부문: 우수 교수 육성과 임용의 혁신 및 업적 평가

강사 교체 어려움에 대해서는 수업의 질을 보호하는 측면에서 교육수요자인 학생의 수업 평가는 필요하다. 세상에는 곳곳에 고수들이 존재한다는 인생도처유상수(人生到處有上手)라는 말도 있듯이, 특정인만이 그 과목을 강의할 수 있는 것은 아닌 것 같다.

학생들의 강의평가 결과 75점 미만인 경우 다음 학기 강의를 담당할 수 없도록 한 규정은 계속 지켜나가야 할 것이다.

특히 차세대 '스타 교수'을 초빙하거나 육성하여 '경쟁과 협력'의 학풍을 조성해야 할 것이다.

- 저명한 정년퇴임 교수 우대정책 및 차세대 '스타 교수' 키우기 필요
- 교수 외부활동과 연구(창작) 지원 과제에 파격적 지원
- '올해의 우수 교수' 선정 및 해외연수 인센티브 제공
- '온 라인(On Line) 강의(프로그램) 제공자의 업적평가 우대 가점
- 마이크로티칭 활성화 및 교수 포럼(Forum) 정례화 (교수학습센터)

또한 교수 업적평가도 혁신할 필요가 있다. '창작의 예대'를 지향하고 창작의 고통이 극심하기에 1년 단위의 단기평가보다는 '2년 이상의 장기평가 체제'로 바꾸는 게 좋겠다.

업적도 일상적인 연구 결과보다는 혁신적인 뉴폼 아트에 비중을 두고, 예산을 지원하는 제도와 규정을 시행하는 게 필요하다. 우리만의 자긍심과 차별화 된 시스템 구축의 일환으로 선도해 나가야 할 것이다.

대학 공동체 조직을 활성화하기 위해서는 '역동성'을 도모할 수 있어야 할 것이다. 인사가 만사이므로 '업적의 질적 평가 우수교원'을 우대하는 '인사정책의 혁신'이 필요하다.

첫째, 패스트 트랙(fast track) 승진제도의 도입이다. 교수 직급별 최소 승진 연한

을 철폐하여 성과 위주로 정년보장(tenure) 교수가 될 수 있도록 한다. 물론 연구비도 상향지원한다.

둘째, 5년 근무 후 소속을 변경하거나 겸임하도록 하여 '융합의 일상화'가 이루어져야 한다. 아래의 '겸무교수 의무화'와도 연결된다.

① 교수 신규임용 방식의 혁신을 실천해야 한다

교수임용은 어떤 방법이 이상적일까? 수능고사처럼 객관적 문제를 제시하고 정답을 맞춘 인재를 석차 순으로 선발하면 신뢰할 수 있는가? 신입생 입학전형처럼 서류전형에 시범 강의와 30분 면접 점수로 충분한 것인가? 이 방법은 행적 편의적이고 판에 박힌 상투성(routine)이다. 토익점수는 높아도 회화는 서툰 경우와 비유할 수 있지 않은가. 대학발전의 중추인 교수의 임용은 어떤 혁신(innovative)이 필요한가? 교수는 대학 교육(창작)과 학교발전의 요체이므로 창학이념과 정체성에 공감하고 공동체의식을 공유하려는 의지는 기본이지 않을까? 교수임용에서도 서울예대다운 발상의 전환이 요구된다.

우리 대학의 명성에 어울리지 않게 '교원 신규임용 모집'에 지원자가 많지 않다. 외국인 대상 임용지원자도 적다. 그 이유가 무엇일까? 적극적인 대책이나 색다른 유인책(incentive)이 없어서 그런가? 우리 대학의 이념 가운데 하나인 '실험적인 도전'이 약해서 그런 건 아닌지 생각해 본다.

교수 신규임용 시에도 소속전공을 탈피하고 지원자의 역량을 중심으로, 최우수 교원을 확보할 수 있어야 한다. 피임용자가 임용 전공을 선택한다는 역발상이다. 가천대학교에서 시험적으로 실시하고 있다.

예를 들면 문창 전공과 극작 전공의 신규 교원을 동시에 공모할 때, 전공별로 구분해서 모집한다. 교원임용 방식에서 이념에 연계되거나 제도(system)적으로 혁신적이지 않아 보인다. 관점을 전환하고 발상을 자유롭게 해서 제도 차원의 '혁신성'이 느껴지게 할 필요가 있다.

첫째, 문예 전공이든 극작 전공이든 소속을 '문예학부 교수'로 모집하면 어떨까? 우리 대학의 학부제 취지와 융합 창작의 실현을 위해서 그렇다. 학부 소속의 연대감도 생길 것이다.

둘째, 교수 임용지원자가 '소속 전공을 선택'할 수 있게 하는 사고의 확장이다. 지원자가 구상하는 특정학부의 '학부 발전계획서'를 제출하는 방식이다. 지도할 '신설 교과목'을 만들 수도 있다. 전혀 새로운 개념의 인재를 채용할 수 있을 것이다.

② 겸무교수 의무화와 교수 소속의 이중화가 필요하다

대학 내에서 학문 간 벽을 허물고 융합학문의 연구와 교육을 정착시키기 위해 로스쿨에 적용된 겸무교수 제도는 다양한 배경과 능력을 갖춘 법률가를 배출한다는 로스쿨의 취지에 걸맞게 도입되었다고 본다. 법학과 연계된 과목을 가르치려면 교내 여러 단과대의 교수들이 로스쿨에 겸무교수로 소속돼야 하기 때문이다.

서울대 법대 관계자는 "의대의 법의학 전공 교수, 농생대의 농산업법 전공 교수, 공대의 기술법 전공 교수 등이 법학전문대학원 겸무교수로서 관련 분야를 가르치는 형태가 될 것"이라고 말했다.

마찬가지로 우리 대학에서도 15개 학부와 '세부전공별 칸막이'를 걷고 융합 창작의 길을 모색하기 위해서는 겸무교수제도를 도입하는 게 좋겠다.

③ 뉴폼 아트(New Form Arts) 전담교수의 임용이 시급하다

우리 대학의 창작(교육)의 핵심목표인 '뉴폼 아트'(New Form Arts)의 전담교수를 임용해야 한다. 융합창작과 연구과제의 관리 주체로서 지원작품 선정권은 물론 예산 배정권을 갖고 있는 콘트롤 타워(Control Tower) 역할을 해야 한다. 솔루션 교수와 연동해서 임용하면 될 것이다.

연구개발 정책과 연계해서 미래 특성화 사업의 방향과 속도를 조절할 수 있으며, 최고 경영자와 직접 소통하는 보좌관 역할을 겸해서 하면 효율적이라고 생각한다.

이종교배(異種交配) 차원의 학부(세부전공) 연계 통합의 뉴폼 아트 창작교수에게 전폭적인 지원과 격려를 아끼지 말아야 할 것이다. '창작의 예대' 선언에 필수적인 요원이다.

'누구를 어떻게 임용할 것인가'를 규정하는데, 공정성과 신뢰성을 확보해야 하지만 '발상의 전환'으로 참신성이 강화된 획기적인 방안을 만들어야 한다.

④ 교직원 급여체계를 '연봉제'(성과급) 강화로 재설계

우리 대학의 교직원 급여는 호봉제와 연봉제의 혼합형으로 볼 수 있다. 급여 명세표에 보면, 직급에 따라 균등하게 지급하는 호봉제 항목은 '기본 봉급과 연구 보조비'가 되겠고, 연봉제에 따라 차등적으로 지급하는 항목은 '기본 상여금'이 될 것이다.

기타 수당은 별도로 하면, '호봉제 비중은 약 75 %', '연봉제 비중은 약 25%' 내 외가 된다.

또한 매년 호봉 승급분과 물가상승률만큼의 자동인상으로 인건비 부담은 등록 금 대비 60%를 상회하게 되었다. 12년 등록금 동결조치로 50% 내외를 유지했던 부담이 급상승하게 되었다.

이런 급여 설계는 특별한 연구과제가 적고 생활비 부담이라는 '가족 부양비' 개념으로 설계되었던 교육공무원의 급여체계이고, 관행적으로 지급되었다. '연공 서열 의식'과 '공평주의'에 입각한 분배이기에 구성원의 큰 불만이나 개선의지는 약했다고 본다.

그러나 이제 다양한 성과를 창출하자는 '혁신 사회'이고, 경쟁이 치열해지면 서 적자생존의 논리가 교직사회에도 불기 시작했으며, 개인 능력의 차이에 따라 '성과의 차이'도 생겼다. 이런 성과의 차이를 협업을 통해서 이루도록 하는 제도적 장치가 중요하다.

또한 정년보장 교원의 경우, 연구업적이 없어도 재임용된다는 무사안일의 '도 적적 해이'도 개선되어야 할 시점이다. 사회적 비난을 받는 교직사회의 '철밥통 의 식'을 깨고, 생동하는 교풍을 진작시키기 위한 제도개선 분위기가 고조되고 있다 고 할 수 있다.

특히 젊은 신진 교원의 경우는 상대적으로 박봉이고, 연구업적은 우수한데도 불구하고 경제적 박탈감과 기대급여와 비교해서 상실감을 느낀다면 '공정사회'가 요원함은 물론 '정의롭지 못하다'고 생각한다.

이에 호봉제는 급히 바꿀 수 없다 하더라도, 연봉제에 해당하는 '기본 상여 금'을 '성과급'으로 바꿀 필요가 있다. '교원 업적평가 결과'를 성과급 반영에 객관적이고 공정하게 처리함은 물론이고, 그 격차를 변별력 있게 확대할 필요가 있다.

물론 물질적 보상이 최선은 아니라 하더라도 차선은 될 것이다.

호봉제와 연봉제의 비중을 최소 '50% 대 50%'으로 맞추고, 향후 연봉제 항목 (성과급)이 더 커지도록 역전시켜, 젊은 교원에 대한 배려와 정교수에 대한 자극 효과를 내는 재설계가 요구된다.

연구업적 결과는 젊은 교수나 정교수에게 공평한 기회가 주어지니 불만이 생길 수 없을 것이다. 불만을 제기한다면 정교수의 '기득권' 주장이니 설득력이 떨어질 것이다.

⑤ 신구(新舊) 교수의 협업연구나 노장(老壯) 교수의 공동연구가 필요하다

오랜 경험이 필요한 예술 창작분야는 원로 교수에 의해 주도되겠지만, 신진 교수의 새 관점과 혁신의지를 반영할 때 경쟁력이 올라갈 것이다.

이런 신구(新舊) 교수의 협업과 공동연구에 의한 업적결과를 권장하거나 의무화 한다면, 우리 대학은 보다 실질적인 수평조직이 될 것이고, 개인역량보다는 협업을 통한 공동체의 유파(類派)형성에도 도움이 될 것이다.

신규 우수교원을 공개경쟁으로 임용하거나 초빙하면 특별 성과급을 지급할 수 있는 규정도 세분화 하고, 엄격히 적용되어야 한다.

특히 복지제도도 글로벌 수준(global standard)에 맞게 확대하고, '내부고객 우대'라는 마케팅 정책과 미래연구 개발을 위한 투자개념으로 경영관점이 바뀌어야 한다.

연구개발과 연계한 급여 인상은 타 대학과 비교우위 차원에서라도 지속적인 우상향 곡선으로 이루어져야 한다.

세계수준의 예술대학교 구성원으로서 자긍심을 갖도록 하는 데는 '돈(budget)이 든다'는 생각을 가져야 할 것이다. 그러면 '돈(revenue)이 되는 창작'도 자연스럽게 생산되지 않을까 한다.

● 우수 콘텐츠 창작

영국 연방에서부터 스코틀랜드 분리 독립에 대한 주민 투표가 실시되었었는데, 아시다시피 스코틀랜드는 맥베스의 배경국가이며 에든버러 축제의 나라다.

스코틀랜드 분리 반대파에서의 설득 메시지로 전달되는 것이 대영 제국, 영국은 '하나'라는 것이다.

인천아시안게임에서도 장진 감독이 총연출, 김영동 교수께서 음악연출, 연기 전공, 방송영상전공 참여 등 우리 대학이 참여했는데 아시안게임 슬로건이 '45억 인의 꿈, 하나의 아시아'다.

우리 대학의 뉴폼 아트로 융합창작의 실험작품인 'ONENESS Project'의 메인타이틀도 'ONE'이다. 우리 사회가 갖고 있는 갈등이나 양극화 부분을 해소하고 화해를 통해서 새로운 하나, 하나된 공동체를 만들자는 것이다.

각각 우연인지는 모르겠지만 이렇게 'ONE'이라 는 것이 정치, 스포츠, 예술 모든 부분에 중요한 단골 테마로 이루어지는 것을 발견할 수 있다.

그만큼 '하나됨(ONENESS)'이 우리 사회가 갖고 있는 세대갈등이나 경제적 양극화 부분을 해소하고 화해를 통해서 새로운 국가공동체를 만들기 위해 중요하다는 반증일 것이라고 생각한다.

'하나됨'이라는 일체(一體)된 힘은 새로운 창조와 동력, 에너지를 발산하기 위한 장치, 예술적 축제이며, 공동체 구성원 모두가 대학 발전이라는 하나의 테마를 위한 다양한 의견을 수렴하고 커뮤니케이션할 수 있는 '공론의 장'이길 기대해야 할 것이다.

함께 토론하고 성장하겠지만, 우리 대학 공동체의 목표요 특성화인 '창작의 예대'에도 '경쟁(competition)과 협력(cooperation)'이라는 원칙이 엄격하게 적용되어야 한다.

- 우리 대학의 대표 콘텐츠(Killer Contents) 선정 및 집중 지원
- '교수도 연간 경쟁 프리젠테이션'을 이벤트로 실시하여 연구과제를 공개선정하며, 우수 콘텐츠 확보용으로 특별지원해야 함
- '창작실습지원 사업', '공동창작실습', Lab, Studio, Production 수업의 단계별 발표기준을 엄격히 적용 및 예산 통제

- 경쟁을 통한 창작지원 프로젝트 선정은 소수 작품(공연, 전시, 공모전 등)에 집중하여, 가시적인 성과를 내도록 유도함.
- 독립창작실습 수업과 융합창작실습 수업에 대한 전폭적인 지원책이 요망됨. '창작의 예대' 목표와 학생 중심의 '자율적 창작'이 특성화에 합당하다고 보기 때문임.

7-4-7. 예산 부문: 실험실습 기자재 관리와 구매전략 수립

현행 창작실습지원센터에서 시행하고 있는 관리체제에 대해 다양한 의견수렴을 거치면 혁신적인 방안이 나올 수 있다고 본다. 특히 '예술과 과학(기술)의 접목'이라는 지표관리 측면에서 기자재 구매전략을 수립해야 한다. 그 '관점의 전환'은 다음과 같다.

- '기술에서 예술이 나온다' 전략과 '프로페셔널 창작'으로 '마케팅과 수익창출'을 지원.
- 통합관리의 개념 정립이 필요(기자재 중심사고에서 '사용자 중심사고'를 검토).
- 기자재 보관 공간보다는 창작(강의) 공간의 확보와 질(質) 개선이 시급.
- 공용실습 기자재의 구매량 기준에서 활용도 기준으로 전환 검토.
- 예산의 효율성 제고(렌트와 리스)로 교육효과 지향 및 우선순위 선정
- 강의동 및 건축물의 사용 편의성 개선 작업 필요.
- 강의실 없는 수업이 확대되는 추세다. 건물 신축에 매달릴 필요가 없다.

상기와 같은 하드웨어의 완비도 중요하지만, 소프트웨어에 해당하는 프로그램과 기자재가 사용자(학생)의 이동과 함께 할 수 있을 때 서울예대다운 체계를 갖추는 것이라고 할 수 있다.

학생은 휴대성이 강한 '모바일 세대'이기에 현장성과 즉시성이 중요하다. '언제, 어디서나, 어떤 기자재로' 촬영할 수 있으면 일상이 예술이 되는 기회를 갖게 될 것이다.

공용 기자재이면서도 개인 기자재가 되는 것이다.

관리에 대한 책무를 부여하면 무리 없이 시행할 수 있다고 본다.

과중한 관리비와 인건비 부담을 낮추고, 교육공간을 확보하는 기회도 가질

수 있다.

● 우수 직원 양성 및 예산 절감 실천

특성화 육성사업 명품 콘텐츠 '한강은 흐른다'가 공연에 올랐다. 여러 분야가 참여하고 있는데 무대 위에서 스포트라이트를 받지 못하는 여러 교수, 학생들이 주인공 역할은 아니지만 모든 작품들은 이런 보이지 않게 노력하는 많은 분들의 협업에 의해서 이루어지고 있다.

이렇게 바깥 커튼 뒤에서 조용히 묵묵히 일하는 사람을 '보이지 않는 사람'이라는 뜻의 '인비저블(invisibles)'*이라고 한다. 인비저블 습성을 가지고 있는 사람들은 세 가지 특징이 있다. '과시적 성공문화' 속에 책무를 다하는 '조용한 영웅들'이다.

첫 번째, 제일 먼저 중요한 것으로 다른 사람의 평가나 인정을 기대하지 않고, 자기 과시를 하지 않으면서 맡은 바 일을 잘 한다는 것이다.

두 번째 특징은 막중한 책임감을 가지고 일 자체에 대한 성취감을 중시하면서 몰입한다는 것이다. 자존감이 강한 인재이다.

세 번째로 마에스트로급의 장인정신, 특히 완벽주의를 추구하는 사람들이라는 것이다. 그래서 인비저블이 많은 사회일수록 폭발력이 강한 조직이 될 수 있다.

우리 대학의 예술작품은 협업을 전제로 이루어지기에 주인공을 부각시키는 스탭이 많다. 공연에서 사운드 디자이너와 공방 책임교수, 미디어에서 촬영 감독과 의상 담당 등 관련 세부전공의 모든 교수가 '인비저블'이다.

인비저블 교수들이 참여하지 않으면 좋은 작품을 올릴 수가 없다. 창학 55년을 그렇게 밤샘하면서 이룬 성과가 작으면서도 강한 대학 'Small Strong School'이 되었다고 생각한다.

계속 한강은 흘러야 하는 것처럼, 역사도 흐르고 서울예대도 더욱 발전적으로 흘러가야 한다. 서울예대도 많은 '인비저블 인재'를 가지고 있고, 그래서 우리 예술대학을 잘 끌고 나가야 하지 않겠느냐는 생각을 해본다.

---

*   데이비드 즈와이그, 박슬라 역 (2015). 인비저블. 민음인.

그 밖에 검토해야 할 자기계발 프로그램은 다음과 같다.

- 교직원에 대한 예술 소양 교육 실시(전임교수의 참여가 필요함)
- 직원 평가 시 교수 평가기준을 준용해야 함(점수에 따라 성과급 차등 지급).
- 문서작성법과 글쓰기 교육 실시 검토
- 오피스 툴 교육과 자격증 획득 시 가점 부여
- 상시 예산 절감 마인드 제고 및 상호연계(Cross Check Review)로 균형유지

7-4-8. 공간 부문: 공간의 신 네이밍(new naming)

우리 대학은 창학이념에 '우리 예술혼의 현대적 재해석'이 있다. 이 개념이 교육공간에는 충분히 적용되지 못하고 있다고 본다.

네이밍은 공간의 의미가 살아 숨 쉬게 하는 길목이다. 매일 수업하고 창작(교육) 활동을 하는 업무 공간이기도 하다. 회의할 때나 수업할 때나 공간의 이름을 부른다. 한 번씩 부를 때마다 그 공간의 의미를 되새기고 연상 이미지를 만든다면 훨씬 더 예술대학다운 풍치와 예술혼을 학습하는 효과가 있을 것이다.

그래서 유명 문화 예술 공간의 네이밍은 구성원의 지혜를 모아 짓고 '공동체의식을 공유하는 상징'으로 삼는다.

예를 들면 '마동'은 '예장'이라는 별칭 혹은 닉네임을 갖고 사용하고 있다.

'빨간 대문'은 공식 네이밍이 없어 인구에 회자되는 대로 쓰이고 있다.

'텔레토비 동산'은 우리 것이 아니라 왠지 낯설지 않은가?

기숙사는 '연연 생활관'이라는 공동체와 연계성이 강해 보인다.

외국의 경우에는 작명이 어려워 '기부자 명'이나 '설립자 명'이나 '우수 졸업자 명' 등을 사용하고 그 정신을 이어받으려고 한다.

박물관을 짓는 프로젝트에서 '동랑 아트플렉스'(가칭)라는 애칭을 사용하지 않는다면 건축 철학과 목적이 없는 생경한 사업이 되리라 생각한다.

건물명은 물론이고, 작은 공간이나 빈 터나 곳곳에 이름표를 달아주면 '생각'의 시작이 된다고 '생각'한다. 이런 '작은 생각'이 '혁신'의 가시적인 실행이다.

● 공간 네이밍의 새로운 작명이 필요하다

이런 측면에서 우리 대학의 공간 네이밍(가,나,다,라,마,바, 아텍, 등)이 갖는 한계를 검토하고 새로운 작명을 제안한다. 지금 이름은 일상적인 편의성이거나 간단한 실용성을 강조한 명칭이라 '창의적인 함의'가 전해지지 않기 때문이다.

첫째, 창학이념이 내포되어 있지 않았다. 연계되는 '개념어'가 없다.
둘째, 공간의 내부에서 생산되는 장르나 전공이나 대표 교수가 떠오르지 않는다.
셋째, 예술대학다운 미적 체험 기회를 얻지 못하고 있다.
넷째, '공간의 역사'를 담아내지 못하고 있다.
다섯째, 건물의 외부적 개성이나 미학이 떠오르지 않는다.
여섯째, '시간의 축적'을 나타내지 못하고 있다.

공간의 의미부여와 개념화는 아무리 강조해도 지나치지 않다. 공간 네이밍이라는 콘텐츠웨어를 활용하여 서울예대의 상징적 이미지나 메시지를 전할 수 있어야 할 것이다. 건물의 이름을 혁신하여 가시적인 변화를 줄 필요가 있다.

또한 '언어는 사상의 집'이라고 하지 않는가? '이름 짓기'(naming)가 잘 된 단어는 우리 정체성에 대한 '프레임(frame) 만들기'나 의제설정(agenda setting) 기능도 수행할 수 있을 것이다. 구성원의 태도나 행동 변화에 기여할 수 있다는 뜻이다.

팬데믹 이후 시대는 비대면 수업이 일상화될 것이기에, '공간활용의 리모델링'이 필요할 것이고, 각종 '교육 프로그램의 네이밍'을 고려해 볼 수 있다. 역할모델(role model)이 될 교수나 동문과 기부자의 이름을 딴 프로그램 명칭이다.

자기주도학습과 연계되며 진로모색을 위한 전공과목 선택을 지도할 수 있다. 나아가서 '서울예대 유파'를 형성하는 길을 제시하게 될 것이다.

향후 '기부자 명' 등의 탁월한 유명인사나 예술가 명을 사용하고 대학발전기금의 창구로도 활용할 수 있는 기회를 만들어야 하겠다. 국제공항의 이름에 역사적인 인물을 사용하는 것에서도 효과를 알 수 있다. 케네디 공항, 드골 공항, 히드로 공항 등이다.

예술대학은 어떻게 혁신하죠?

공간 전체가 '역사 스페셜'이 되고 '기부자의 스토리텔링'이 되며, '예술가(교육자)의 전설(legend)'이 되게 하고, 프로그램과 프로젝트에도 널리 쓰일 수 있게 해야 한다.

이런 공간과 인물과 프로그램에 기부 정신이 모두 '연계 순환 통합 시스템' 속에서 살아 숨쉬게 만들어야 '서울예대다운 기부문화'가 될 것이다.

● **'컬처 허브'(Culture Hub)의 신 네이밍(new naming) 제안**

우리 대학 특성화의 핵심 목표는 '글로벌 인재양성'과 '창의적인 콘텐츠 창작'이다. 그 핵심기구인 '컬처 허브'의 네이밍도 한번 검토할 것을 제안한다. 몇 가지 한계를 보면 다음과 같다.

첫째, '컬처'(culture)는 문화라는 뜻이기에 의미가 너무 포괄적이다. 구체성이 떨어진다.

둘째, 조직의 사명(mission)이 명확하게 내포되어 있지 않다.

셋째, 우리 대학 특성화 목표와 연계성이 부족하다. 특성화 가치사슬에 연결되지 않는다.

넷째, 구성원의 창작마인드를 고취하는 기구로서 정체성을 읽을 수 없다.

이런 교육(창작)공간의 네이밍은 공동체 구성원들이 반복 사용함으로써 공간 철학이나 의미가 내면화 될 수 있는 기회를 준다. 네이밍은 공간을 지칭할 때마다 입에 익고 감이 닿으면, 우리 정체성을 무의식적으로 체득하는 효과를 줄 것이라고 생각한다.

일단 '컬처허브'의 신 네이밍을 '뉴폼 아트 허브'(New Form Arts Hub)로 제안한다.

7-4-9. 산학협력 부문: 산학협력의 패러다임 전환이 필요하다

이제까지의 산학협력의 개념은 대학에서 산학협력 증진을 위해 교육, 연구, 창업·취업 지원, 정책 및 기획 등의 업무를 수행하는 것이었다. 기업체 근무경험을 살린 현장실무중심 강의를 기획하고 강의하므로, 산학협력이란 산업계와 학계가 힘을 합하여 서로 돕고 제휴하는 것이다.

이때 산학협력에 관해 당사자 간 산학협력약정서(産學協力約定書, agreement of academic-industrial cooperation)를 체결하고 약정 내용을 명시한 문서를 만들기도 한다.

이런 협력활동은 산업계와 학계의 관점이 다르고 상호지향점이 어긋나서 생기는 불가피한 현상을 초래하기도 한다.

소위 '구직난과 구인난'의 격차이다. 신입사원이 입사 후 1년 내 퇴직 비율이 30%가 넘고, 3년 차에는 60% 이상이라는 보도가 나오기도 했다. 취업과 동시에 현장에서 바로 사용할 수 있는 지식과 기술과 태도를 갖추지 못한 채 입사하여, 산업계가 담당할 재교육 비용이 급증하고 있다는 기업의 불만이 크다.

또한 '평생직장'은 사라지고 '평생직업'만 살아남는다는 엄정한 현실을 직시해야 할 것이다.

4차 산업혁명 시대와 팬데믹 이후 시대의 산학협력은 상호 간에 긴밀한 협력 체제를 구축하여 '업무의 효율성'과 '생산성의 극대화'로 가야 한다. 특히 예술대학교의 산학협력은 사업 수행 내용과 비용 정산은 물론 지적재산권과 취·창업과 학교기업과 수익모델까지 잘 명시해야 한다.

특히 대학이 보유한 창작기술(지적재산권) 및 연구 성과의 사업화를 촉진시키기 위해 만든 '산학협력 기술지주회사'의 활성화도 필요하다.

하지만 그동안 국가재정지원사업을 통해 수행해온 산학협력의 성공사례를 넘어, 우리 대학 자체예산으로 창작사업을 실험적으로 많이 만들어야 할 것이다.

'산학협력의 내일', 그 길을 말하다*는 다양한 시각에서 시사점을 말해주고 있다.

산학협력 기초인프라가 구축되는 등 대학과 기업의 '산학협력에 대한 인식의 확산'을 산학협력 1.0(2003년~2008년)이라고 했다.

지역산업의 개념이 산학협력에 들어오고, 산학협력 친화적 제도개선 및 현장실습, 캡스톤디자인 등 '다양한 산학협력 활동의 양적인 확산'을 산학협력 2.0(2009년~2015년)으로 정의했다.

이제 급변하는 교육환경과 4차 산업혁명 시대에 부응하기 위해서, 앞으로의 산학협력을 '산학협력 3.0'이라고 부르면서 '산학협력의 내일과 그 길'을 말하고

---

*   고혁진 외 4인(2015). 산학협력의 내일, 그 길을 말하다. 공감.

있다. 질적성장의 토대를 구축해야 한다는 뜻이다.

주로 공과대학 중심의 시대구분이지만 전공의 경계를 파괴시켜 봐도 적용가능한 착상이라고 하겠다. 이는 우리 대학의 '서울예대 3.0'시대와도 연계될 수 있는 개념이라고 하겠다.

정부와 학부모와 학생같은 이해당사자(stake holder)들의 대학평가지표 가운데 '산학협력'은 지역대학으로서의 역할과 지원과 소통의 문제이기도 하다. 그러므로 '산학협력 2.0'시대을 초월하여 '산학협력 3.0'시대의 새로운 패러다임을 정립해야 한다.

취업률 제고와 대학 재정의 건전화는 기본이고 '의과대학과 대학병원'의 관계처럼 연구개발과 이론도출은 학교에서 실험하고, 산업현장에서는 공연과 전시로 창작하는 시스템의 발전과 연계된다고 본다.

대학은 인력과 기술의 공급자이기 때문에, 수요자인 기업의 관점에서 교육과 연구를 수행해야 하는 것은 당연하기 때문이다.

우리 대학의 산학협력은 교육이념과 인재양성 목표와 교육지표의 연계순환 시스템으로 정착하고, '글로벌 콘텐츠'를 창작한다는 특성화와 긴밀하게 연동되도록 설계되어야 한다.

지구촌 시대에는 지역대학(community college)이라는 공간적 한계를 넘어서서, '글로벌이 우리의 산학협력 지역'이라는 확장된 의미를 개발하고 도전해야 할 것이다.

또한 NCS(PACS)를 기반으로 하는 교육과정의 구체적 실천이라는 성과를 동시에 달성할 수 있어야 한다. 산학의 부조화(miss matching)를 해결하는 코디네이터가 되게 해야 할 것이다.

우리 대학은 산학협력의 중요성을 간파하고, 다양한 재정지원사업과 산학협력 활동을 지원하고 있다.

특히 '글로벌 현장실습'과 '전문대학 해외연수 프로그램'을 이용하여 연간 50명 내외의 학생을 해외에 파견하고 있고, 해외 컬처허브와 연결된 대외협력처의 지원시스템도 잘 구비되어 있다고 본다.

그 결과 산학협력 활동은 양적으로는 늘어났지만, 질적으로 성장했는가에 대해서는 주저하게 된다. 단순히 현장실습을 몇 명 이수했느냐가 중요한 것이 아니라, 현장실습을 통해서 학생이 취업과 연계된 것이 중요하다고 본다.

취업의 질은 '전공 적합성'과 '업무 만족도'와 '경제적 대우'의 요건을 구비했을 때 제대로 평가받을 수 있기 때문이다.

이제 산학협력의 기본부터 재정립하고, 혁신적인 방안을 도출하고 실천해야 한다. 예를 들면, 산업계와 학계의 선형적이고 수평적인 단순협력 차원을 넘어, 4차 산업혁명 시대와 대유행병 이후 시대에 적합한 입체적이고 융합적 혁신이다.

혁신적인 산학협력 모델은 산업계와 학계의 역할분담을 명확히 하는 것에서 출발한다.

방송용 견본 프로그램(pilot)이나 공연과 퍼포먼스의 초연(showcase)은 대학에서 주도한다. 인재중심, 주제중심, 내용 중심으로 화제작이 될 수 있는 뉴폼(new form)을 실험한다. 게임개발 시에 하듯 비공개 시험(closed beta test)으로 완성도를 제고한다.

산업계는 그 파일럿이나 쇼케이스 가운데 작품중심, 흥행중심, 형식 중심으로 규모의 경제를 갖춘 뉴폼 아트(new form arts)를 실연한다. 자연스럽게 공개 평가(open beta test)를 받게 되어 수정 변형되고, 수익을 창출하게 된다.

산학협력의 두 주체는 산학협력단이나 기술지주회사나 학교기업의 참여로 통합 시스템을 구축한다. 모든 파일럿이나 쇼케이스는 하나의 프로젝트가 되어 생산하고 교환하고 공개하게 된다.

MIT 미디어랩의 소장 출신이 '4P'*를 주장했다. 'Project, Peer, Passion, Play'이다. 디지털 시대의 혁신은 모든 사업이 하나의 프로젝트이고, 동료와 협업해야 하며, 열정을 다해서, 놀이하듯 즐기는 데서 이루어진다는 경구이다. '프로젝트'의 함의를 이해한다면 충분히 동의할 수 있을 것이다.

우리 대학이 산학협력에서 지켜야 할 지침이며, 교육과 창작과정 속에서 늘 말해온 또 하나의 '오래된 미래(현대성, modernity)'인 핵심 단어(key words)가 아닌가?

---

* 　조이 이토 외, 이지연 역(2017). 더 빨라진 미래의 생존원칙 9. 민음사.

● 밈(meme)을 제안형 ODM(개발자 상표) 전략으로 활용해야 한다

밈(meme)은 온라인상에서 유행하는 여러 2차 창작물이나 패러디물 또는 특정 요인에 따른 유행 전반을 통칭하는 개념이다. 대중문화계에서는 인터넷에서 유행하는 특정 문화 요소를 모방 혹은 재가공한 콘텐츠를 의미하는 말로 쓰인다.

대표적인 예로 '비의 깡', '김영철의 4딸라', 영화 '오징어 게임'의 패러디 게임 영상, BTS의 진(Jin)의 생일기념 커버 영상인 슈퍼참치(SUPERTUNA)의 댄스 챌린지 신드롬 등이 있다.

밈은 유행을 타는 수명이 짧은 콘텐츠(short form)이므로, 장기적인 브랜드 전략에서는 다른 요인(기승전결 구조, 세계관)들도 동반되어야 성공할 수 있다. 저작권 위반도 고려해야 하기 때문이다.

'킹덤: K-드라마 챌린지(Kingdom: K-drama Challenge)'는 넷플릭스 오리지널 드라마 '킹덤'의 저작권(IP)을 기반으로 드라마 속 명장면을 모바일 앱 안에서 간접 경험할 수 있도록 기획 제작된 게임으로, 저작권 문제를 해결하면서 밈(meme)을 이용한 사례로 볼 수 있다.

이런 하이퍼 캐주얼 게임은 인터넷 세대의 스낵컬처로써, 스낵커블 유저(Snackable User, 빠르게 소비하고 점프하는 디지털 네이티브 사용자)들에게 의미와 재미를 줄 수 있는 게임 서비스라고 할 수 있다.

특히, 문화적 트렌드와 바이럴리티(Virality) 높은 콘텐츠의 소비 패턴을 분석하고, 빠르게 게임의 재미 요소를 찾아 이를 하이퍼 캐주얼의 간단한 조작과 몰입도 높은 게임으로 재해석하는 전략으로 글로벌 시장을 공략하고 있다.

밈(meme)을 활용한 산학협력은 관행을 바꾼 패러다임이다. 기술과 예산에서 기업보다 미흡한 학교가 독창성과 디지털 유목민(nomad)의 감성을 활용한 틈새 전략이요, '제안형 산학협력'이기 때문이다.

제조업에서 하는 OEM(주문자상표) 전략이 아니고, ODM(개발자 상표) 전략이라고 할 수 있다.

● 긱 경제(Gig economy)를 회피할 수 있는가?

기업들이 정규직보다 필요에 따라 계약직 혹은 임시직으로 사람을 고용하는 경제상황을 일컫는 용어이다. 산학협력과는 떨어진 상황이지만 회피할 수 없는 엄정한 현실이다.

긱(Gig)은 일시적인 일을 뜻하며, 1920년대 미국 재즈클럽에서 단기적으로 섭외한 연주자를 '긱'이라고 부른 데서 유래하였고 '하룻밤 계약으로 연주한다'는 뜻이 담겨 있다. 1인 자영업자가 기업과 '단기 계약'으로 근무'하는 '임시직 경제'를 가리킨다. 처음에는 긱(Gig)이라는 단어가 프리랜서, 1인 자영업자를 뜻하는 단어로 이용되었다.

최근 디지털 플랫폼을 기반으로 한 공유경제와 주문형(on demand) 경제가 등장하면서 확산되었다. '디지털 장터에서 거래되는 기간제 근로'라고 불린다. 한국노동사회연구소에 따르면 국내 프리랜서 규모는 약 400만 명으로 국내 취업자의 15%나 된다(2018년 기준). 비대면 업무로 인한 '긱 경제'의 흐름으로 솔로 워커(Solo Worker)가 양산되고 있는 셈이다.*

유연한 시간제 근로자에게는 노동시장 진입 기회를 주지만, 정규직의 비중이 낮아지고 '인스턴트(instant) 급여' 방식과 사회보장 미흡, 고용불안과 저임금 구조로 소득격차가 벌어지는 부작용은 다른 해결책이 있어야 한다.

콘텐츠 프로덕션 시장의 경우에도 이런 '긱 경제'가 만연해 있어 우리 학생들이 '적자생존 전략'을 구사할 수 있도록 준비해야 할 것이다. '표준 근로계약서' 작성법부터 스포츠에서 FA(자유계약 선수)급의 실력과 명성을 쌓는 방법을 배워야 한다. 프리랜서의 장점을 익혀 경력관리를 할 줄 아는 프로페셔널이 되도록 학습하고 대비해야 할 것이다.

7-4-10. 동문회 부문: 국적은 바꿀 수 있어도, 학적은 바꿀 수 없다

서울예대는 문화예술 분야에서 성공한 동문(alumni)이 많고 유명 연예인을 많이 배출하여, 모교 발전기금이나 기부금이 풍족할 것이라고 생각한다. 실상은 외부 장학금에 해당하는 동문 관련 장학금이 빈약하다고 봐야 한다.

---

* 리베카 실, 박세연 역(2021). 솔로 워커. 푸른숲.

재학시절엔 '학교사랑'이 열정적이었는데, 졸업 후엔 '모교사랑'이 어디로 갔는가?

대학 본부에서 지명도가 높은 동문에게 장학금 기탁을 안내하거나 의사를 타진하면 크게 호응을 받지 못하는 경우가 많다. 그 속내를 따져보면 동문들은 '모교가 자신의 성공에 기여한 바가 없다'라고 생각하기 때문이다. 모교와 동문 간의 소통부재가 문제라면 문제라고 할 수 있다.

특히 자신이 무명시절에 힘들 때 모교가 지원하거나 응원한 적이 거의 없다는 대답이다. 또한 유명 연예인의 경우 인기가 언제 사그라질지 모르고, 수입이 불규칙적이면서 불확정적인 미래와 캐스팅에 대한 보장이 없기 때문에 마음만큼 선뜻 기부하기가 망설여진다고 한다.

이럴 때, 행동경제학의 이론을 차용할 수 있을 것이다. '타인의 선택을 유도하는 부드러운 개입'(Nudge)*이다. 옆구리를 슬쩍 찔러 동문이 자발적으로 기부를 선택하게 하는 '자유주의적 개입'이다. 연쇄적으로 기부를 활성화 할 수 있는 상황을 만드는 '선택 설계자'(choice architect)나 아이디어가 나와야 한다는 것이다.

작은 사례로 서울예대 교직원을 상대로 한 '10,000원 장학금'이다. 모든 구성원이 매월 급여의 자투리 돈을 기부금으로 낸다면 외부 장학금 유치 노력과 설득에 씨앗이 되고 '넛지 효과'를 낼 수 있지 않을까 생각한다.

● **대학의 적립금과 외부 기부금은 학교의 질적 성장에 핵심이 되고 있다**

외부 기부금은 학생들의 장학금과 각종 창작지원금과 뉴폼 아트를 창출하기 위한 투자재원으로 활용되고, 교원의 연구기금 및 각종 석좌교수 초빙과 외국 유명 교수 임용에 결정적인 역할 할 수 있다. 연구개발(R&D) 차원의 예산을 동원할 수 있기에 모든 대학교가 고민하는 부문이다.

우리 대학은 예산 대비 등록금 의존도가 높고(60% 내외), 각종 인건비 비중(40% 내외)과 고정비 비중(20% 내외)을 **빼고** 나면, 실질적인 경쟁력 강화 요인인 연

---

*   리처드 탈러, 캐스 선스타인 저, 안진환 역(2017). 넛지(Nudge). 리더스 북.

구개발 예산은 미미할 뿐이다.

학교기업의 실적이나 산학연계 창작물의 상업화도 불확실성과 불안정성이 커 지속가능한 투자 재원이 되지 못하고 있다.

사회적 기탁금도 예술 분야에 관한 관심이 부족하고 예술문화적 이해도가 정착되지 못하고 있는 실정이다. 기초 자연과학 분야에 대한 기부는 가시적인 성과가 있지만, 예술분야는 아직도 고려대상이 되지 못하고 있다. 한국연구재단의 국가연구비 지원도 자연과학 분야에 치우쳐져 있음이 반증이다.

'예술이 국력인 시대'에 필수로 해봐야 할 미래예술 실험과 신예술(New Form Arts) 창작의 교육방법론 개발에 투자할 예산은 절실하다고 할 수 있다. 예산의 질과 양을 담보할 수 있는 대책들이 나와야 한다.

결국 우리 대학이 가져야 할 대책은 예술 분야에 관한 '사회적 관심 유발'과 '동문회와의 관계 개선'이라고 할 수 있다. 대학 본부가 대화하고 기대할 수 있는 부문은 '동문과의 소통'이다. 일회성이나 소모성이 아니고 '지속성과 진정성을 가진 유대 강화 방안'이 필요하다.

우리 대학의 창학 이후, 교내외 구성원들이 서로 모방하고 상호적응하면서 공유하고 있는 문화적 유전정보(Meme)*를 어떻게 대량 전파하고 전승시킬 수 있는가 하는 문제이기도 하다.

이 '자체 증식력'이 뛰어난 문화적 유전정보(Meme)를 일깨우는 것이야말로 예대인의 미래를 밝히는 횃불이고 자부심의 부활일 것이다. '국적은 바꿀 수 있어도 학적은 바꿀 수 없다'는 말도 있지 않은가?

물론 대학본부 차원의 지원과 함께 개별 학부(전공)의 대책도 병행해야 효과적일 것이다.

● **CRM**(Customer Relation Management, 고객관계관리) **관점이 요구된다**

CRM은 마케팅이론에서 기업이 고객과 관련된 자료를 분석한 뒤, 이를 토대

---

* 리처드 도킨스 저, 홍영남 외 역(2010). 이기적 유전자. 을유문화사.

로 고객의 특성에 맞게 접근함으로써 '신규고객 육성, 우수고객 유지, 잠재고객 활성화, 평생고객 확보'를 통해 고객의 가치를 극대화 하는 고객관계관리 전략이다.

동문과 졸업생 한 분 한 분이 우리 대학의 소중한 자산이고 동반자라고 생각하고, 최고의 대우를 드려야 할 주요고객(VIP)으로 간주해야 한다. 그래야만 상호 공동체의식을 강화하게 된다고 본다.

동창회는 과거의 재학생이 아니다. 현재 재학생의 연장이고 확장이며, 졸업 후 사후 서비스(A/S)를 받아야 하기에, 우리 대학이 보답해야 할 인적 네트워크라는 것이다. 지속적으로 강한 연대(strong connection)를 유지해야 한다.

몇 가지 기준을 정해 주요고객으로서의 동문을 세분화하여 '맞춤형 사후서비스'를 개발하면 좋겠다. 모교의 발전과 동문의 발전을 연계하고 상승효과(win-win effect)를 창출할 수 있는 기회를 만들어줘야 한다. 몇 가지 아이디어를 생각해보자.

첫째, 개인멘토 지명이다. 일종의 '팬 클럽'을 만들어 주는 것이다. 꾸준한 관계형성 작업이다. 동문을 세부전공별 학부별 활동 분야별로 세분화하고 차별화하여, 후배와 선배의 연대를 만들면 좋겠다. '신구세대 간의 새로운 관계'를 형성하고 창작감성을 교환하는 기회가 될 것이다. '소정의 교류비용'도 지원해야 할 것이다.

둘째, 각종 학교 홍보물의 제공이다. 대학신문과 학보와 졸업식 행사 영상과 공연에 초대하고, 다양한 최신 해외 미디어와 공연 작품을 소개하는 기회를 제공해야 한다.

셋째, 학교행사에 초대이다. 학교의 창작발표회나 창학 기념일 및 송년회 등의 행사 초대이다. 공연학부에서 동창회와 협조하는 선배와의 대화 시간을 전 학부(전공)에 확산시켜야 할 것이다.

넷째, 해외작품 제작에 협업이다. 컬처허브가 아텍(ATEC)이나 라마마에서 실행하는 해외연대 창작활동에 동문을 필참시켜야 한다. 재학생의 참여와 함께 동문의 경륜을 교류할 수 있는 기회를 제공하면 모교에 대한 호의도를 올리는데도 기여할 것이다.

다섯째, 모교 자랑거리를 만들어야 한다. 우리 대학이 우수한 성과물을 창작하고 공급해야 한다. 우리 대학의 창작물이 사회적 관심을 받고 언론에서 취급되는 뉴스성이 제고되면 동문들의 자부심을 고양시킬 수 있다.

지속적인 화제작를 생산하고 관련 예술 분야에서 활동하는 동문에게 '직업적 연관성'을 준다면 동문의 사회적 활동에도 도움이 될 것이기 때문이다.

이런 유대강화 방안을 기본으로 하여 다양한 CRM(고객관계 관리)전략을 구사해야 할 것이다. 학교에 대한 불만이나 충족되지 못한 기대를 보완해 줄 수 있는 행사나 장치를 만들어야 한다.

우리 대학 동문회에는 셀 수 없을 정도로 많은 문화예술계의 유명인과 대중스타가 있고, 그들에게 '삶의 빛' 상을 수상하고 있다.

이런 사회적 자본(social capital)을 위해 '명예의 전당'을 왜 만들지 않는가?

● **'발전기금' 유치의 사회학과 '기부'의 심리학을 고려해야 한다**

성공한 동문(기업)과 부유한 기부자에게 '발전기금 요청'을 밀어붙이는 'Push 전략'으로는 한계가 있다. 잘못하면 큰 결례가 될 수 있다. 외부 기금유치 '컨설팅 업체'에게 용역(1억 원)을 발주하는 것은 실적을 담보할 수 없다.

'기부 행위'가 이루어지는 과정에 대한 분석이 필요하다. 기부자에게 '명분'과 '가치'를 줘야 진정성이 있는 '자발적 기부'가 가능하다. 기부자의 사회적 역할, 학창생활, 성장과정, 라이프스타일, 인생관, 예술관 등을 종합해서 고려해야만 기부를 받을 수 있다고 생각한다.

건축기금인지 장학기금인지 석좌교수 초빙기금인지 기부금의 사용처를 분명히 해야 호응을 얻을 수 있다.

리즈 K 대표 김청경(방영 81학번) 동문은 여고생 시절에 신부님으로부터 장학금을 받고 공부했다는 개인사가 있었으며, 우리 대학에 연 1,000만 원씩 기부하고 있다. 황정순 배우와 배우 길용우(방영 75학번) 동문은 소액이지만 30여 년 동안 장학금을 기부하고 있다.

● 왜 KAIST에 익명의 기부자가 거액을 기부하는가?

개인적인 사유도 있겠지만 세계적 명성의 연구실적과 과학기술을 개발한 덕분이고, 국가 대표 대학이기 때문이다.

2021년 12월 미국 뉴욕의 한인 교포 부호가 연세대 동문인데, KAIST에 1000억 원 규모의 부동산을 기부했다고 한다. 기부를 결정한 배경이 의미가 있다. 기부예정자는 끊임없이 기부대상자를 물색하면서 '명분'과 '정의'를 따진다고 봐야 할 것이다.

"4차 산업혁명 시대에 창의적인 생각과 적극적인 개척정신을 가진 글로벌 인재를 육성하고 싶은 꿈이 있었는데, KAIST 이광형 총장이 그런 비전을 보여줬다", '연세대가 모교이긴 하지만 거기에서는 KAIST와 같은 꿈을 찾기 어려웠다'고 말했다(중앙일보, 21.12.12.).

● 왜 서울예대는 세계적 명성의 '예술창작'을 만들지 못하는가?

여러 가지 이유가 있겠지만, 첫째, 뉴폼 아트가 품고 있는 '내용적 접근'이 미흡해서 그렇다고 본다. 기본적으로 예술은 '실험정신'으로 세상에 혁신을 선보이고, '이념'과 '정체성'을 중심으로 삶의 의미를 고양시키는 기회를 갖게 해야 한다.

둘째, '전공 이기주의'를 벗어나서 협업하고 '융합 창작'을 해야 한다. 스타 교수나 열정 교수가 '초일류와 초격차 창작'을 주도하면서 도전해야 한다.

셋째, 해외언론에서 지명도와 평판을 높일 수 있는 창작으로 인류 보편성을 획득하고, '확산의 속도'를 높여야 한다. 예술시장은 경계도 없고 국경도 없기 때문이다. 1971년 필리핀 마닐라에서 개최된 제3세계 연극제에서 대호평을 받은 '알라망'(유덕형 각색 · 연출)은 좋은 사례다.

우리 대학은 국가대표 예술대학으로 이런 매력적인 창작과 놀라운 성과(Outstanding Performance)로 세상과 소통하는 'Pull 전략'을 구사해야 한다. 코로나19 시대에 무용과 동문인 '앰비규어스 댄스 컴퍼니'(Ambiguous Dance Company)의 국제화 사례가 있다.

'화제작'과 '실험작'과 '공유가치'로 대중의 마음을 당기는 'Pull 전략'은 '가장 어렵지만, 가장 쉬운 전략'이라고 생각한다. 우리가 가장 잘 할 수 있는 '창작역량'이기 때문이다. 꾸준히 소통하고 화젯거리를 만들어 '시선집중' 효과를 만들면 된다. 'New Perspective'를 실험하고, 동문들과 '동반성장'하는 '창작 생태계'를 조성하면 성취할 수 있다고 본다.

"세상에 공짜 점심은 없다."

먼저 '동문을 세분화'해야 한다. 동문의 성향과 전공과 관심사는 다 다르다. 최소한 공연 계열과 미디어 계열이 다르다. 또한 예술계 종사자와 비예술계 종사자로 나뉘어져 있다. 부자 동문이라고 모두 기부할 것이라고 기대하는 것은 '학교 중심 사고'일 뿐이다.

'동문 중심 사고'로 접근해야 한다.

성공한 동문의 심리나 관심사를 파악해야 한다. 학창시절의 추억과 예술대학의 중요성과 자녀의 예술교육과 직업예술인에 대한 성취와 창작예술인에 대한 동경 등에 관한 예술정보를 제공하는 것부터 시작해야 한다.

그리고 나서 '동문 개인별 맞춤형 기부요청'을 해야 한다.

'Push전략'이 아니라, 'Pull 전략'이 '서울예대답다'고 본다.

마지막으로 학교가 '출세한 동문'을 자랑하기 전에, 동문이 '출세한 학교'를 자랑하게 만들어야 한다. '출세한 학교'는 초격차 창작으로 '세계적인 지명도'를 높이는 창작뿐이다.

7-5. 주요 과제의 대책과 실행방안 2

7-5-1. 국제화 부문: '컬처허브' 솔루션과 '국제본부'(가칭)의 신설(안)

'국제화'의 공유가치(shared value) 및 지속가능성의 전략수립을 위한 '컬처허브' 솔루션과 연계된 '행정조직 개편'(안)을 중심으로 논의해 본다.

● **Think Global, Act Local'의 정책수립이다**

영화 '미나리(MINARI)'의 할머니(윤여정)는 한국적인 가족애를 표현했고, 이날치 밴드의 '범 내려온다'는 '우리 예술혼'을 대중적인 감성으로 재해석한 음악으로 세계적인 명성을 얻었다.

우리 대학 동문 그룹인 '앰비규어스 댄스 컴퍼니'는 세계적인 밴드 Coldplay ('Higher Power')와도 협업하여 국제적인 화제를 얻었다. 우리 대학의 창학이념인 '민족 예술혼과 전통'을 현대적인 재해석으로 실험하여 '보편적 정서'를 획득할 수 있었던 '성공사례'로 평가하고 싶다.

이제 국제화 전략과 맞물려 '컬처허브'의 미래를 고민하면서, 내용과 형식 면에서 관점전환과 차별화 방안을 다 함께 숙고할 때가 되었다고 본다.

특히 '창학 60주년'인 2022학년도는 서울예대의 '교육 특성화 및 세계화' 전략에 부응할 수 있는 창작이 필요한 시점이라고 할 수 있다. 그 주요지표를 잊지 말아야 하겠다.

- '우주의 진리와 자연친화적 예술창조를 지향하고, 그 당위성을 선양하는 데 앞장선다.'
- 글로벌 시대의 국제적인 경쟁력을 지닌 '융합 창작' 생산

● **행정조직 개편 목적과 방향성(안)이다**

'자율 혁신'과 '적정 규모화'로 구조개혁과 대학 기본역량 강화 전략(교육부가 '재정지원대학'을 선정할 때 '자율 혁신'을 '의무사항'으로 제시했고, 학령인구 급감(평균 30% 내외로 정원감축 예상)에 대비해야 하므로 4가지 기준을 제시한다.

- 국제화(글로벌 경쟁력과 보편성 획득, 외국인 유학생, 정원감축 의무화)
- 융합화(교육(창작)의 융합 의무화)
- 산업화(동문(개인, 기업)과 협업, 프로화, 수익창출)
- 연계화('Oneness 정신' 강화)

● **'국제화'와 '창작의 예대' 선언이다**

우리 대학은 현안으로 '국제화'와 '창작의 예대'를 선언하고, '혁신적'인 조직개

편을 단행할 필요성이 대두되고 있다. 기존의 고정관념이나 조직의 관점에서 벗어나, 창작을 주도할 '기획자'(Planner, Creator) 중심으로 관점전환을 하고 역할을 재정립하는 발상을 제안한다.

'기획자'는 소속이 확정된 고정 멤버가 아니라, 누구나 제안할 수 있는 '오픈 시스템'이다. 공모전 사업이든 순수 창작 프로젝트이든 국제적인 경쟁력을 기준으로 평가하고 선정한다.

'창작의 예대'를 선도하는 주체는 '기획하는 인재'이고, 그 내용은 '콘텐츠'(contents)이다. 국제화 문제일지라도 기본 과정은 똑같다.

영상업계에서는 글로벌 업체(Netflix, Disney+)가 국내에 진출하면서 수천억 원의 제작비 투자를 하고 있으며, '콘텐츠'를 둘러싼 주도권 쟁탈전이 '플랫폼에서 제작자(creator)'로 옮겨가고 있는 경향성도 주목해야 할 것이다.

'누가(who), 무엇(what)을 창작하느냐'가 우선이고, '어떻게(how) 제작하느냐'는 나중이라는 사실이다.

외국인 교수(creator)와 학생이 들어와야 한다는 사실 즉 '사람이 먼저다'이고, '뉴폼 아트'(New Form Arts)가 최우선이라는 '창작 생태계'을 이해해야 한다.

● 현재 국제업무 수행 시 협업 조직이다

정효진 팀장: 컬처허브에서 창작 이외에도 교육적으로 학부와도 연결하고 행정부서와도 연결해야 하는 부분이 있어서 창작, 행정의 분리가 쉽지 않고, 학교의 실적으로 남고, 예산을 집행하기 위해서는 행정적인 부분이 수반되지 않을 수 없음. 이끌어 가는 PD가 있다면 그걸 수행하는 인력이 뒷받침되어야 원활하게 운영될 것임.

컬처허브 PD가 새롭게 임명되면서 기존 아텍의 업무를 컬처허브에서 담당하려는 것으로 인식했는데, 다시 아텍 센터장이 새롭게 발령이 되면서 두 부서 간 업무분장의 정리가 필요함.

현재 국제화와 관련된 주요업무는 '컬처허브(Culturehub)' 프로그램의 운영과 '해외교류(학생과 교수)' 업무이다.

또한 국제업무를 수행할 때 협업하는 조직으로는 '국제교류원', '컬처허브

(Culturehub)', 'ATEC', '문화산업융합센터', '창작실습지원본부'가 있다.

이런 국제업무 관련 조직의 역할과 속성이 '하드웨어(Hard Ware), 소프트웨어(Soft Ware), 휴먼웨어(Human Ware)' 가운데 어느 분류에 속하느냐를 분석할 필요가 있다.

국제교류원은 학교조직으로서 교직원이 예산과 행정업무를 수행하는 '조직 (부처)'이다.

컬처허브(Culturehub)는 주로 LAMAMA와 교류하고 연계하는 '시스템'이고 '프로그램'이며 우리 대학의 특성화의 핵심이지만, 전담직원은 명확하지 않고 겸무를 하고 있다.

우리 대학이 설립을 주도했지만 '창작의 실험'이나 '화제작'으로 혁신하려는 노력이 미흡해 보인다(일종의 클라우드(cloud)형 조직으로 분명히 작동되고 있는 시스템이지만, 전담 실무인력은 불명확하다).

'ATEC'은 설립 취지에 따르면 '예술공학센터'이기에 '창작 기술의 연구개발 (R&D)'이 주요업무이지만, 실질적으로는 '첨단 창작공간'의 기능이 강조되고, '운용자(operator)' 중심이고, 프로덕션이 수행될 때는 외부 엔지니어에게 외주(out sourcing)주는 사례가 많았다.

실질적으로 우리 대학이 공과대학의 기술력이나 재정을 가지고 있지 못하기 때문에, 원천기술 개발에 치중하기보다는 '응용력'과 '재창조 능력'을 목표로 'application'에 승부를 거는 방안이 유효하다고 본다. 그래서 첨단 예술공학에 대한 '신기술 정보'를 제공하고 응용 사례를 제안해야 한다.

남산 '문화산업융합센터'는 국내외 창작활동 시에 '창작공간' 중심으로 사용되어, 독자적인 기획 프로그램이 작동되지 않으며, 컬처허브(서울)의 기능을 수행하게 한다.

'창작실습지원본부'는 주로 '창작 장비와 기기'를 관리하고 대여하며 교육지원 시설(부서)로 운용되고, 장비(기기) 사용법을 학습하는 조직(부처)이다.

● 국제화 업무를 '상부구조와 하부구조'로 분리한다

김제민 교수(PD): 기존의 컬처허브는 국제교류 중심으로 교육과 연구 창작이 이루어졌고, 아텍은 예술과 과학의 융합을 중심으로 교육과 창작이 이루어졌음. 중복되는 부분은 있음. 조직 체계상으로는 분리가 되어 있는데, 조직의 업무는 통합되어 혼선이 있음. 컬처허브 PD가 충원이 되면서 기존의 아텍에서 담당했던 창작, 연구도 수행할 것으로 생각되었음. 그 시점에서 다시 아텍 센터장이 생기게 되면서 그 업무는 다시 아텍에서 수행해야 하는 것인지 혼선이 생겼음. 국제교류원에서 해야 한다면 행정적인 부담이 과중 된다고 할 수 있음.

현행 국제화 업무 조직의 분석 일반적인 국제교류 업무는 '국제교류원'에서 해외인턴 사업과 외국인 유학생 유치와 해외교류 교수를 위한 '행정업무'를 수행하고 있다.

특히 컬처허브의 업무를 분석해 보면 주로 '프로젝트'를 기획하고 '프로그램'을 운영하여 '프로덕션'을 수행하는 것이다. 하지만 주관부서가 명확하지 않고 업무 영역이 구분되지 않아 매 사업(프로젝트)마다 책임부서가 애매한 채 진행되는 사례가 많았다.

그런데 이 '3가지 역할'이 '사람(교수)의 기획'과 '프로그램(Software)'과 '시설(장비, 공간)'이기에 하나의 개념으로 통합될 수 없는 것으로 '분리되거나, 재정립되어야' 한다는 점이다. '창작의 예대'를 실행하기 위해서는 위 '3 가지 역할'이 '디렉터의 기획'에 의해 수행되어야 한다. 다시 '사람이 먼저다'라는 의미를 되새겨야 할 것이다.

기본적으로 '하드웨어(Hard Ware), 소프트웨어(Soft Ware), 휴먼웨어(Human Ware)'의 개념을 적용시켜야 '조직개편'의 방향성이 명쾌해진다고 본다.

이 개념이 명확하지 않아 '적격 인사'가 없고 '적정 사업'이 없으며 '적합 조직'도 없고 '적절 예산'도 없다고 생각한다. 3가지 업무를 총괄할 '멀티플레이어'(multi player)가 없다는 점이다.

'컬처허브'(국제창작원)는 '기획과 창작'을 주도하는 문화장치이며 두뇌(brain)

역할을 하는 '상부구조'에 자리잡고 있다고 할 수 있다.

'하부구조'로서의 인프라스트럭처의 조직과 기능은 '기획'과는 관련성이 미흡하므로 구분해서 정리하고, 유사기능을 통합할 요인이 있다.

즉, 국제창작 업무를 수행할 때는 컬처허브(Culturehub)가 상부구조가 되고, 협업하는 조직인 'ATEC', '문화산업융합센터', '창작실습지원본부'가 하부구조가 된다. 하부구조는 교육조직의 지원업무도 수행해야 하므로 관리와 통제는 교학본부와 산학처의 지휘를 받도록 한다.

● 컬처허브 과업의 '패러다임 전환 5'가 필요하다

컬처허브 사업을 하는 '사람'이 공연(상영)업무를 끝냈을 때 '번아웃 증후군'(burnout syndrome)을 겪고, 마치 '사업을 위한 사업'을 하듯이 수행하며, 관계자끼리 '의무방어전'을 치르듯 하며, 실시간 시청자 클릭 수가 두 자리 수준에 머물러 '창작 만족도'가 높지 않아 보인다. '상업화'를 통해 수익모델로 만들겠다는 의지는 찾아볼 수가 없다. 그런 이유가 무엇인가?

이제 컬처허브 과업의 패러다임을 바꾸어야 할 5가지 이유가 있다.

소위 학교가 성과를 내라고 강요하는 '밀어붙이기'(push) 전략이 아니라, 고객이 스스로 찾아오게 하는 '끌어당기기'(pull) 전략을 써야 한다. 다섯 가지 생각을 제시한다.

첫째, 일단 '공모전 사업' 때문이다. 공모전 사업은 일회성 과업이고 연구(기획)자의 장기 플랜에 따라 실행되지 않는다. 콘텐츠진흥원이 주는 1~2억 원 내외의 제작비가 유혹하기에 외면할 수 없는 상황이 매년 되풀이되고 있다.

이제 컬처허브 사업의 패러다임을 전환해야 할 것이다. 즉 '개인 창작연구'가 되어야 지속가능성이 있고 누적효과가 있으며 '목표달성을 위한 정체성'을 가질 수 있다. 브랜드 가치를 쌓을 수 있는 '시리즈 기획'이 되어야 한다는 것이다.

둘째, 이런 시리즈 기획은 '작은 성공'(small success)의 연속물이어야 한다. 제작비 2,000만 원 내외로 프로토타입(prototype)을 만들고 우수작은 1억 원 내외를 업그레이드 예산으로 추가 지원하여 상업화를 시도하는 제도이다. 우수작에 대한 인센티브이고, 교육부의 '재정지원사업'으로 지정하면 효과적일 수 있을 것이다.

셋째, 스토리텔링의 혁신이다. 4대 지표의 하나인 '예술과 기술의 융합'을 지향하면서, 스토리텔링의 혁신이 필요하다. 특히 MZ세대(2030세대)의 가치관과 수용태도가 '공유가치'(shared value) 중심으로 바뀌었다. '나노, 바이오, 네이처' 아트로 생명과 우주의 신비를 탐험하고 '예술의 본질'과 '인간의 본질'을 찾아가는 여정을 체험하게 해야 할 것이다.

'문예 학부'와 '커뮤니케이션 학부'의 교수가 컬처허브에 들어와야 하는 이유다.

영상(공연) 그림 만들기(How to say)보다 주제와 담론(What to say)이 우선이어야 한다.

넷째, 트렌드의 반영이다. 우리 대학의 이념이며 '창작방법론'인 '현대적 재해석'으로 매력(attractor)을 가미해야 한다. 시대정신(Zeitgeist)을 담아내고 사회적 영향력을 제고할 수 있는 창작이어야 한다. 게임과 가상세계와 메타버스의 아바타를 등장시키는 작품이어야 할 것이다. 세상을 바라보는 새로운 '세계관(world view)'을 제시할 수 있어야 한다.

다섯째, 티켓팅(ticketing)의 수익창출이다. 팬데믹(pandemic)이나 기후변화에 지친 일반 대중을 치유하고 위로하는 예술의 기능을 고객에게 제공하는 역할이다.

언론홍보가 될 수 있는 화제거리와 뉴스 가치(news value)를 만들어 '유료화'가 가능하게 하고, '펀드레이징(fund raising)'으로 제작비를 확보하는 '선순환 구조'를 만들어야 한다.

결국 '패러다임쉬프트(paradigm shift) 5'를 하려면, 창작의 개념을 '우리 이야기를 그들(고객)에게 말하는 것'이 아니라, '그들(고객)의 이야기를 우리 식(New Form)으로 말해야 하는 것'으로 바꿔야 한다고 본다.

'우리가 하고 싶은 메시지(value)'가 아니라, '그들(고객)이 보고 싶은 메시지(value)'를 창작해야 한다. 그것이 '뉴폼 아트'(New Form Arts)의 시작이다.

여섯째, '세계일류의 창작'을 위한 '국제본부'(가칭)의 신설이다. 아텍과 컬처허브, ACC, 창작 실습 지원센터, 남산 문화산업 융합센터 등의 조직은 우리가 교내의 부서나 업무로서 임의로 역할을 부여한 것이라 할 수 있다. 창작과 행정이 섞여 있어 혼동이 생기기 때문에 창작과 행정은 완전히 분리되어야 한다고 생각된다.

인터네셔널 창작센터를 만들어 교수진 및 아티스트가 그 안에서 창작을 기획해야 하고, 그분들이 주도해서 컬처허브 시스템을 이용할지 아텍의 기술을 이용할지 결정하는 게 자연스럽지 않은지 생각해 봤다.

우리가 교내의 부서나 업무로서 임의로 역할을 부여한 틀을 깨고, 전략적 외연 확장이 가능하도록, 국제화 돌파구 전략 방향을 수립하고, 빅 픽처(big picture)를 그려 '창작의 예대'를 위한 역할을 재정의할 필요도 있다.

'세계일류 예술대학'으로서 국제적인 경쟁력을 가지려면, '프로페셔널' 수준의 창작이 선행되어야 한다. 15년 전에는 신선했던 시공간을 초월하는 '실시간 국제 비디오 회의'(real time international video conference) 수준에서 벗어나 혁신해야 한다. ATEC의 '최신 창작기술'을 실험하려는 의지가 활성화되어야 한다.

또한 '산업화와 국제화'의 첨병 역할을 할 수 있도록 제도(조직)를 명확히 하고, 예산을 지원할 필요성이 있다고 본다.

그래서 서울예대의 '특성화와 세계화'의 역할을 수행해야 할 조직으로서 '국제본부'(가칭)를 신설하고, 하위조직으로 국제교류원(행정, 예산)과 국제창작원(기획, 창작)으로 업무를 분리하여 '가시적인 성과'를 창출할 수 있도록 운용한다.

국제창작원(기획, 창작) 중심으로 개편하고 국제교류원이 지원하는 시스템으로 개편해야 한다. 'ATEC'의 일이냐 '문화산업융합센터'의 일이냐 같은 '부서업무의 칸막이' 의식을 없애야 한다.

중요한 것은 수직적 위계에서 상위에 있는 '국제창작원(컬처허브)'에 소속된 '기획한 디렉터'가 창작의 총괄 책임자라는 뜻이다.

현재 ACC(예술창조센터) 업무는 '국내 창작의 기획과 행정'을 지휘하고 '의과대학'으로서의 실험과 교육을 통한 창작을 지원하게 한다. 다만 우수작의 경우에는 '국제창작원(컬처허브)'과 '산학협력단'이 업그레이드 시키고 산업화나 해외교류 작품으로 연계되게 지원한다.

● **국제화 인력의 역할 선언과 재정의**(연계순환 안)

국내외 모든 교수와 크리에이터라고 아무나 '연출'지향의 '기획, 창작'을 해서는 안 된다. 또한 '예술과 과학의 융합'은 중요하지만, 예술창작의 원리를 소홀히 하여 '기술 종속주의'(technology dependency)에 빠져서도 안 된다.

개인별 '세부 전공'을 심화하면서도, 기술을 초월한 국내 최고의 프로페셔널로서, 누구나 인정할 수 있는 '객관적인 실험'으로 뉴폼 아트(New Form Arts)를 만들고 '세계일류 창작'을 할 수 있어야 한다. 그래서 개인별로 자신의 세부전공을 선택하도록 유도한다.

교수 개인별 '세부전공'이 결정되면 '소속과 역할'도 자동적으로 결정된다. 국제창작원(컬처허브)인지, ATEC인지, 문화산업융합센터인지 분명해진다.

예를 들면 다음과 같다(회의용으로 '자의적으로' 가상 배치한 드림팀임).

- Human Ware Group(기획): Entrepreneur – 오준현, 김보슬, 김승미(예경), LAMAMA1
  (창작): Professional – 김제민, 고주원, 조상욱, 김지은, LAMAMA2
- Soft Ware Group(엔지니어링, 운용): Specialist – 우디박, LAMAMA3(채상민), 김광집, 유미, 김륭희(시디)
- Hard Ware Group(설비, 기기, 공간): Generalist - 직원, 조교

● **'국제창작원'(가칭)의 운영 예시**

'국제창작원'(가칭)은 '국제교류원'의 행정과 예산을 지원받는다. '국제창작원'(가칭)의 주 업무는 '컬처허브'의 역할이며, 뉴욕, LA, 인도네시아, 이태리, 안산, 남산의 네트워크를 활성화하고, 각국의 컬처허브 시스템과 협업할 프로그램을 기획한다(가칭 '국제창작원'을 쓰지 않으면 '컬처허브'를 그대로 사용할 수 있다).

'국제창작원'(가칭)에 소속된 교수(창작 크리에이터)는 LAMAMA의 파트너들과 해외 아티스트들과 네트워킹 하며, 협업할 창작작품을 기획한다.

주로 교수 중심의 창작 '프로젝트'를 개발하고, 사용할 '프로그램(엔지니어링, 소프트웨어)'을 수배하며, 실제로 '프로덕션'을 주도하게 된다.

서울예대 교수와 해외(LAMAMA)의 파트너 크리에이터는 각종 공모전 사업과 창작 아이디어를 생산해야 한다. 프로페셔널로서 프로젝트 매니저와 디렉터 역할을 수행해야 한다.

하부조직으로 있는 'ATEC'의 기술, '문화산업융합센터'의 공간, '창작실습지원본부'의 장비(기기)는 기반구조인 '인프라스트럭처(infrastructure)'로 활용한다.

인프라스트럭처인 하부조직은 실체가 있고 프로그램이 있지만 기획과 창작이 발상되는 원산지(컬처허브)는 아니라고 생각하기 때문이다.

다시 한번, ① 누가(who) 기획하느냐 ② 무엇을(what) 창작하느냐가 먼저이고, ③ 어떻게(how) 제작하느냐 ④ 어디서(where) 만드느냐는 나중이다.

①, ②는 상부구조인 휴먼웨어이고, ③은 하부구조인 소프트웨어이며 ④는 하드웨어이다.

● **행정조직 개편(안): '국제본부' 중심의 3대학 3본부제(안)**

- 교육조직 개편은 '수요자 조사'와 '의견 수렴' 및 공청회 등의 개편과정에서 장시간이 소요되며, 학부(전공) 간의 '정원감축'에 관한 갈등과 '교육과정 개편'에 관한 설득이 필요해서 2022학년도 이후로 연기하고자 한다.
- 행정조직 개편은 '60주년 기념사업'과 연계되고, 국제화와 창작의 핵심인 '컬처허브' 조직의 재정립이 절실하여 2023학년도에 실시하고자 한다(제안), (부록 4: 조직개편도(안) 참조요망).

● **'전략기획회의'와 '융합창작회의'의 신설**

- 전략기획회의는 '총장, 3학장, 3부총장'의 7인 회의(대학의 주요 정책결정 및 실행 감독)
- 융합창작회의는 3학장(7학부장)의 협업창작 및 융합창작 정책 협의
  - '융합창작회의'는 '교육과 창작의 연계 전략' 수립 및 작품 생산
  - '마이스터 대학원(신청예정)'의 특성화 전략 수립과 실행(안) 작성
  - 학사학위(전공심화)과정의 교육과정 개편과 운영(3+1 연계) 위원회

- '경영본부': '미래비전'의 재정립과 '전략기획회의' 지원
  - '기획처'는 마이스터대 설립추진단 업무, '60주년 기념 사업단'의 역할
    강화, 재정지원사업('예술총감독'(general director)을 중심으로 '창작의 예대'를 지향,
    총연출 지원)
  - '산학처(단)': 아래에 '문화산업융합센터'와 '학교기업' 관리.
    '링크(LINC+)사업의 주관, 신사업(NEW SIA Plan)의 기획과 참여
    기획처와 CIP교수 및 솔루션 교수와 CD교수 등과 연계 협업
  - '사무처', '인재발굴원' 관할.

- 신설될 '국제본부': '국제창작원(컬처허브), 국제교류원'의 통합관리(국제화 관련
  창작, 정책, 행정, 예산의 통합 시너지 효과)
  - 컬처허브(국제창작원)에 소속된 교수와 크리에이터들은 '공모전'사업도 참여
    하겠지만, '개인 창작 연구과제(이슈, 주제의식, concept)'에 대한 스터디를 하
    고, '기획'을 위해 정기적으로 '포럼, 워크숍, 세미나'를 실시하여 창작 아
    이디어를 개발하고, '창작 뱅크'를 만들어 추후 생산할 창작 스토리텔링
    을 아카이빙하고 선정한다.

- '교학본부'는 교무처, 입학학생처, 예술정보공학처 관할. '창작실습지원센터'
  업무 관리
  - 신설될 '예술정보공학처': 예술정보센터와 예술공학센터(ATEC)를 통합
    관리 및 지원체계(예술창작의 '원천 소스와 정보 및 특수연구(교양)'의 프로그램 개발과
    '창작 기술' 제공)
  - 입학학생처는 취 · 창업지원센터의 통합관리 및 지원 체계 유지

7-5-2. 미래예술 부문: 미래예술 연구소 '크리에이티브 솔루션 랩' 신설

4차 산업혁명 시대의 주요 이슈로 인공지능, 사물인터넷, 클라우드, 빅데이터, 가상현실 및 증강현실, 핀테크 등 핵심기술들이 등장한다. 이런 기술이 보편화되는 '오래된 미래'사회에서는 예술은 어떤 모습일까? 우리 대학은 무엇을 준비해야 할까?

우리 대학은 오래 전부터 '뉴폼 아트'를 주창했지만, 다소 추상적인 의미로 사

용했고 전통적인 '아날로그 예술의 혁신'으로 사용되었다고 본다.

이에 유엔보고서에도 나오는 '미래예술'(Future Art)의 개념을 차용하고 연구개발과 지향점으로 학습해야 할 것이다. 기술혁명이 사회문화에 미치는 영향이 지대하고, '변화의 시대'에 예술은 무엇인가를 고민해야 하기 때문이다. 우리 대학의 생존전략이고 존재이유가 아니겠는가?

디지털 아트의 거장 제프리 쇼는 '미래의 미디어 - 다가오는 예술과 기원'을 주제로 미래의 예술에 대해 새로운 패러다임을 제시하고 있다.
이제 예술은 계속 변화하는 시대에 맞는 기계(machine)를 활용해 대중과 아티스트가 함께 소통하며 예술적 경험을 극대화 하는 창조문화의 영역으로 새롭게 탄생되고 있다는 것이다. 우리 대학의 '삶의 예화(藝化)'와 연결된다.

● 첫째, 미래예술은 '크리에이티브 솔루션 랩'에서 실현된다

'크리에이티브 솔루션 랩'(creative solution lab)은 TV, 라디오 등 전통적인 매체는 물론 CATV, 온라인, 뉴미디어까지, 전시(공연)의 개발과 실행계획까지 기업이나 고객의 문제를 풀기 위하여 토탈 크리에이티브 커뮤니케이션과 솔루션 서비스를 창안하는 기구이다.

'크리에이티브 솔루션 랩'은 변화하는 시장과 생활자들의 욕구를 해결하기 위해 끊임없이 변신해야 하는 미래예술의 심장이다. 새로운 비전인 'Problem Solution'을 위해 'Creative Idea'를 발상하는 '중앙 관제탑(Control Tower)'이다.
고객의 참여를 이끌고 사회문화와 관련된 문제를 입체적으로 해결하기 위해 다양한 생각과 경험을 토론하는 '브레인 집단'이기도 하다.

'세상의 모든 사물과 사건은 문제가 있다'는 전제에서 출발해야 한다. 그러면 더 좋은 대안(공연과 전시)을 제작하여, '예술의 프로'가 '프로의 예술'을 창작하여 '세상을 바꾸는 대학'이 될 것이다. 기업도 변하고 사람도 변하면 세상은 인간 중심으로 더욱 풍요롭게 진화할 것이다.

이런 관점에서 '크리에이티브 솔루션 랩'은 '소셜 이노베이터의 길'(ways of social

innovator)을 실험하고 연구개발 할 것이다.

예를 들면, 연극의 산실 대학로를 활성화할 수 있는 묘안은 없을까를 생각하고, 독립영화를 흥행시킬 아이디어는 없을까를 모색하고, 다양한 앱을 창안하기도 하고, 우리 서울예대의 발전전략은 무엇일까, 우리 시대 예술대학의 학생은 무엇을 해야 할까?, 헬조선에서 나의 경쟁력은 무엇으로 할까? 등등에 관한 남다른 담론을 제시할 수 있을 것이다.

● **둘째, '새로운 생각, 새로운 가능성'(New thinking, New possibility)*의 모색**

동의보감에서 말하길, 소의(小醫)는 '환자의 병'을 치료하지만, 대의(大醫)는 '사회의 병'을 치료한다고 했다. 미시적인 문제를 해결하다보면 거시적인 문제가 발견되고, 그 문제를 해결하려는 동기부여가 생길 것이다.

이런 큰 그림(Big Picture)를 그려보는 것은 '불확실성이 강한 시대'에 대학이, 예술대학이 가져야 할 도전이고 의무라고 생각한다. 하나의 공연과 전시라는 미시적인 관점에 머무르지 않고, 새롭게 발상하는 크리에이티브 능력을 발휘하는 것이다.

사회와 인간의 문제를 풀어보려는 욕구는 '사회적 공유가치'를 창출하고 지속가능한 인류발전을 꿈꾸는 우리 대학의 이념이라고 할 수 있지 않은가?

'크리에이티브 솔루션 랩'은 사회 문제에 대한 '질문하고 토론'하여, 올바른 대안을 제시하는 조직이다. '공론의 장'에 논쟁적 이슈를 던지는 기구로서, '사회문화 감시자'를 넘어서 '사회문화 기획자'의 능력을 획득하는 게 목표라고 할 수 있다.

예를 들면 최근 '먹방의 유행'은 무엇이고, '욜로족'(YOLO)은 왜 공감을 얻고, 어떻게 진행되는를 사전에 기획해 보는 '트렌드 메이커'를 지향하는 것이다.

주요 이슈와 현상을 파악하고 문화예술적인 작품(프로그램 등)으로 제작한다면 어떤 장르가 가능하고 어떤 프로그램 양식이 가능한지를 상호 토론하고 논쟁하면

---

* 현대자동차의 기업광고 슬로건으로 글로벌 캠페인의 주제

서 뉴폼 아트와 비즈니스 플랫폼을 제안하고 실험하는 '생활문화 융합연구소'다.

이제 더 이상 예술은 예술가만의 영역이 아니다.

전시공간에 누가 앉는가에 따라 영상은 계속 달라진다. 공연장엔 객석이 따로 없다. 배우와 함께 움직이면서 작품을 완성시킨다. 이제 더 이상 예술은 예술가만의 영역이 아니다.

작가의 상상력에 가상현실(VR), 증강현실(AR), 스마트폰, 3D프린팅, 로봇, 웨어러블 기기 등에서 예술적 감성을 표현하고 있다.

기존 예술작품의 틀을 깨는 파격과 상상력의 극치를 보여주고 있다. CPND로 디지털 세상의 '콘텐츠, 플랫폼, 네트워크, 디바이스'의 운영자들이 디지털 기술로 공연 생태계를 새롭게 조성했기 때문이다.

"이제 사회 모든 기술이 예술을 바꾸는 구조가 되었다. 관객은 단순히 보고 있는 것이 아니라 작품을 에워싸는, 작품과 소통되는 모습으로 바뀌었다"고 했다.

"온갖 네트워크 망으로 이어진 지금의 기술과학 시대가 더욱 더 그런 방향으로 나아가게 하고 있다"고 제프리 쇼는 덧붙였다.

그래서 관객과의 상호작용이 필수불가결이고 개인 '맞춤형 예술'이 일반화 되고 있다.

결국 우리는 지금 '어떤 창작물이 예술인가?'의 질문에 '누구의 작품인가?'에 대한 답은 그리 중요하지 않은 세상에 살고 있는지도 모른다.

일단 '작품은 더 이상 존재하지 않는다. 무수한 관객만이 존재할 뿐'이라고 한다.

비약하면 현대사회는 '매트릭스'(MATRIX)이고 '트루만 쇼'(Truman Show)이지 않는가? 향후 미래사회는 '호모 사피엔스'에서 '호모 데우스'로 진화할 것인가? 인간이 생각하는 동물로서 지구 생태계의 최종 지배자가 되었다면, 이제는 신의 역량을 발휘하고자 오만한 인간이 되겠다는 것인가?

빅 데이터를 활용하고 인공지능(AI)으로 세상을 규명할 수 있게 될 때, '인간의 지능과 의식과 마음'을 통제하는 기술은 어떻게 개발될 것인가?

미래사회에서 인간은 객관적 실재와 주관적 경험의 세계에서 '허구적 실재'

를 중심으로 살게 될 것이라고 한다.* 단순한 스토리텔링의 창작방법론이 아니라 '빅 스토리텔링'의 거대담론이라고 할 수 있다.

그렇다면 인간은 어떤 '관객'으로 남아 있을까? 아니면 '관객 실종'이나 '관객 변종'이 생기지 않을까? 그런 사회가 온다면 미래예술은 무엇을 어떻게 해야 할 것인가?

'크리에이티브 솔루션 랩'이 해결해야 할 과제이고 혁신 방안을 준비해야 할 것이다.

현재 학생이나 교수가 예술적 체험을 학습하고 작품을 반복 양산하는 것도 중요하지만, 그 '창작과정과 효과에 대한 본질적인 질문'을 던지는 것이 더 중요함을 인식해야 하기 때문이다.

● **셋째, 'ICBM'으로 대변되는 현대 디지털 문명은 '3P 형식'을 취하고 있다**

먼저 ICBM이란 기본적으로 사물인터넷(Internet of Things, IoT)의 센서가 수집한 데이터를 클라우드(Cloud)에 저장하고, 빅데이터(Big data) 분석 기술로 이를 해석해서, 적절한 서비스를 모바일 기기 서비스(Mobile) 형태로 제공함으로써 관련 산업을 활성화하겠다는 것이다.

그동안 ICBM 분야별 독자적으로 개발되던 기술들을 집적함으로써 시너지를 낼 수 있는 사업을 도출하고 효과적으로 추진함으로써 신시장을 창출하고 관련 기술에 대한 주도권을 잡겠다는 전략이다.

'3P'란 이런 기술환경 변화에 따른 예술환경 변화를 말한다.
플랫폼(Platform) 경쟁, 참여형(Participation form) 상호작용, 개인맞춤형(Personalized form) 소비의 3P이다.

이런 구조 속에서 청중(관객)은 '언제, 어디서나, 자신의 모바일 기기'(any time, any where, any device)로 예술을 소비하게 될 것이다.
그러므로 미래예술의 생산 시스템과 소비의 메커니즘과 예술 생태계가 혁신

---

* 유발 하라리, 김명주 역(2017). 호모데우스. 김영사.

적으로 바뀔 것이라고 본다.

또 다른 기폭제는 인공지능의 빅데이터 분석과 딥러닝(deep learning) 기술의 발전이다.

인공지능이 인간의 지능을 능가하는 그 때를 '기술적 특이점(Singularity)'이라고 한다.

'기술적 특이점'은 '강 인공지능(Strong AI)'을 가진 기계(로봇)가 자의식을 통해 자발적으로 학습하고 생각하며 때로는 인간의 명령을 거부할 수 있다는 개념이다.

아직은 이론적인 개념이고, 그것이 정확하게 어떤 모습일지는 알기 어렵다고 하지만 '약 인공지능(Weak AI)'이 점차 범용성을 늘려간다면 강 인공지능으로 발전하는 것도 곧 현실이 될 것이다.

● 넷째, 이제 '미래예술'은 무엇을 어떻게 해야 하는가?

오늘날 예술의 변신과 형식 파괴에 대해 '질문하고 토론'하는 것이다. 과연 예술은 '무엇을 말할 것인가?'와 '어떻게 말할 것인가?'를 모색해야 할 것이다. 대유행병(pandemic) 이후 시대에 꼬리에 꼬리를 무는 논쟁은 추상적이고 개념적인 발상을 넘어 특정한 현장에서 발생하는 구체적인 콘셉트와 창작방법론일 것이다.

공연예술에서도 연극, 춤, 몸, 언어, 극장, 실재, 관객 등의 주요 개념들에 관한 천착이 이루어지고 있다.* 인문학적 사유와 예술의 창작과정에 관한 성찰도 필요하다는 시각이다.

우주에서부터 세상사까지 인간의 근원에 대한 번민과 고찰이 필요하고, 삶의 현장에서 세상살이에서 생길 수밖에 없는 역사와 사회적 갈등에 관한 인간존재의 문제라고 하겠다. 이런 문제를 해결하고자 하는 사고 과정은 '세계를 보는 관점'이요 해석이며 '존재 이유에 관한 질문'이기도 할 것이다.

현실에 관한 질문들이지만 '미래예술'은 구체적 메시지나 스토리텔링이나 상(像)으로 보여주는 정신적 활동이다. 미래예술도 그 '창작원리'는 60년간 해온 '시

---

*   서현석, 김성희 (2016). 미래예술. 작업실유령.

간 · 공간 · 리듬 · 에너지 · 빛'일 것이다.

그래서 '미래는 늘 현재형'이고, 어쩌면 '미래예술'은 '이미 와 있는 예술'이 아니 겠는가?

오늘의 '실험'과 '재해석'을 통한 창작이기에 내일에 보더라도 새로운 예술이 므로 '뉴폼 아츠(New Form Arts)'로 수용된다. 우리 대학의 예술이 '오래된 미래(현대성, Modernity)'를 지향하는 이유이다.

다만 철저한 자기비판과 자기부정을 통해, 즉 '예술 자체에 대한 끊임없는 질 문'을 기반으로 한 '미래의 근원'으로서, 공연예술을 혁신하게 된다. '미래예술'은 이러한 질문들을 무대에, 현실에, 고객에게 던지며 진화한다.

예술의 본질은 같아도 형식(form)은 진화를 거듭해왔다.

두산백과에 따르면 예술의 본질과 고전적 정의는 '미적 작품을 형성시키는 인 간의 창조 활동'이다. 하지만 시대의 흐름에 따라 예술의 형식은 또한 진화를 해왔다.

아날로그 시대의 예술엔 '작품=작가'라는 공식이 절대적이었다면, 디지털 시 대에 들어서며 작품과 작가의 연계성은 점점 줄어들고 있다.

한 작품에 다수의 인력이 투입되거나 분업으로 세분화하고 저작물의 복제가 쉬워졌다는 점도 작용했다. 'ICBM과 3P의 일상화'라고 할 수 있다.

미래예술에 대한 문제의식을 드러내고 공론화하는 것은 곧 우리 자신에게 질 문한 결과이고, 우리의 내재적 가치를 축적하고, 지속가능한 성장을 위해 '필수 덕 목'으로 가져야 할 '예술적 상상력'이라고 생각하기 때문이다.

'저자의 불명과 실종' 및 '근원 질문'은 사람과 사람의 관계, 사람과 예술과 사 회의 새로운 관계, 개인의 근본적인 차이 그리고 그 차이에 대한 본질적인 사유라 는 말에 동의하기 때문이기도 하다.

지역(뉴욕, 이탈리아, 동남아 등)간의 차이, 종교 간의 차이를 초월하는 글로벌 표 준(global standard)도 고려하지 않으면 안 된다.

예술창작자의 관점에서 보면, '예술은 노동이다'. 창작은 시간과 체력의 싸움 일 때가 많기 때문이다. '예술은 패턴의 조합이다'. 데이터 분석과 알고리즘 덕분에,

창작은 세상에 흩뿌려진 수많은 정보들을 재조합하는 것이라고 할 수 있기 때문이다(강미덥).

현대사회의 관객(청중)의 관점은 예술소비자로서 '예술은 엔터테인먼트다'라고 규정해 버리기도 한다. 사회의 변화와 고객의 변화에 부응해야 할 우리 대학의 역할은 무엇일까? 예술의 방향은 어느 쪽인가?

특히 '게임의 속성'(gamification)을 적용한다면 캐릭터와 스토리텔링과 레벨 업과 그래픽은 어떻게 할 것인가?

게이머(gamer)는 등장인물이면서 저자가 된다.

사이버 공간과 이야기의 혼합으로 게임은 스토리텔링의 미래가 될 수 있다. 게임 디자이너는 가상세계를 창조하는 괴짜 신(神)이다.

게임은 단순한 놀이가 아니라 세계를 창조하고 우주를 보여준다. 그래서 게임이 놀이가 아니라 '경험'이라고 부른다. 또한 스토리텔링의 모험담에 나오는 등장인물이면서 저자가 된다. 양방향 픽션이기 때문이다.

대규모다중역할게임(MMORPG)은 의미가 풍성한 세상이면서, 현대사회가 잃어버린 신화(神話)를 부활시킨다. 게임 유저들은 현실 부적응자(loser)이거나 현대사회의 황량함에서 소외된 자들이 아니라, 변화에 적응한 생존자들이 된다. 현실과는 반대로 우람한 근육에 거대한 무기를 지녀 공동체의 추앙자가 되기도 한다.

그래서 게이머들은 가상세계가 진짜 집이고, 지구는 가끔 들르는 곳에 불과하다고 한다.

이런 게임의 성과는 프로그래머, 작가, 사회과학자, 역사가, 미술가, 음악가 등 수많은 사람들의 창의력이 결합했기 때문에 가능한 일이다.*

신설될 연구소는 아텍(ATEC)을 확대 개편하고, 게임, 인공지능, 관객 변종, 플랫폼, 사이버 공간 등에 관한 '우리 대학의 내재적인 미학적 통찰과 예술적 뉴폼'을 제시해야 한다.

감각과 뇌의 인식 관계를 탐구하는 인지과학과 가상현실, 증강현실처럼 일상

---

* 조너선 갓셜, 노승영 역 (2017). 스토리텔링 애니멀. 민음사.

에 깊이 파고든 최신 과학 기술을 통해서 인간 감각의 한계를 넘어서는 미래예술을 찾아야 한다.

뉴욕에 있는 여자 친구가 '모바일 전화 키스'를 보내면 안산에 있는 남자가 센서와 압력감지를 통해 '실제 키스'처럼 느낄 수 있는 공연을 실험해야 한다.*

기술과 예술을 융합하는 아텍(Art+Technology)에서 인문학(학술)까지 연계하고 통합한 성과를 15개 전공에 공급해야 한다.

당장 원니스(ONENESS)에서는 무엇을 어떻게 할 수 있을까?

일단 '크리에이티브 솔루션 랩'은 미래예술 연구소로서 '뉴폼 아트 전임교수'와 '크리에이티브 디렉터', 'CIP교수', '솔루션 교수' 등과 논의하고 협업해야 할 것이다.

창작하고 교육하면서도 미래 '신 성장동력'을 확보하기 위한 수익모델(商術)까지 실험해야 하는 우리 대학의 창의적 두뇌집단이다.

'전략과 목표달성을 위한 액션플랜'이 시급할 뿐이다.

4차 산업혁명 시대의 미래예술 전망대에서 볼 때, '창작의 서울예대'가 선도자(First Mover)가 되기 위해 시작해야 할 '질문과 토론'의 주제는 다음과 같다.

'4술(기술, 학술, 예술, 상술)의 융합'을 만들 창작과 방법론은 무엇인가?

● 다섯째, NFT - 미래예술 시대의 빅 씽(next big thing)

NFT(Non Fungible Token)**는 대체불가능한 토큰이다. 자동차의 소유 증명서가 없는 사람이라 할지라도 자동차를 이용할 수 있다. 자동차 소유주와 이용자는 반드시 동일하지 않다. 그러나 자동차 등록증상에는 소유주가 누구인지 명확하게 입증·기록되어 있다.

NFT는 디지털 자산에 블록체인 기술로 별도의 고유한 인식 값을 부여하고

---

*　카라 플라토니, 박지선 역(2017). 감각의 미래: 최신 인지과학으로 보는 몸의 감각과 뇌의 인식. 흐름출판.

**　성소라, 롤프 회퍼, 스콧 맥러플린(2021). NFT 레볼루션 - 현실과 메타버스를 넘나드는 새로운 경제 생태계의 탄생. 더퀘스트.

있어 디지털 자산의 소유권을 증명할 수 있는 기술이다.

비플의 디지털작품이 크리스티 경매에서 낙찰받은 사람은 작품을 가지고 갈 수 없다. 경매받은 작품은 디지털 파일로 되어 있기 때문에 파일로 가져가는 것이 아무런 의미가 없다. 저작권과 소유권이 분리됨을 이해해야 한다.

디지털 작품은 기존의 현물 작품의 유일함과 희소성 그리고 원본의 가치판단과 다른 차원으로 이해해야 한다. NFT 소유가 '디지털 작품'의 소유권일 뿐이다.

소유권의 기술적 입증이 모호했던 사진, 비디오, 오디오, 문자 등에 대하여 디지털 소유증명을 입증할 수 있는 NFT가 발행되고, 시장에서는 오프라인의 현물인 그림이나 예술작품의 소유권도 NFT로 유통하려고 한다.

NFT 발행시스템은 블록체인 기술의 데이터 투명성, 무결성, 위변조 불가, 대외적 신뢰성 등이 고려된 설계라야 믿고 투자할 수 있을 것이다.

비플(Beeple)로 더 잘 알려진 Mike Winkelmann은 지난 2021년 3월에 그의 디지털 작품 〈EVERYDAYS: THE FIRST 5000 DAYS〉(2021)와 이와 관련된 NFT(Non-Fungible Token)가 크리스티(Christie's)에서 약 784억 원(6,950만 달러)에 팔리면서 예술계를 충격에 빠뜨렸다.

그의 최초의 실물 작품인 〈HUMAN ONE〉(2021)은 11월 9일 21세기 '21세기 크리스티 이브닝 세일'에서 경매가 되었다(아트&머니).

이 작품은 이더리움 블록체인에 저장된 이미지를 역동적으로 표현하는 물리적 존재와 디지털의 하이브리드 작품이다.

비플은 "휴먼 원은 블록체인에서 원격으로 쉽게 조정할 수 있어서, 이 작품의 메시지와 의미가 제 삶의 과정에서 계속 진화할 수 있다"며, "전통적인 작품은 완성된 순간에 시간이 정지되기 때문에 유한한 존재에 더 가깝지만, 나의 작품의 독특하고 지속적인 업데이트 기능은 계속 이어지는 대화와 같은 느낌을 준다"고 설명했다.

이 의미는 '창작(creative)'이 유기체적인 '생명성을 획득'하는 것이다. 생명성은 '유일성'과 '독창성'이며 신(神)의 영역이기에 예술가는 위대할 수 있을 것이다.

현대미술계에서 NFT의 부각은 '미래예술의 본질'이 무엇인가를 되묻고 있다. 전통적인 '작품 내의 주제와 소재나 기법'의 문제가 아니라, '작품 외의 개념과 관점'을 건너 '작가의 행위와 기술'이 기준이 아닌가 생각될 정도다.

화랑에서 작가의 전시회를 개최하는데 '그림 소각 이벤트'를 했다. 원본을 불태워 버리고 'NFT 작품 300개 한정판'을 만들기 위한 행사였다. 이 NFT작품은 '에디션 넘버'에 따라 글로벌 가상화폐 거래소에서 거래된다고 한다. 디지털 원주민인 MZ세대는 전통적인 예술품 거래방식을 거부하고 다양한 방식을 퍼포먼스로 즐기는 것 같다.

'은밀한 갤러리'에서 이루어지는 권위주의와 거대한 경매가격에 대한 거부감도 작동되었을 것이다. 중요한 것은 '디지털 원본(digital originality)'이라는 신개념의 '예술적 희소성'으로 '취향저격'하기 때문이다.

현대예술 시장의 경향성을 단순화 하면 다음과 같다.

- 승자독식이다. 부익부빈익빈이 나타난다.
- 글로벌 유통을 위한 넌버벌(nonverbal) 시장으로 이동이다.
- 구매가격 제한이 없다(priceless). 가치(valuation)를 평가할 수 없는 주관적 시장이다.
- 수집가 중심(collector) 중심의 시장이다. 최근 NFT의 호응도 MZ세대의 투자관심 때문이라고 한다.

우리는, 우리 미래예술은 어디로 가서 '왜, 어떻게, 무엇을 해야 할까?'

7-5-3. 신사업 부문: 'NEW Project Plan'(정체성의 확장으로 MICE 산업과 기획)

미래예술과 함께 2022년 이후 팬데믹 이후 시대의 서울예대 비전을 무엇으로 할 것인가를 숙고해야 한다. 예술의 확장이 중요하다. '예술의 생활화'와 '생활의 예술화'이다.

구성원의 공유가치인 창학이념을 바탕으로 사회와 산업계에 서울예대의 창작정신을 확산시켜야 한다. 우리 대학의 정체성이고 특성화이고 존재이유다.

그리고 예술의 사회적 기능과 지속가능성을 전파하여 세계인의 보편적 정서에 공감할 수 있는 예술로 인류애와 생명존중의 사상을 교류한다. ESG 경영을 예술로 실현한다는 것이다. 그 실천방안은 '나노, 바이오, 네이처' 예술창작이다. '사회이슈'(social issue)를 선점하고 '크리에이티브 솔루션 랩'과 연계해서 수행하면 좋겠다. CIP교수가 주도해도 좋다.

'창작의 예대'를 실현하고 프로페셔널 수준의 작품을 생산하는 신예술(New Form Arts)의 발신지로서 사명을 다해야 할 것이다. 핵심역량을 길러 독창적인 예술을 할 수 있고 기업가 정신을 실천할 수 있게 해야 한다. 산학협력과 수익창출로 이어지고, 사회와 소통하면서 지속가능성을 가진 '신 서울예대 상(像)'을 그릴 수 있게 된다.

그러려면 '예술 영역에 대한 확장된 사고'와 기업가정신이 필요하다.

● 'MICE'(Meeting, Incentive, Convention, Exhibition) 산업으로 확장

"버닝맨과 실리콘밸리의 공통점은 가치의 우선순위에 해당하는 부분이다. 우버, 페이스북, 구글, 테슬라와 같은 회사들은 천문학적인 돈을 벌지만 이익 추구만 목표로 하지 않는다. 창업가들은 범지구적인 문제의식을 먼저 가졌고, 그것을 해결하기 위해 회사의 미션을 만들었다. 그 미션을 실행하는 과정에서 만들어 낸 비즈니스 모델이 수익을 창출한다."[*]

버너들이 버닝맨의 세상을 '리얼 월드'라고 부르고, 버닝맨 바깥의 세상을 '디폴트 월드'라고 부르는 이유이다. 예술대학교가 가야 할 길이 보인다.

대중예술을 '마이스(MICE)' 산업과 연계해서 종합예술 창작과 연결하는 기획이 필요하다. 마이스는 '회의, 포상, 컨벤션, 전시'를 위한 산업으로 '여행(이동)'을 기본으로 연관산업과 인프라 경쟁과 고객 유치전략이 치열하다.

마이스 산업의 성공 여부에는 '전시, 영상, 공연'을 연계 · 순환 · 통합시킨 종합예술이 따라다니므로 독창성(creativity)이 아주 중요하고 대중성과 상업성이 함께한다.

'창작을 통한 교육'은 물론이고 '수익모델'까지 가능한 몇 가지 사례를 보자.

---

[*]   최형욱(2018). 버닝맨, 혁신을 실험하다(북저널리즘 17). 스리체어스.

① '브랜드 언박싱(unboxing) 행사'

'상품 언박싱(unboxing) 행사'는 신상품 판매를 위한 프로모션이 아니다. '예술의 생활화'로 소비자의 심성에 공감하는 예술행위이다. 삶의 질을 향상시키는 예술의 역할이다. 신차 발표회(Motor Show)나 각종 회의나 인센티브 여행에서 '예술감상 시간'은 필수다.

스포츠나 이벤트도 축제가 되게 하는 것은 예술행사가 있기 때문이다. 오히려 예술을 우선순위에 두고 기획하고 집행한다. 스포츠와 예술의 융합이다.

'행사' 하나하나가 '역사'로 남게 하는 힘은 '예술'이다.

'갤럭시 언박싱 행사'도 타임스퀘어에서 공연과 사이니지의 영상과 상품 전시의 종합연출로 공개한다. 뉴욕 타임스퀘어 광장에서 현장 야외공연이 오르고, 디지털 사이니지에서 영상이 흐른다. 청중은 음악에 맞춰 흥겹게 집단 춤을 즐긴다.

② '퍼미션 투 댄스 더 시티 - 라스베이거스'

2022년 4월 그룹 방탄소년단(BTS)의 콘서트가 열리는 미국 라스베이거스가 보랏빛 물결이 넘실대는 'BTS 시티'(BTS CITY)로 변신한다. BTS의 글로벌 팬덤을 활용한 이벤트로 BTS 분수 쇼에 파티까지 호텔 테마 룸 · 한식 메뉴 등 "도시 전체를 '테마파크'로" 만들기 때문이다(서울, 연합뉴스).

예술의 핵심 가치를 '고객 경험 창출'로 확장하고, 생활 속으로 깊숙이 침투하여 엔터테인먼트를 극대화하고 있다. 예술경영과 이벤트 축제 기획의 모범을 보여주고 있다.

BTS 소속사 하이브(HIBE)는 팬 커뮤니티 플랫폼 '위버스'를 통해 "라스베이거스 공연을 전후해 도시 곳곳에서 BTS를 즐길 수 있는 볼거리, 놀거리, 먹을거리 등 다양한 프로그램을 준비 중"이라고 밝혔다.

장르와 사업의 연계 · 순환 · 통합 시스템으로 '파생상품'을 개발하여 '수익 모델화'하고 있는 셈이다.

BTS 공연에 맞춰 준비한 '더 시티'(THE CITY) 프로젝트는 팬들을 위한 맞춤형 행사다. 단순히 콘서트 공연을 보는 데 그치지 않고 '아미'(BTS 팬)들이 쇼핑, 엔터테인먼트, 식음료(F&B), 숙박 등 곳곳에서 BTS와 관련한 프로그램을 즐길 수 있도록 한 일종의 '도시형 플레이 파크'다.

BTS 소속사 하이브는 4월 5일부터 17일까지 콘서트가 열리는 얼리전트 스타디움을 시작으로 중심부 스트립 지역 인근까지 약 5km 구간에서 프로그램을 진행할 계획이다.

우선 세계 3대 분수 쇼 중 하나로 꼽히는 '벨라지오 분수 쇼'는 4월 7일부터 BTS 음악과 함께 펼쳐진다. 공연이 열리는 주말에는 1시간마다 'BTS 분수 쇼'를 즐길 수 있다고 한다.

기존에 해오던 행사를 'BTS 콘셉트'에 연결하여 기획한 아이디어라고 하겠다.

2021년 첫 막을 올린 'BTS 퍼미션 투 댄스 온 스테이지'(BTS PERMISSION TO DANCE ON STAGE) 연습 과정과 서울 공연 모습을 담은 사진 전시회도 열린다.

4월 8~9일, 15~16일 열리는 콘서트가 끝난 뒤에는 공연 열기를 이어가며 BTS의 음악을 즐기는 클럽 파티도 진행될 예정이다. 라스베이거스에서의 여행 추억에 '테마 아이템'도 있다.

호텔 체인인 MGM 리조트 인터내셔널은 4월 5일부터 18일까지 라스베이거스 중심부에 위치한 산하 11개 호텔에 멤버들의 손글씨로 제작된 메시지 카드, 포토 카드 등을 둔 'BTS 테마 객실'을 운영한다.

만달레이 베이(Mandalay Bay) 호텔 내 레스토랑은 BTS 멤버들이 즐기는 비빔국수, 치킨 등 한식 요리를 엄선해 코스로 제공하는 '카페 인 더 시티'(CAFE IN THE CITY) 메뉴를 제공한다.

라스베이거스 공연을 기억하는 투어 공식 상품도 곳곳에서 살 수 있다. 얼리전트 스타디움과 MGM 그랜드 가든 아레나에서는 공식 상품(MD)과 응원용 봉을 살 수 있는 상점이 운영되며, 라스베이거스를 테마로 한 '시티 시그니처' 상품을 파는 팝업 스토어도 열린다.

하이브는 '공연이 열리는 도시를 다양한 이벤트로 채우고 축제 분위기로 만들어 팬들이 도시 전체를 '테마파크'처럼 즐길 수 있는 특별한 경험을 제공하고자 기획했다'고 말했다.

우리 대학도 '총 예술감독(Creative Director)'이 15개 전공의 역량을 통합하여 독창성을 표현하고 비즈니스 모델로 확장시키는 예술 경영전략이 필요하다.

브랜드 공개행사가 기업의 상업적 마케팅의 수단이 아니라, 고객과 커뮤니케이션 하는 생활문화 축제가 되고, '일상탈출'의 변곡점을 만들어 '공유가치'와 '의미부여'로 재탄생시키는 '산학협력 사업'이 되도록 창작해야 한다.

③ 버닝 맨 페스티벌(Burning Man Festival)

'버닝 맨 페스티벌'은 구글의 공동창업자인 래리 페이지(Larry Page)와 세르게이 브린(Sergey Brin)이 참여했다고 해서 유명해진 축제이다. 미국 네바다 주 리노(Reno)에서 북쪽으로 170킬로미터 정도 떨어진 블랙 록 사막(Black Rock Desert)에서 30년 전에 시작되었다. 블랙 록 시티는 실제 도시가 아니라 일주일의 행사 기간에 축제를 위해 생겨났다가 사라지는 임시 마을이자 예술 무대이다. 마지막 날 불꽃과 함께 사라지는 마을이다.

버닝 맨 페스티벌의 핵심은 사람들이 능동적으로 '참여'해 각자의 재능과 자기표현으로 서로 소통하고 도움이 되는 공동체를 형성하는 데 있다. '축제의 열 가지 원칙' 가운데 '즉각적 경험'이 인상적이다.

'즉각적 경험'은 우리 문화에 있어서 여러 방면으로 가장 중요한 기준이다. 우리는 우리 자신과 우리가 인지하는 내면의 모습, 우리를 둘러싸고 있는 현실, 사회 내 참여, 그리고 사람의 힘으로 범접할 수 없는 대자연과의 접촉 사이에 있는 벽을 허물고자 한다. 그 어떤 아이디어도 이 경험을 대체할 수는 없다(네이버).

버닝 맨 페스티벌은 창조적이고 자유로운 축제를 표방한다. 참가자들은 사막 한가운데서 자유롭게 작품을 만들어 전시하고, 음악을 연주하거나 퍼포먼스를 선보이기도 하며 블랙 록 시티 곳곳에 댄스 클럽, 요가 수업 등이 마련되기도 한다.

인위적인 억압이 없는 사막에서 해방된 인생을 자유롭게 총체적으로 재현하려는 축제에 예술혼이 함께 하며 의미를 부여하는 것은 자연스럽다고 본다.

④ '제주 오름 들불축제'

'제주 오름 들불축제'는 제주시에서 해마다 정월대보름(매년 3월 전후)에 개최

된다. 제주도의 목축문화인 들불놓기를 현대적으로 재현한 민속 축제이다. 방애오름(기생화산)에 들불을 놓아 밤하늘을 붉게 수놓는 장관이 펼쳐진다. 자연 생태계의 순환과 민간 기복신앙이 결합된 이벤트라고 할 수 있다.

오름 전체를 대형스크린 삼아 조명을 비추는 미디어 파사드 쇼와 횃불 대행진, 화산섬 제주의 탄생을 의미하는 화산 불꽃쇼 등을 종합한 대형 이벤트이다.

버닝 맨 페스티벌과 제주 오름 들불축제와 상품 언박싱 행사는 '자연'과 '인간', '생성'과 '소멸' 그리고 '통합'과 '혁신'이라는 '인류 보편적 정서'를 블록버스터로 재현한 공통점이 있다. '축제 기획'이고, 'MICE'(Meeting, Incentive, Convention, Exhibition) 산업으로 확장이다.

⑤ 정체성(콘셉트)을 공간연출로 전환한 괴물 브랜드 - '젠틀몬스터'의 재발견

2021년 국내 아이웨어(안경, 선글라스) 패션브랜드인 젠틀몬스터(GENTLE MONSTER)가 글로벌 명품들의 최대 경연장인 중국 'SKP 청두점'의 명품관의 공간설계를 수주했다. 연매출 3조 5000억원 규모의 'SKP 베이징점'의 별관인 'SKP-S'(Select)의 공간디자인 업무를 2019년에 따낸 데 이어 두 번째다. 패션 10년의 의진부화를 넘어 '퀀텀 점프'를 하고 있다.

왜 안경 브랜드가 '공간디자인 업무(기획과 제작)'를 위탁받을 수 있었을까?
2011년 탄생한 젠틀몬스터(GENTLE MONSTER)의 아이디어는 '공간에서의 브랜드 경험'을 중시하면서 '기이한 미학(weird beauty)', '충격과 동경'이라는 키워드로 집약된다.

'우리가 설레지 않으면 소비자도 설레지 않는다', '세상을 놀라게 하라'는 생각으로 내부 검열을 위해 '인 하우스 팀'을 운영하며, '회의 시간과 과정이 축적'되면서 '젠틀몬스터만의 방식'이 생겼다고 말한다.
정답이 없는 시장에서 젠틀몬스터만의 길을 만드는 데 집중했고, 참고할 만한 사례조차 없었다, 젠틀몬스터는 '안경의 패션화'라는 인식전환, '유통 생태계의 파괴', 소비자 중심주의라는 혁신으로 승부했다.

새롭고 파격적인 메시지를 무작정 고객에게 던지는 것이 아니라, '가치'와 '브랜딩'을 강화하는 전략이 유효했다고 본다. 특히 상업성은 예술성을 넘어서야 한다는 주장은 '예술성과 상업성의 경계파괴'와 연결되는 중요한 브랜드 미학이다.

기업명 '아이아이 컴바인드'(II Combined)가 상상력(Imagination)과 해석(Interpretation)의 연계라는 뜻에서 정체성의 지향점을 읽을 수 있다.

특이하게도 각 매장에는 그 매장만의 '독특한 예술품'이 설치되어 있다.

서울 압구정점인 '하우스 도산 매장'은 세련된 건물과 어울리지 않는 특이하고 난해한 예술품이 설치되어 있는데 벨기에의 예술가 프레드릭 헤이만(Frederik Heyman)의 3D 미디어 아트를 실제 작품이다. 철거 직전의 낡은 건축물을 연상하게 하는 이 예술품은 전형적인 아름다움과는 거리가 멀지만(weird), 시공간을 초월한 듯한 이미지가 특징이다.

젠틀몬스터는 예측하지 못한 새롭고 혁신적인 경험을 제공한다는 평가를 받는다. 제품, 공간, 스타일링, 캠페인, 서비스 영역에서 다양한 브랜딩을 보여주며, 실험적이고 세련된 아이웨어 디자인과 함께 차별화된 콘셉트로 많은 관심과 사랑을 받고 있다.

10년 만에 경이적인 브랜드 파워와 확장성을 보여준 핵심 경쟁력은 '정체성'과 '사용자 경험'의 융합이라고 생각한다. 브랜드의 가치를 유지하면서 사용자의 욕구를 반영하는 '공간 경험의 신창조'이다.

글로벌 영역으로 성장하고 있는 젠틀몬스터는 럭셔리 패션 브랜드 알렉산더 왕, 펜디 등과의 협업을 진행하며, 아시아, 유럽 및 미국에 40여 개 직영점을 보유하여 '국제화'하고 있다.

2017년에는 LVMH 그룹의 계열 사모펀드에서 약 600억 원을 투자받았다.

젠틀몬스터의 신경영에서 배울 점은 사용자가 안경을 구매하는 상황(context)에서 소비자가 '진실의 순간'(moment of truth)을 경험하게 하도록, 고급 패션(예술품)의 '전시장과 미술관' 같은 '공간연출'을 제공했다는 것이다. 상술을 뛰어넘는 '삶의 예화'요 '낯설게 하기'로 고객지향의 '진정성(authenticity)'과 소통하려는 브랜드의 콘셉트를 확인하게 하는 것이다.

예술대학은 어떻게 혁신하는가?

기본 핵심역량과 정체성의 확장이다.

물론 설치미술(installation arts)의 공간연출이기에 '영상, 키네틱, 전시'의 '융합'과 '스토리텔링'도 내재화되어 '숨은 설득자' 역할을 하고 있다.

서울예대가 '창작의 괴물(Creative Monster)'이 되기 위해서는 '이념 실천과 브랜드 신경영'이 따로 놀아서는 안 된다. 정체성과 기본 콘셉트의 확장전략을 모색해야 할 것이다. 우리 대학이 가야 할 길이고, 인재양성 목표인 '뉴폼 아츠(New Form Arts) 창작'이기 때문이다.

또한 '콘텐츠 창작자와 플랫폼 기획자'(CCPP, Contents Creator & Platform Planner)로 확대 성장하는 기회를 만들 수 있게 될 것이다.

우리의 '신사업 개발'(New Project Plan)과 '창작 하나하나'가 '신세계'(New Normal)를 향한 대항해의 실험정신으로 무장해야 하는 이유이기도 하다.

8. 우리는 어떻게 소통할 것인가?

'아마추어는 설명(explanation)하려고 하지만, 프로는 설득(persuasion)하려고 한다.'

조직혁신이 성공하기 위해서는 우리 학교공동체 구성원 모두의 '참여, 개방, 공유'의 웹 2.0정신을 유도하고 개인맞춤형의 인공지능 웹 3.0시대까지 실현해야 한다. 함께 고민해야 할 '공동체 문화' 부문이다. 기본은 '관리'가 아니라 '지원'이고 '전방위 소통'이며, '창작 생태계' 조성이다.

교내 소통과 교외 소통으로 나누어 전문성을 담보한 전략적인 홍보가 필요하다.

8-1. 소통은 관리가 아니라 지원이다

8-1-1. 소통의 가치를 알아야 한다

다양한 전공의 교수와 소통할 뿐만 아니라, 사회흐름과의 소통(communication)이 중요하다. 난상토론(爛商討論)을 통해 낱낱이 꼼꼼하게 논의하고 설득할 때, 교과과정 운영부터 조직혁신위원회의 성과도 우리 대학공동체 구성원의 지지를 얻을 수 있을 것이다.

3통(通)(학교와 교수, 교수 간, 자연과 교수)에 2통(通)(학생과 교수, 교수와 사회)을 더해서 5통(通)이 되어야 한다. 대학공동체를 둘러싼 '5통의 관계 관리'는 물론이고, 우리 대학의 제도나 규정부터 가치관과 예술관까지 '질문과 토론의 힘'으로 바꿀 수 있다고 본다.

'토론으로 세상을 다 바꿀 수는 없지만, 토론 없이는 세상을 하나도 바꿀 수 없다.'(100분 토론).

전략적인 대외협력과 홍보 기능의 강화도 긴요하다. 마케팅 커뮤니케이션을 연중 기획으로 실시하고, SNS 매체와 Youtube, Instagram 등을 활용한 소통이 이루어져야 한다.

특히 '소통의 내용'은 정체성과 창학이념과 연계한 지속가능성을 유지한 핵심 메시지 개발임을 설득하고 독려할 필요가 있다.

또한 학교의 주인은 학교법인도 아니고, 교수도 아니고, 학생도 아니고, '창학이념'이라는 사고가 선행조건이다. 각각 이해당사자의 관점에 빠지면 이기적인 '사익 우선'이나 진영논리에 함몰될 우려가 크기 때문이다. '60주년 역사의식'을 가지고, 사람이 이름을 남기듯, 우리 대학은 서울예술대학교라는 이름과 이념(정체성)을 남김으로써 지속가능성을 높일 수 있다.

이 이념(정체성)이 유산(heritage)이고 특성화이며 최고의 경쟁력이 되어야 한다.

물론 경영자가 아무리 고민하고 생각하고 창의적이라고 하더라도, 학교를 움직이는 구성원은 현실적으로는 교수요 학생이라는 '관용(tolerance) 정신'도 서로 인정해야 한다.

대중 커뮤니케이션에서는 호감도를 제고하기 위한 '3R 전략'으로 지원해야 할 것이다.

첫째, 관련성(Relevance)이다. 우리 대학의 이념과 정체성에 관련된 메시지를 전달해야 한다. 다른 대학이 추월할 수 없는 차별성을 가져야 한다.

둘째, 관계(Relation) 형성이다. 이해당사자는 물론이고 안산시 지역 커뮤니티와 지속적으로 관계를 이어가고, 글로벌 기관들과 유대를 강화해야 한다.

셋째, 평판(Reputation) 관리이다. 우리 대학 고유의 이미지와 실체를 잘 알리고, 각종 조사에서 예술대학의 대표 브랜드로 인식되게 하는 지표 관리를 해야 한다.

이런 커뮤니케이션을 쌍방향(two way)으로 전개할 때 바람직한 소통이 수행될 것이다. 요즘 정치권처럼 '소통'이 '쇼통'(show通)이 되고, '보여주기'식이 되어서는 불신과 불만의 원인이 되고 말 것이다.

FAANG류의 세계적인 디지털 선도기업들은 내부고객(직원)의 지성을 응집하기 위한 '건축 콘셉트'를 소통으로 잡는다. 필수적으로 '만남의 장소'를 건축 공간의 설계에 반영한다는 것이다. 사옥에 사무실을 배치(layout)할 때도 '혁신 마인드'라는 콘셉트를 잊지 않는다. 일상 속에서 자연스럽게 소통하는 구조를 생각한다는 것이다.

생리적으로 필수인 화장실과 음식물을 먹는 식당과 의사소통할 회의실은 '건축물의 중앙'에 배치한다. 식당과 화장실은 하루에 3~4차례 가지 않으면 안 되는 장소이며, 왕래하다가 서로 자연스럽게 만날 수 있게 한다는 것이다. 만나면 바로 회의실로 이동하여 차담(茶談)과 생각을 나누고 아이디어를 교류하게 된다.

'화장실, 식당, 회의실'을 '생활 동선'에 맞춰 자연스럽게 '융합'이 생산되도록 한다는 건축설계이다. '소통과 융합'은 생활 속에서 '자연스런 연결'(natural connection)을 통해서 '수시로' 일어나게 만들어야 효과적이라는 지혜이다.

소통의 중요성을 알고 구성원의 동선(動線)을 가치창출의 수단으로 혁신한 셈이다.

8-1-2. '구성원의 지혜'를 얻어야 할 것이다

현대 디지털 사회는 웹 2.0 시대로 불리며, '참여 개방 공유의 정신'을 기본으로 웹 3.0시대를 대비하고 있다. 특히 다양한 토론과 문제제기로 교수들의 집단지성을 모아야 할 것이다.

우리 교수들은 탑 경영자의 확고한 의지를 대내외적으로 선포할 필요가 있다고 주장해 왔다. 톱다운(top-down) 방식이 아니라 구성원이 참여하는 보텀 업(bottom-up) 방식이 구성원의 공감대 형성에 절대적이라고 했다. 적어도 여론을 형성하며 주인의식을 갖기 위해서다.

서울예대 구성원 각자는 학교의 주인은 아닐지라도 주체가 되어야 한다. 이런 주체적인 사고가 경쟁력 있는 주인의식이 수립될 기반이라고 본다.

우리 대학의 교수 개개인이 먼저 '변화의 시대'에 맞게 바뀌어야 한다. 무엇보다도 변해야 한다는 '팩트 체크'를 해야 한다. 대학 본부는 교수의 변화에 화답

하고, 공명(共鳴)의 메아리가 되어 돌아오는 '반향정위'(echolocation)의 생태계를 제도로 만들어야 한다.

앞에서 '줄탁동시'라고 했고, 손바닥이 부딪혀야 소리가 나지 않는가?

매체환경의 변화에 맞춰 뉴욕타임스 같은 세계적인 미디어에도 '스페셜 팀'이 있다. R&D, 앱, 비디오 팀 등 다양하다고 한다. 한 팀당 5명 내외의 인원으로 구성된 것으로 안다. 많은 매체가 특별부서로 전략팀을 운영하며, 인스타그램, 페이스 북, 스냅 챗, 트위터 등 다양한 소셜 미디어에 자신의 의견을 유통시키는 건 필수라고 한다.

교원들은 이런 '스페셜 팀'을 의무적으로 만들어 각종 예술적 이슈나 전공칼럼을 게재(방송)하는 데 동참하면 좋겠다. 현행 교수 업적평가 시 홍보활동에 가점 적용하는 소극적 소통이 아니라, '100% 연구업적'으로 인정하는 적극적 소통이 필요하다.

소통이 중요하다면, 소통에 대한 평가도 중요하게 다뤄야 하기 때문이다.

바로 '오픈 이노베이션'(open innovation)이다.

사실 '대중의 지혜'까지도 구하는 오픈 소싱(open sourcing)을 해야 한다.

다양한 전공의 교수 사이에서뿐만 아니라, 공동체의 일원으로서 사회흐름과의 소통이 중요하다. 변화하는 시대에 발전적으로 학부(세부전공)의 '작은 통합'을 주도하고, 대학 차원의 '큰 통합'을 실시하여 교내외에서 '가시적인 혁신'을 성취해야 한다.

이런 패러다임을 전개할 소통에는 비용이 든다. 간담회비나 학회 참여비나 동호회비 등은 작은 비용으로 큰 효과를 얻을 수 있으니 적극적인 예산반영이 시급하다.

대학 본부가 요구하는 연계·통합의 교육(창작)방법론이나 융합을 실천하는 연구과제나 학생과 소통하는 글로벌 프로젝트나 다양한 공모전 아이디어 등이 저절로 나올 것이다.

생각만 해도 즐겁지 않은가?

8-1-3. 소통은 회의방법에서도 고쳐져야 한다

과거 권위주의 시대에서는 일방적인 지시사항을 메모하고 토론없이 전원일치의 동의로 결정되었다. 하지만 최근 정치권에서부터 이런 권위주의의 적폐를 청산하려는 노력이 많은 공감을 얻고 있다. 개선된 회의진행 방법은 다음과 같다.

첫째, 사전결론이 없어야 한다. 최고 지도자의 의견을 비판없이 추종하거나 동의(싸인)해서는 나중에 문제가 될 수 있다. 법적 절차적 요건을 만족시키기 위한 통과의례가 되지 않아야 한다는 것이다.

둘째 계급장 떼고 발언한다. 발언의 수위는 직급에 비례한다고 생각한다. 의사결정권자의 관점에 맞장구를 쳐야 하는 관행을 벗어나야 한다는 것이다.

셋째, 받아쓰기가 없어야 한다. 상사가 하는 이야기를 부하 직원이 열심히 받아적는 행위는 하나의 예의처럼 되어버렸다. 주요 회의내용은 회람되는 게 보통인데 군이 이런 형식적으로 열심히 경청하고 이해하려고 노력하는 모습을 보이는 것은 가식적이기 때문이다.

넷째, '침묵의 카르텔'을 없애야 한다. 다양한 의견수렴과 입체적인 논의를 위해서는 무한도전식 '난상토론'이 되어야 한다. 참석자 전원이 발언하고 비판의견을 의무화해야 한다.

'좋은 게 좋다'식의 3S(Smile, Sleepy, Silent)를 없애야 한다. 회의는 짧을수록 좋다고 해서 회의 시간을 미리 정해놓고 효율성을 강조하다 보면 결론의 심도나 완성도가 떨어지는 경우가 많다.

때에 따라서는 다각도로 분석하는 역동적인 '밤샘토론'을 불사하는 진정성을 가질 필요가 있다. 한 번 결정하면 이해당사자들이 공감할 수 있는 결론을 도출해야 하기 때문이다.

FAANG류의 선진 IT기업들은 개발자에 마케팅과 재무 인사 등 모든 구성원이 참여하여 아이디어를 내고 의견을 교환하는 '해커톤(hackathon)'을 개최하는 것으로 알려져 있다.

해커톤은 해킹(hacking)과 마라톤(marathon)의 합성어인데, 프로그램 개발자나 기획자가 모여 마라톤 하듯 쉬지 않고 아이디어를 낸 뒤, 이를 바탕으로 소프트웨어나 서비스를 만드는 것을 뜻한다고 한다.

최근엔 해커톤이 사회 여러 방면으로 확장되면서 경직된 회의 방식을 벗어나고, 추상적이고 모호한 개념을 구체적인 아이디어로 만드는 소통법으로 쓰이고 있다.

이런 해커톤은 여러 부처가 관련되어 있거나 이해관계자가 많은 의제에서 '합의'가 중시될 때 유용한 회의방법이라고 할 수 있다.

다만 구성원 간에 수평적인 의사소통 문화가 전제되고, 창조를 위해 '끝장토론'을 마다하지 않아야 하며, 수직적이고 고압적인 분위기를 깨뜨리는 혁신사고가 필요하다.

8-1-4. '위원회 운영'의 한계를 '솔루션 교수 임명'으로 해결할 수 있다

학교 조직에는 '대학발전'부터 '인사'와 '학사'와 '학생' 및 '건설' 등 분야에 따라 다양한 위원회를 통해 의사결정을 하고 있다. '심의'와 '자문' 등의 형태로 직무를 수행하며 구성원의 의견을 수렴하고 있다. 위원회 운영은 장점과 단점을 다 가지고 있고, '위원회 만능주의'처럼 관행으로 진행하는 사례도 많아 혁신이 필요하다고 본다. 몇 가지 한계를 분석해 본다.

첫째, 위원의 전문성이 심화되어 있지 않다. 학교 현안은 다양한데 위원회는 많아 구성원을 채우기가 어렵다.

둘째, 위원들의 개인적인 목표가 다르고 선호도가 다르다. 위원 개인의 '지명 참여'로 인해 책임감도 떨어진다.

셋째, 개별 사안에 대한 숙고가 없이 참석하는 사례가 많다. 현안에 대해 '내용적인 분석'이나 '대안을 제시'하는 데는 한계가 있다. 어떤 경우에는 개인의 지식을 과시하거나 전문성을 과도하게 표현하려는 경향도 있다.

넷째, 학교의 정책적인 방향성이나 예산을 고려한 생각을 하지 못한다고 생각한다.

● 위원회 운영의 개선점이나 대안을 마련해야 할 것이다

첫째, 회의 정족수를 채우기 위한 의례적인 회의는 지양해야 한다.

둘째, 위원 가운데 적임자(전공 관련성과 밀착도)를 고려하여 교수 개인에게 특별임무를 부여하는 방안이다. 5~10명이 위원회에 참석하는 게 아니라, 개인에게 '솔루션'을 제안하도록 요청하는 것이다. '솔루션 교수'라는 명칭으로 특정 주제나 안건에 대해 책임교수로서 대안을 집중적으로 연구하게 하는 것이다.

학교 전체의 현안 가운데 약 20개를 선정하고 20명의 솔루션 교수를 임명한다면 과제를 해결하는 데 도움이 될 것이다. 솔루션 교수는 이해관계를 떠나 해결책을 제시할 것이고, '솔루션 책임교수'로서 성취동기를 가지고 해결책을 강구하는 태도도 달라질 것이라고 본다.

● **위원회의 회의방법의 개선**

개인의 프라이버시나 명예를 다치게 하는 발언이 아니면 모든 게 자유로워야 한다.

첫째, '면책특권'을 부여해서 어떤 주제나 비판도 허용되어야 한다.
둘째, 대화는 대립이 아니라 상승효과를 내기 위한 '생산적인 토론'이어야 한다.
셋째, 업무의 문제를 제기하는 것은 비판과 책임을 묻는 게 아니다. 학교의 입장을 대변하거나 변명해서는 안 된다. 특히 부하직원을 보호하는 게 '미덕'인 양 해서는 안 된다.
넷째, 장기 지속가능성이 있는 주제를 중심으로 '혁신'을 논의해야 한다.

8-2. 브랜드 정체성(brand identity) 홍보와 전략수립

- 고객의 기억에 떠오르는 하나의 메시지는 무엇일까?
- 우리 대학의 연상 이미지나 평판이 무엇일까?
- 그 이미지나 평판은 일관성이 있고 오래 갈 수 있는가?
- 유명 예술대학이 범접할 수 없는 특성화 동력은 무엇인가?
- 의견선도자(opinion leader)와 지속적인 소통을 하고 있는가?
- 아직도 '열정' 하나만으로 경쟁할 수 있을까?
- 실험작품과 화제작으로 대중의 시선을 잡고 있는가?

- 대유행병 이후(post pandemic) 시대의 예술을 제안하고 있는가?
- 지적재산권(IP)으로 활용할 대표작품은 생산할 수 있는가?

대학도 하나의 브랜드(brand)이므로 이런 정체성을 강화하고 차별화 하는 대중 커뮤니케이션 활동을 꾸준히 해야 한다. 입시 시즌에만 반짝 하지 말고 연간 계획을 수립하고 집행해야 차별화 된 일관성을 지킬 수 있다.

그 대안으로 앞에서 언급한 창학이념과 연계되는 개념(concept)인 '뉴폼 아트'와 '융합 창작'과 '글로벌'을 상기하고 싶다.

이런 개념은 우리 대학이 이해당사자(입시 준비생, 학부모, 교직원, 안산 시민, 세계인 등)의 머릿속에 자리 잡게 만들고 싶은 포괄적이고 추상적인 것이다. 이 포괄적이고 추상적인 개념은 하나의 표준(norm)이나 콘셉트로만 존재할 뿐일 수 있다.

콘셉트는 공동체 구성원 모두에게 내면화 되어야 하고, 진정성을 공유할 수 있을 때 강화된다.

더구나 탈영토화 하면서 뉴 노멀(New Normal)로 변해가는 시대이기에, 우리 공동체의 '정체성'을 확립하는 게 무엇보다도 중요하다고 생각한다. 우리는 정체성을 바탕으로 끊임없는 실험정신과 도전 욕구를 발휘하는 창작집단이라고 할 수 있다.

이런 과정이 우리의 교육철학이고 인재상이고 교육방법론이기에 브랜드 정체성을 아무리 강조해도 지나치지 않을 것이다.

그리고 브랜드 정체성은 쉽게 이해할 수 있게 명확하고 구체적이어야 한다. 향후 브랜드 자산(brand equity)이 되어 우리 대학의 글로벌 외연확장에 도움이 되도록 해야 한다.

물론 기말작품이 우수하고 원니스(ONENESS)가 혁신적이며 교수의 연구업적이 탁월해도 사회적 평판지수가 올라가겠지만 별도의 '홍보전략'이 있어야 한다.

우리 대학과 교외의 이해당사자 간에 양방향 소통(interaction)이 가능한 정체성을 눈에 보이게 만질 수 있게 하는 창작(creative)의 힘을 빌려야 한다.

입시광고 홍보를 기본으로 하지만, 예술에 대한 가치와 중요성에 대한 캠페인을 연중 전개해서 일등 브랜드로서의 위상을 제고해야 할 것이다.

특히 트리플 미디어(triple media)*의 통합 마케팅으로 우리 대학의 정체성을 일관되게 전달하여 누적효과를 볼 수 있게 해야 한다. 개인화된 목표고객에게 '맞춤형 커뮤니케이션'을 실시하여 우리 대학에 관한 호감도(good will)를 제고하고, 미디어 방문자(user)를 늘이는 '퍼포먼스 마케팅' 기법도 활용해야 할 것이다.

그래서 브랜드 선호도를 올리면 관계 지향적이어서 '입시지원율'을 비롯하여 '산학협력 사업'과 창작물에 대한 충성도와 신뢰도를 높여 지속가능한 성장도 담보될 수 있을 것이다.

● 슈프림(Supreme)의 홍보전략, '브랜드 정체성의 힘과 확장성'

미국의 '뉴욕 포스트'지는 지방의 타블로이드 신문이지만, 2018년 8월 13일자 신문만큼은 발매되자마자 바로 완판되었다. 한 시민은 신문 가판대에 있던 신문 50부를 모두 샀다고도 한다. 상업적인 브랜드가 '수집 아이템'이 된 것이다.

뉴욕 포스트가 대형 단독 기사를 낸 것도, 휴간한 것도 아니다. 단지 뉴욕 포스트 1면에 스트릿 패션 브랜드 '슈프림(Supreme)'의 로고만 인쇄됐을 뿐이다. 슈프림은 2018년 가을/겨울 컬렉션 홍보를 위해 뉴욕 포스트 1면 전면에 브랜드 광고를 실었기 때문이다.

1994년에 태어난 슈프림은 패션계의 '애플'이고 '락스타'같은 브랜드다. 슈프림(Supreme)은 기존 질서, 명성 그리고 지위에 만족하지 않고 지속적으로 새로운 것을 추구한다고 한다.

기존에 안주하지 않고 끊임없이 독창성에 도전하고 실험하는 슈프림(Supreme)의 브랜드 콘셉트와 '자유의 젊음'과 코드가 맞으면서 일종의 컬트 브랜드

---

*   트리플 미디어란, TV 광고와 같이 대가를 치르는 '페이드 미디어(판매 미디어, Paid Media)'와 기업이 자체적으로 보유하고 있는 '온드 미디어(자사 미디어, Owned Media)' 그리고 소비자의 신뢰와 평판을 얻을 수 있어 최근 마케팅에서 빼놓을 수 없는 '언드 미디어(평가 미디어, Earned Media)'를 말한다. 3가지 미디어를 유기적으로 연계해야 효과적인 성과를 얻을 수 있다.

가 되었다.

소화기, 헬멧, 망치, 벽돌 등의 상품도 슈프림 로고만 들어가면 모두 팔렸다. 구하기 힘든 물건(item)을 뜻밖의 행운이나 현질로 소유한 것을 말하는 득템(得 +item), 한정판이나 명품 등 희소성 있는 제품을 구매한 뒤 웃돈을 얹어 되파는 행위인 리셀(resell), 한정판 제품을 선착순이 아니라 응모로 판매하는 방식인 래플 (raffle) 등의 소비심리를 이해한 마케팅이요 커뮤니케이션 전략이다.

특히 한정판의 경우 400개 정도만 만들며 아무리 추가 수요가 있어도 다시 만들지 않는다고 한다. '독창성'이라는 정체성을 지키는 것이 루이뷔통 같은 세계 적인 명품 브랜드와 협업할 수 있었던 이유이기도 하다.

뉴욕 포스트지의 광고도 슈프림(Supreme)이 '지금까지 한 번도 보지 못했던 창의 적인'(original, never-before-seen, creative ideas) 협업(collaboration)을 해보자'고 제안해서 성사되었다고 한다. 우리가 분석해 봐야 할 '브랜드 정체성의 힘이요 확장성'이다.

희소성이라는 '틈새시장 전략'이 저비용 고효율을 낳기 때문이다.

우리 대학의 국제화와 연계해서도 '이념과 정체성과 커뮤니케이션의 연계·통 합 방안'을 가다듬을 때라고 생각한다. 이것이 '소통의 신 전략'이기 때문이다.

8-3. 커뮤니케이션 홍보물 제작 제안

인터넷에서 아바타를 활용한 3차원 가상세계인 메타버스가 대세로 자리잡고 있다. 차세대 SNS 매체가 될 것이고, MZ세대(2030세대)의 감성과 취향을 저격할 수 있고, 비대면 시대에 정보소통의 뉴미디어로 각광받고 있다. 효율성과 효과성 에서 탁월하며 새로운 형식(New Form)의 창작으로도 인식되기에 적극 제작을 독려 하고 싶다.

여러 대학교와 유통업계에서도 사용 중이기에 '이미지 선점'을 위한 기획이 필요하다.

8-3-1. 메타버스(metaverse) 제작과 4대 특징

'거품인가? 대세인가'의 논쟁이 있고, 기술발전 속도를 봐야 '개념'도 정립되겠지만, IT 선도기업들의 투자가 잇달아 '뉴폼 아트와 플랫폼' 차원의 연구개발(R&D)을 시작해야 한다. 가상공간(AR,VR)과 아바타만 있는 게 아니기 때문이다.

내용적으로 세계관과 경제활동과 몰입 심리학을 이해해야 한다. '놀이'와 '일'이 함께 하는 가상공간인 메타버스에는 전문가들이 요약하는 4대 특징이 있다.

첫째, 오픈월드(Open world) 세계관이다. 플레이어가 새로운 전략과 길을 개척하고 만들 수 있다. 가상세계를 마음대로 탐험하고 정해진 길을 가지 않아 공간을 만들고 게임도 만들 수 있다. 플레이어의 자유로운 발상과 몰입도를 높이는 장치다.

둘째, 샌드박스(Sandbox)이다. 플레이어가 스튜디오에서 제작 도구로 자유롭게 캐릭터를 만들고 아이템을 만들 수 있다. 개인의 창의력을 활용하여 즐기는 자기 주도적 게임이다.

셋째, 크리에이터 경제(Creator economy)이다. 직접 아바타에게 경제활동을 할 수 있다. 아이템을 구매하고 현실에서 화폐로 교환을 해주는 커머스가 가능하다. 현실과 가상공간의 구분이 없다. 로블록스의 로벅스나 제페토의 젬이다. D2A(Direct to Avatar) 라고 한다.

넷째, 아바타(avatar)이다. 커뮤니티에서 소통하고 감정을 표현할 수 있는 매개체이다. 플레이어의 분신으로서 다양한 인물(character)로 활동한다(TTimes).

메타버스의 4가지 특징 외에도 아이덴티티, 인터페이스, 센싱, 몰입의 상호 요소가 연결되어 시너지가 발휘될 수 있다. 가상공간에 아이덴티티(아바타) 끼리 상호 소통하고 연결되는 서비스가 제공되고 상호 관계를 맺어 간다.

자료: TTIMS

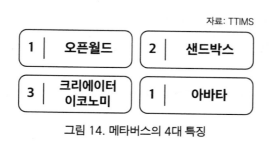

그림 14. 메타버스의 4대 특징

8-3-2. 가상 인플루언서(virtual influencer)의 개발과 제작

- 이름(안): 가상인간(virtual human)과 대표 캐릭터로서 유시아(Yoo SIA)(Yoo + Seoul Institute of the Arts)
- 가상 캐릭터(안): 나이 20세, 키 167Cm, 연기 전공, 고향 '서울 중구 예장동'
- 춤 영상과 정보 전달 영상을 추가하여 각종 홍보영상(입시광고, 인포메이션 영상, 엔터테인먼트 용 영상)에 사용(기획 및 인체 디자인 작업은 '1년 소요(예상)', 제작비 1억 내외, 2022학년도 예산 반영 필요).
- 딥 인공지능(deep AI)으로 다양한 기술과 스토리텔링으로 '창작의 즐거움'을 연출하게 유도함.
- 각 전공별(15개 전공), 성별(남녀)로 컬러를 변형시켜 경쟁함으로써, '전공 사랑'으로 발전시킴.

8-3-3. '테마 쏭(theme song)'의 개발과 제작

- 각종 기념사업을 수행할 때 시작과 종료 시 '로고 쏭'(Logo Song)으로 사용
- SABS의 아침방송과 유튜브 등의 학교 홍보영상에 삽입하여 '서울예대의 시그널 사운드'로 학교의 시청각적 정체성으로 활용하고 이미지의 누적효과
- 슬로건을 가사로 하여 로고 쏭을 제작
- 예를 들면, '정성을 다하는 국민의 방송 KBS', '새로운 세상을 만나는 또 다른 여행, EBS' '만나면 좋은 친구 MBC 문화방송'

8-3-4. 교수의 '작은 성공 주제(Small Success Subject)' 발표회

- 전공 교수 간의 벽을 허물기 위해, 타 전공 교수와 협업(융합)하는 스터디그룹 편성
- "이런 '창작'은 어때요?"라는 주제로 발표한다(연구실적으로 10점 가점, 제작비 실비지원).
- '나의 전공'을 주제로 다양한 소개 영상(1분 50초)
- '내가 생각하는 60주년'의 뉴폼 아트, 'TikTok' 스타일(15초 Short form), 드라마(20분 내외 Mid form), 유튜브(TED)의 창작 지식 크리에이터(15분)

- 숏 폼과 미드폼의 경진대회를 거쳐, '텐트폴'(tent pole) 작품을 선정 · 지원하고, '깃발(flagship)작품'으로 숙성시키는 전략을 실행한다.

8-4. 창조적 파괴가 큰 생각이다

교내 외 환경변화는 우리 대학의 생존 자체가 불투명하기에, 위기의식과 유비무환 정신으로 논의되어야 한다고 본다. 우리의 실상을 공개하고 노출시키면 하나하나가 '불편한 진실'이 되고, '보기 싫은 자화상'이 될 수도 있다.

그러나 공개 자체가 우리의 자부심이고 큰 생각(Big Thinking)이라고 봐야 한다.

무엇보다도 조직이 공동체의식을 가지려면 다양성 속에서도 이념을 공유해야 한다. 이 이념의 구조와 내용을 숙지하여야 진정성이 있는 구성원이 될 것이며, 교육과 창작과 학교발전의 일체성을 확보할 수 있게 된다고 생각한다.

이는 창학 60주년 이후는 물론 2030년대를 대비한 학교 발전전략의 토대가 되고 특성화 방안을 도출하는 기회가 될 것이다.

이제 우리는 추종자(follower)의 태도에서 리더(leader)의 태도로 전환되어야 한다. 길이 없으면 길을 만들어 가면 된다.* 이제는 대안없이 말만 많고 실행이 없는 NATO(No Action, Talking Only)족에 머물러서는 안 된다. 나아가 지수관리로 평가할 수 있어야 한다.

결국 수용자 중심의 관점전환과 학습관의 정립이 조직혁신의 기본이라고 생각한다. 백년대계(百年大計)를 위한 디딤돌로써 백지대계(白紙大計)라는 큰 그림(Big Picture)을 설계하는 사고혁신이다.

설계란 디자인이며 기획부터 계획과 실행 후 평가까지의 일련의 연쇄과정이다. 다양한 분석과 함께 우리 대학의 경험과 미래 비전을 담아내는 도전은 바로 혁신과 통합력을 말한다.

---

* 티모시 메이(2006). 몽골병법: 칭기즈칸의 세계화 전략. 코리아닷컴.

'현재를 파괴하는 조직만이 미래를 가질 수 있다. '파괴는 창조의 또 다른 이름'이다. 리스크를 두려워하면 창조는 없다. 새로운 것에 대한 도전은 엄청난 리스크를 떠안는다. 반면 도전의 성공은 미래 시장 지배라는 천문학적 가치의 과실을 보장받는다.'(J. Schumpeter).

교수 중심이 아니고 학생 중심이어야 한다. 세부전공 중심이 아니고 학부(학교)중심이어야 할 것이다. 경계와 영역을 파괴하는 창조적 발상과 열린 자세로 차별화되고 경쟁력 있는 교과과정을 계발하는 데 힘써야 할 것이다.

질적인 취업률을 올리는데 필요한 모든 지혜와 수단을 강구해야 할 것이다. '창조적 파괴' 이상의 대안은 없을 것이다.

'자본주의가 기존 구조를 어떻게 관리할지가 종종 문제로 대두되지만, 사실은 그 구조를 어떻게 창조하고 파괴할지가 더 중요하다.'[*]

우리 대학은 하나의 공동체로서 상호 공진화(共進化)의 운명체로 인식해야 한다. '함께 가면 멀리 갈 수 있다'는 사고방식으로 상승효과(synergy effect)를 창출하는 '큰 생각'을 가져야 할 것이다.

---

[*]   리처드 포스터 외(2003). 창조적 파괴. 21세기북스.

9. 결언

"아마추어는 '좋아요(good)'에 바로 끝내지만, 프로는 '훌륭해요(great)'에 가야 끝낸다."

2016년 이후 4차 산업혁명 시대가 시작되었다고 한다. 다시 대유행병(pandemic) 이후 시대의 '가보지 않은 길'(the road not taken)을 가고 있는 시대가 되었다. '이중 격랑'을 이기고 기회를 잘 극복해서 과제를 해결해야 할 것이다.

과연 대한민국의 기업과 대학, 연구기관들은 세계에서 경쟁할 수 있는 독창적인 원천(源泉) 기술을 연구 개발하고 있는가? 답은 너무나 절망적이다.

우리 외부의 해결사 고도(GODOT)가 나타나 전가의 보도를 휘두르고 문제를 제거해 주지 않을 것이기 때문에 우리 구성원의 '집단지성'을 모아 '훌륭하게'(great) 해결할 수밖에 없다.

이런 '변화의 시대'에 우리 대학 구성원의 '발상의 전환'이 불가피한 상황이라고 본다. 또한 창학 이래 60년 동안 축적한 우리 대학의 집단지성을 응집할 수 있는 전환점(turning point)을 찾아야 한다고 생각한다. 그 전제는 공동체 구성원 모두가 자발적으로 변화에 대응하고 참여해야 하는 것이다.

특히 대중을 위한 '예술의 생활화'와 '삶의 예화'를 현장에 도입하는 '신사업'의 적극적인 참여와 개발로 역동성(dynamism)을 발휘해야 할 것이다.

모든 가치 기준을 새롭게 혁신하고 실천방안도 개혁하고, 교육과 사업의 주관자에게 권한을 위임하는 인식의 변화가 필요하다.

우리 대학의 순환도로와 중앙광장에 인공지능(AI) 로봇이 돌아다니게 하는 가시적이고 실감할 수 있는 조치가 필요하지 않을까? 학생들은 인공지능 로봇과 나눌 수 있는 '스토리텔링 만들기 대회'를 하거나 '일화(episode) 놀이'를 하면 캠퍼스가 더욱 활기차지 않겠는가?

우리 서울예대만의 정체성과 차별성을 확립하면서도, 작은 것에서부터 획기적인 변신이 필요하다. 어렵지만 창학이념인 '실험정신의 부활'부터 시작해야 하지 않을까?

혹시라도 거대한 힘을 가진 '동물원의 어른 코끼리'가 새끼 코끼리 때의 '무기력 학습효과'로, 어른이 되어서도 발목의 약한 사슬을 끊지 못하고, '자유의 몸'이 되는 걸 포기하는 것처럼, 행정이든 창작(연구)이든 교육이든 전반적인 학풍이 도전정신을 훼손하는 쪽으로 흘러가서는 안 된다.

시급히 우리 공동체의식의 변화를 촉진하는 대반전(大反轉)을 마련해야 할 것이다. 그때가 바로 2022년 창학 60주년이다.

교육과정 재구조화와 학교 특성화에 무관심한 교수들에게 참여를 유도해야 한다. 멀티미디어 환경에서 교육을 어떻게 할 것인가, 어떻게 융합시킬 것인가? 우리 학교 공동체 구성원 모두가 함께 연구해야 할 부문이다.

교수 중심이 아니고 학생 중심이어야 한다. 세부전공 중심이 아니고 학부(학교) 중심이어야 할 것이다. '어떤 전공 교수가 어떻게 가르쳐야 할 것인가'를 진지하게 고민해야 할 것이다.

경계와 영역을 파괴하는 창조적 발상과 열린 자세로 차별화되고 경쟁력 있는 교과과정을 계발하는 데 힘써야 할 것이다. 디지털 시대의 첨단 과학기술을 도입하여 신예술(New Form Arts)을 창작하는 시스템을 구축하는데 절실한 교육과정 재구조화가 이루어져야 할 것이다.

최고경영자가 아무리 고민하고 생각하고 창의적이라고 하더라도 학교를 움직이는 것은 교수요 학생이라는 것이다. 이런 커뮤니케이션을 쌍방향(two way)으로 전개할 때 바람직한 공동체가 형성되고, 혁신적인 교과과정도 수립될 것이다.

학교의 5대 지표와 교육(창작)방법론과 연계성을 확인하고 강화하는 것이어야 한다. 현재 일부 진행 중인 교과목도 재점검하고 상호영향에 대해 검토해야 한다. '우주관(자연관) → 이념 → 목적 → 목표 → 지표 → 성과'의 논리구조를 확보하는 게 필요하다.

9-1. 신경영의 서울예대는 '공론화, 집단지성'으로 전환해야 한다

ESG경영 시대에는 '패러다임 쉬프트'(paradigm shift) 수준의 혁신이 필요하다. 특히 지배 시스템의 투명성과 공정성과 효율성을 확보해야 선진 예술대학교의 체계를 갖출 수 있다고 본다. 최고경영자가 개인적인 '확증편향'으로 독주하는 사례가 생겨서는 안 된다.

우리 대학은 '집단지성'을 활용하여 만기친람식이나 '일인지하, 만인지상'의 개인 의존도나 교리같은 권위적인 명령(Dogma)을 줄이고, 교수도 '질문과 토론'에 주인의식을 가지고 참여하고, 15개 전공의 연계를 통한 융합사고로 대학 공동체 지향의 객관적인 결론을 도출하는 데 적극적으로 의견(아이디어)을 제안해야 한다.

규정과 법이 있더라도 '운용의 묘'는 결국 사람이 하는 것이기에, 지배구조는 결국 사람의 문제로 귀착될 수밖에 없을 것이다. '인사(人事)가 만사(萬事)다'를 명심해야 할 것이다.

인간에게는 '무오류(無誤謬)의 신화는 없다'고 할 수 있다. 상호 '견제와 균형의 원리'를 실천해야 한다.

오류를 최소화하는 최상의 가치는 구성원의 집단지성에 있다는 재인식이 필요하다.

9-2. '화이트 아웃(white out)을 피하고, '개념설계'(conceptual design)를 하자'

2018학년도부터 20년 이상 고교 졸업생인 입학자원이 대학입시 모집정원보다 축소현상이 지속된다고 한다. 이것은 우리 대학의 성장에 '부정의 팩트'(fact)다.

반대로 올해는 창학 60주년 이래 새 역사 분기점이라고 생각한다면 '긍정의 팩트'다.

이 팩트를 위기의식과 전환점(turning point)으로 받아들여 혁신의 기회로 삼아야 한다는 것이다.

창작과 교육의 효율성을 위한 '수용자 중심주의'로 바뀌어야 한다. 형식적인 학생 친화정책(Student Friendly)에서, 내용적인 교육과정 우선주의(Curriculum First)로 경쟁력을 확보하는 시스템으로 전환해야 한다.

교육 수요자라고 해서 과도하게 학생의 눈치보기 정책을 쓴다면 또 하나의 인기영합주의(populism)가 될 수 있기 때문이다. 우리의 정체성을 살리면서 '진정성'(authenticity)을 공유하면 큰 교육성과를 낼 수 있다고 확신한다.

또한 패러다임 쉬프트로 세상은 완전히 변했다. 텍스트에서 벗어나 정보를 빠르고 쉽게 이해하고 명확하게 직관할 수 있게 형상화한 것이 이미지다.

공연 계열이든 미디어 계열이든, 이미지 중심의 사회는 문자의 선형성(linear) 으로부터 탈출하여 테크놀로지를 통해 새로운 예술의 가능성을 기대하고 있고 새로운 실험정신을 수용하려고 할 것이다.

선형성은 이미 지난 시대인 수직사회를 대변한다고 한다.

반면 비선형성(non linear)은 수평사회이면서 양방향성, 상호작용성, 들뢰즈의 리좀 등을 일컫는다. 예술의 창작(교육) 방법론과 역할이 달라야 하는 이유이기도 하다.

아날로그에서 디지털로 바뀌었고 천지개벽하듯 '코페르니쿠스적인 대전환'으로 세상도 바뀌고 기준도 바뀌었다.

이런 '변화의 시대'에 우리 대학 공동체 구성원의 공통집합이 없다면 '화이트 아웃'(white out)을 경험할 것이다.

화이트 아웃은 공간을 표현해주는 이정표나 그림자가 없을 때, 사람들이 방향을 잃고, 오르막과 내리막을 지각하지 못하는 현상이다. 누구라도 짙은 안개 속에서 운전을 하게 되면 방향감각을 잃어버리는 경험을 할 수 있다. 고산을 등반하는 산악인들은 가끔씩 화이트 아웃 현상을 경험한다고 한다.

다시 한번 우리의 정체성을 개인적으로 재해석하면 다음과 같다.

전통 예술혼을 현대적으로 재해석한 창학이념을 기초(foundation)로 하고, 그게 왜 중요하고, 무엇이며, 어떻게 할 것인지 알아야 한다. 그리고 세계화 응용(application)을 개개인이 학습한다. 그리고 성과물들은 가치사슬로 연계되어 유파(類波)를 형성한다.

이 보고서는 화이트 아웃을 피하고자 하는 생각의 하나이다. 요약하면 개념설계를 위한 주요 단계와 과제는 다음과 같은 4가지다.

- 목표: 예술한국학을 이론화하고, 세계 수준의 예술대학으로 재혁신해야 한다.
- 과정: 엄정한 교육과정과 교과목 개발로 혁신해야 하고, 공동체 구성원(교수, 학생, 직원)의 자발적 참여를 유도하고, 지향점이 될 원니스(ONENESS) 정신을 공유한다.
- 성과: 실험정신으로 킬러 콘텐츠(IP)를 생산하고 슈퍼스타를 양성하며, 취업률 제고와 유파 형성에 기여한다.
- 특성화: 정체성(identity)은 심화하면서도 보편성(universal)을 확대해야 한다.

그래서 이 보고서에서 주장하는 주요 공유가치(key shared value)는 다음과 같다. 우리 대학이 '가보지 않은 길(The Road not taken)'이 아니고 '오래된 미래(현대성, Modernity)'다. 창학 이래 60년 동안 창작과 교육 현장에서 일상으로 해왔기 때문이다.

우리 대학이 실험하면 예정조화설처럼 이루어졌다고 생각한다. 교육적 성과로 증명된 '오래된 미래예술'이라고 확신한다.

핵심 가치는 창학이념, 정체성, 원니스(ONENESS), 미래예술이다.
확장 가치는 개념설계, 집단지성, 뉴폼 아트, 전략경영과 교육과정이다.
실천 가치는 지표, 융합, 글로벌(국제화), 프로페셔널 창작, 변화와 혁신, 특성화, 실험과 도전정신, 질문과 토론이다.

'축적의 시간'에서 말한 개념설계가 중요하고 상세설계를 하며, 경영과 교육에서 혁신적인 지원방안과 대책을 실천해야 한다. 그리고 혁신을 통한 가시적이고 구체적인 성과를 창출하는 게 필요하다.

예를 들면, '20여 개의 혁신과제'와 긴급이슈는 물론이고, 세부적인 아이디어와 '행정 사안의 정교화'에 관한 방안들이 신속히 마련되어야 한다.

- 2024학년도부터 학령인구 급감은 명확하다. 환경이 급변하여 우리 대학도 호시절이 지속될 것이라고 장담할 수 없다. 입학경쟁률의 부익부빈익빈 현상을 타파할 '혁신적인 대안'이 나타나야 한다.
- 개별 전공의 전형 차별화, 특성화 대책: 개별 학부와 세부전공에서는 정원 외 정원의 모집 인원이 과연 합당한가? 우리 학부는 과연 미래지향적인 가? 학교와 세부전공을 위한 전략적 숫자인가? 경영과 예산 측면에서는 합리적이고 구조적으로 접근해야 한다.
- 자율전공제 도입의 숙고와 시급성 인식: 우리 대학만의 독특하고 유연한 전공시스템을 인식시켜야 할 것이다. 융합인재 양성 목표를 달성하기 위한 가장 가시적인 제도 개혁의 하나가 될 것이다.
- 경쟁력 있는 융합 교과과정 개발이 필수적이다. 이는 교강사 배정과 연계된다.
- 창작지향의 스타 교수 초빙 및 임용: 킬러 콘텐츠 창작으로 '창작의 예대'를 슬로건으로 실행해야 할 것이다. 미래 경쟁력을 위해서라도 창작실습 예산과 연구개발(R&D) 비용은 투자 차원에서 확대되어야 한다.
- 교내 적으로는 '미래예술'을 위한 연구개발과 교외적으로 '동문회' 활성화가 현안이 되어야 할 것이다.

9-3. '게임 체인저(game changer)', 승자독식의 글로벌 경쟁에서 앞서가야 한다

'2등은 아무도 기억하지 않는다'는 말은 신자유주의 사고가 낳은 불량품일 수도 있지만, 예술의 독창성 경주에서는 불가피하게 무시할 수 없는 경구가 되고 있다.

그러나 4차 산업혁명 시대가 되고 팬데믹 이후 시대가 되면, 휘발유를 쓰는 내연기관 자동차는 전기차와 자율주행차 시대로 대체되듯이 '대학 존폐의 문제'가 된다. '적자생존'의 정글법칙이 지배하기에 판을 바꾸는 게임 체인저가 되어야 한다.

천동설에서 지동설로 바뀌듯, 확 바뀐 '게임의 규칙'(rule of game)을 빨리 인식하고 분석하고 대응해야 할 것이다.

글로벌 경쟁 시대이기에 '5 포스(Force)' 분석과 'VRIO분석'을 하고 디지털 전환(digital transformation)과 특성화 전략을 잘 실행해야 한다. 게임의 기준을 바꿀 수 있는 작품인 뉴폼 아트를 통해 예술대학의 존재이유를 웅변하고, 창학이념처럼 인류공영에 이바지하고자 하는 태도를 견지해야 할 것이다.

마이스터 대학원(신청예정), 학사학위 과정 강화, 학부(세부전공)제 활성화, 자율정원제, 자유전공제, 다학기제 정착, 팀 티칭 의무화, 글로벌(컬처 허브) 뉴폼 아트 창작(IP), '모바일 시대를 넘어 메타버스의 세계관' 등으로 예술교육계의 '판을 바꾸는 도전'을 조속히 수행해야 할 것이다.

● **이념과 연계하고, 학부와 연결하고, 동문과 연대하고, 세계로 연장하는 제2 창학**

팬데믹 이후 시대는 시간 · 공간 · 인간의 모든 개념이 바뀐다. 부캐(sub character)가 아바타로 활동한다. 능동적 청중이 된다. 탈권위주의와 탈 중심주의가 지배적이고 이질적인 구성원이 수평관계로 소통하고 창발적인 사고로 새 가치관이 만들어질 것이다.

이런 세상의 새 규범 속에서 우리 대학의 핵심역량은 '이념(정체성)과의 연결접속의 원리'인 '리좀(rhyzome) 사고'로 혁신하고 확산해야 할 것이다. 공유가치는 '수평성, 다양성, 비선형성'을 바탕으로 재편될 것이다.

이런 시스템의 도입과 혁신사고로 '공유가치(shared value)'를 재인식하고, '5대 지표'를 창작과 교육 현장에서 구체화하려고 노력해야 할 것이다.

구체화 방안은, 대학 구성원 모두가 '성과 지향적인 인재'인 '프로페셔널(professional)'이 되고, 이념과 연계된 '정책' 수립과 창작(교육)의 3과제인 '프로젝트(project)'와 프로그램(program)과 프로덕션(production)의 '3P'를 연계하는 것이기도 하다.

그 성과로 글로벌 지적재산권(IP)을 확보하고 사회문화적 팬덤으로 '세상을 바꾸는 예술'을 만들게 될 것이다.

　또한 교수와 학생과 동문과 학부모가 '초연결성'을 유지하면서 순환·통합될 때 집단지성을 만들고 서울예대 유파(流派)도 형성되고 이념과 명성도 강화될 것이다.

9-4. 일상에서 '문샷 씽킹'(Moon shot thinking)을 실천해야 한다

　'문샷 씽킹'은 달을 제대로 보기 위해 망원경을 제작하거나 성능을 개선하는 것이 아니라, 달 탐사선을 직접 제작하려는 '큰 계획'을 일컫는다. 위험이 따르겠지만 세상을 바꾸고 초월할 수 있는 혁신적인 발상을 말한다.

　메타버스 시대에는 일상을 탈피할 수 있는 '초월의식'(beyond mind)이 필요하다. 메타(meta)가 초월이라는 의미라고 하지 않는가? 특히 예술정신은 '생명 창조'과 '자연의 신비'의 영역에 대한 호기심이고 도전하는 것이라고 하지 않는가?

　앞으로도 '예술의 본질'에 대한 질문과 도전은 계속되어야 할 것이다.

우리는 어디에서 왔는가, 우리는 무엇인가, 우리는 어디로 가는가.
Where Do We Come From? What Are We? Where Are We Going?(1898년)

　고갱(Paul Gauguin)의 명작이 던지는 '근원 질문'에서 '우리'를 '서울예술대학교'로 치환하면 질문의 모범답안을 찾을 수 있지 않을까 생각해본다.

　그 도전과 질문과정에서 나온 이 '서울예대 발전전략 연구보고서'는 '축적의 시간'이요 '생각의 과정'이요, '소통의 하나'이다.

　이제 서울예대는 4차 산업혁명 시대의 흐름 속에서 팬데믹(pandemic) 이후 시대에 '변화'를 선도할 수 있고, '혁신'을 주도할 수 있게 되며, '뉴폼 아트'를 창작할 수 있을 것이다.

　2022년 이후의 '서울예대 3.0 시대'에, '제2 창학'의 새 역사를 쓰고 있는 서울예대는 융합인재 양성과 프로페셔널 창작으로 글로벌 경쟁력을 가지게 될 것이다.

오늘부터 서울예대 공동체 구성원은 '생각을 행동으로' 옮기는 '실행력'을 발휘해야 한다. 서울예대는 '예술의 프로, 프로의 예술'을 지향하며 '글로벌 탑 5' 종합 예술 대학교로 다시 태어날 것이다.

부록

부록 1. 최근 3년간 지원율 현황(입학학생처, 2021.06.28.)

• 2021년 수시 총 지원인원(19,656명): 일반전형(정원내) + 특별전형(정원외)

1. 최근 3년간 수시, 정시 '정원 내' 지원율 현황

학년도	2019학년도						2020학년도						2021학년도					
	수시			정시			수시			정시			수시			정시		
전공명	모집인원	지원인원	지원율	모집인원	지원인원	지원율	모집인원	지원인원	지원율	모집인원	지원인원	지원율	모집인원	지원인원	지원율	모집인원	지원인원	지원율
연극	28	305	10.9	12	129	10.8	28	246	8.8	12	103	8.6	26	509	19.6	9	341	37.9
무용	13	244	18.8	13	132	10.2	13	413	31.8	13	137	10.5	13	487	37.5	13	135	10.4
연기	42	5,073	120.8	18	2,520	140.0	33	4,484	135.9	27	2,232	82.7	40	3,790	94.8	15	1,844	122.9
영화	28	942	33.6	12	350	29.2	28	1,076	38.4	12	362	30.2	26	993	38.2	10	359	35.9
방영	30	532	17.8	14	153	10.9	30	591	19.7	14	160	11.4	30	498	16.6	13	118	9.1
디아	18	116	5.3	26	370	14.2	13	147	11.3	31	431	13.9	15	156	10.4	25	342	13.7
한음	14	90	6.4	15	54	3.6	11	82	7.5	18	37	2.1	16	91	5.7	10	29	2.9
실음	30	3,558	114.7	25	2,176	87.0	31	3,242	104.6	24	1,721	71.7	30	3,241	108.0	23	1,957	85.1
문창	28	1,299	46.4	20	649	32.5	28	1,261	45.0	20	601	30.1	27	1,237	45.8	19	578	30.4
극작	16	426	26.6	22	334	15.2	16	422	26.4	22	295	13.4	14	405	28.9	20	307	15.4
시디	16	340	21.3	32	603	18.8	16	314	19.6	32	606	18.9	13	355	27.3	30	446	14.9
사진	16	282	17.6	28	115	4.1	20	227	11.4	24	93	3.9	23	211	9.2	19	75	3.9
공간	16	232	14.5	24	386	16.1	16	193	12.1	24	364	15.2	17	227	13.4	20	331	16.6
광고	26	93	3.6	18	80	4.4	26	207	8.0	18	58	3.2	23	123	5.3	15	53	3.5
예경	18	272	15.1	12	114	9.5	18	256	14.2	12	90	7.5	14	284	20.3	13	134	10.3
합계	339	13,804	31.5	291	8,165	28.1	327	13,161	40.2	303	7,290	24.1	327	12,607	38.6	254	7,049	27.8
점유율		62.8%			37.2%			64.4%			35.6%			64.1%			35.9%	

2. 최근 3년간 연도별 '정원 내' 지원율 현황

전공	2019학년도			2020학년도			2021학년도		
	모집 인원	지원 인원	지원율	모집 인원	지원 인원	지원율	모집 인원	지원 인원	지원율
연극	40	434	10.9	40	349	8.7	35	850	24.3
무용	26	376	14.5	26	550	21.15	26	622	23.9
연기	60	7,593	126.6	60	6,716	94.75	55	5,634	102.4
영화	40	1,292	32.3	40	1,438	34.3	36	1,352	37.6
방영	44	686	15.6	44	751	15.55	43	616	14.3
디아	44	486	11.0	44	578	11.25	40	498	12.5
한음	29	144	5.0	29	119	3.8	26	120	4.6
실음	55	5,733	104.2	55	4,963	88.15	53	5,198	98.1
문창	48	1,948	40.6	48	1,862	37.55	46	1,815	39.5
극작	38	760	20.0	38	717	19.9	34	712	20.9
시디	48	943	19.6	48	920	19.25	43	801	18.6
사진	44	397	9.0	44	320	7.65	42	286	6.8
공간	40	618	15.5	40	557	13.65	37	558	15.1
광창	44	173	3.9	44	265	5.6	38	176	4.6
예경	30	386	12.9	30	346	10.85	27	418	15.5
합계	630	21,969	29.4	630	20,451	32.5	581	19,656	33.8

3. 최근 10년간 전공별 '정원 내' 지원율 변화 추이

구분	2012 지원율	2012 순위	2013 지원율	2013 순위	2014 지원율	2014 순위	2015 지원율	2015 순위	2016 지원율	2016 순위	2017 지원율	2017 순위	2018 지원율	2018 순위	2019 지원율	2019 순위	2020 지원율	2020 순위	2021 지원율	2021 순위
연극	10.7	10	12.2	9	15.7	8	16.0	9	16.7	8	15.9	10	15.7	11	10.9	12	8.7	12	24.3	5
무용	9.2	12	9.0	11	9.8	11	13.9	10	18.7	7	17.3	8	17.6	8	14.5	9	21.2	5	23.9	6
연기	80.5	2	100.7	2	112.9	2	135.5	1	130.6	2	129.8	1	151.7	1	126.6	1	111.9	1	102.4	1
영화	21.8	4	25.4	4	31	4	37.1	4	35.3	4	34.4	4	38.6	4	32.3	4	35.9	4	37.6	4
방영	13.9	8	14.5	8	16.9	7	16.4	8	15.4	9	16.3	9	19.3	7	15.6	7	17.1	8	14.3	9
디아	9.3	11	9.0	11	4.1	13	12.1	11	10.5	13	13.2	11	16.2	10	11	11	13.1	10	12.5	12
한음	3.9	14	3.4	14	3.4	14	4.1	15	4.5	15	4.8	15	6.3	14	5	14	4.1	15	4.6	15
실음	121.6	1	126.6	1	131.2	1	135.1	2	131.3	1	120.5	2	128.1	2	104.2	2	90.2	2	98.1	2
문창	33.1	3	36.0	3	38.8	3	48.2	3	47.9	3	43.4	3	46.0	3	40.6	3	38.8	3	39.5	3
극작	15.3	7	16.9	7	18.2	5	19.3	6	20.4	6	20	6	23.9	5	20	5	18.9	7	20.9	7
시디	21.7	5	21.1	5	17.5	6	21.3	5	32.6	5	24.5	5	23.0	6	19.6	6	19.2	6	18.6	8
사진	12.7	9	11.3	10	11.3	10	10.9	13	11.1	12	9.0	13	9.3	13	9	13	7.3	13	6.8	13
공간	16.8	6	17.0	6	14.6	9	17.6	7	14.5	10	18.4	7	15.3	12	15.5	8	13.9	9	15.1	11
광창	7.9	13	9.0	11	7.3	12	6.9	14	7	14	6.0	14	5.1	15	3.9	15	6.0	14	4.6	14
예경							11.9	12	14.2	11	13.0	12	16.3	9	12.9	10	11.5	11	15.5	10
합계	30.7		33.7		35.5		38.7		39.7		38.3		35.5		34.9		32.5		33.8	

4. 최근 10년 간 전공별 '정원 외' 지원율 변화 추이(2012년~2021년)

입학 정원 대비 지원현황

구분	2012	2013	2014	2015	2016	2017	2018	2019	2020	2021
정원	27	27	27	26	25	25	642	642	642	680
지원	272	272	305	299	298	285	2,851	2,589	2,576	2,880
경쟁률	10.1	10.1	11.3	11.5	11.9	11.4	4.4	4.0	4.0	4.2

전공별 입학 정원 대비 지원현황

전공	2012 정원	2012 지원	2012 경쟁률	2013 정원	2013 지원	2013 경쟁률	2014 정원	2014 지원	2014 경쟁률	2015 정원	2015 지원	2015 경쟁률	2016 정원	2016 지원	2016 경쟁률	2017 정원	2017 지원	2017 경쟁률	2018 정원	2018 지원	2018 경쟁률	2019 정원	2019 지원	2019 경쟁률	2020 정원	2020 지원	2020 경쟁률	2021 정원	2021 지원	2021 경쟁률
연극	35	34	1.0	35	46	1.3	34	50	1.5	39	69	1.8	39	61	1.6	39	77	2.0	39	78	2.0	39	89	2.3	39	64	1.6	47	153	3.3
무용	22	4	0.2	22	2	0.1	22	9	0.4	20	2	0.1	16	6	0.4	16	12	0.8	16	12	0.8	16	11	0.7	16	10	0.6	19	16	0.8
연기	84	407	4.8	82	520	6.3	82	633	7.7	86	610	7.1	98	697	7.1	98	857	8.7	98	1,033	10.5	98	896	9.1	98	956	9.8	83	1,018	12.3
영화	35	72	2.1	35	77	2.2	35	73	2.1	40	92	2.3	40	105	2.6	40	117	2.9	40	134	3.4	40	116	2.9	40	123	3.1	40	145	3.6
방영	40	39	1.0	39	39	1.0	39	51	1.3	42	41	1.0	42	60	1.4	42	54	1.3	42	69	1.6	42	65	1.5	42	69	1.6	42	69	1.6
디아	30	6	0.2	30	10	0.3	30	10	0.3	28	5	0.2	28	11	0.4	27	5	0.2	27	11	0.4	27	8	0.3	27	16	0.6	33	10	0.3
한음	21	3	0.1	21	1	0.0	21	1	0.0	20	0	0.0	20	9	0.5	20	3	0.2	20	5	0.3	20	4	0.2	20	4	0.2	22	3	0.1
실음	76	639	8.4	74	754	10.2	75	893	11.9	79	855	10.8	90	998	11.1	90	952	10.6	90	1,060	11.8	90	1,034	11.5	90	929	10.3	83	1,011	12.2
문창	51	129	2.5	50	149	3.0	50	166	3.3	55	185	3.4	64	150	2.3	64	187	2.9	64	200	3.1	64	167	2.6	64	160	2.5	62	215	3.5
극작	34	52	1.5	32	61	1.9	32	66	2.1	40	72	1.8	35	67	1.9	34	66	1.9	34	83	2.4	34	70	2.1	34	82	2.4	37	94	2.5
시디	42	26	0.6	40	29	0.7	40	18	0.5	39	32	0.8	33	30	0.9	33	22	0.7	32	30	0.9	32	23	0.7	32	32	1.0	38	20	0.5
사진	41	38	0.9	40	52	1.3	40	56	1.4	49	51	1.0	43	48	1.1	43	47	1.1	43	46	1.1	43	35	0.8	43	34	0.8	59	24	0.4
공간	35	20	0.6	34	22	0.6	34	18	0.5	32	11	0.3	26	12	0.5	26	12	0.5	26	20	0.8	26	6	0.2	26	16	0.6	28	19	0.7
광청	39	30	0.8	38	29	0.8	38	36	0.9	48	24	0.5	42	23	0.5	42	23	0.5	42	27	0.6	42	20	0.5	42	38	0.9	54	26	0.5
예경	39			38						28	23	0.8	28	27	1.0	28	42	1.5	29	43	1.5	29	45	1.6	29	43	1.5	33	57	1.7
합계	585	1,499	2.6	572	1791	3.1	572	2,080	3.6	645	2,072	3.2	644	2,304	3.6	642	2,476	3.9	642	2,851	4.4	642	2,589	4.0	642	2,576	4.0	680	2,880	4.2

2021학년도 신입생 등록 현황(최종)

2021.02.28 기준 최종

최초등록률(정원내)

학부	전공	정원내 정원	정원내 등록	정원내 미등록	정원내 등록률	전공대졸 합격	전공대졸 등록	농어촌 합격	농어촌 등록	기회균형 합격	기회균형 등록	장애인 합격	장애인 등록	재외국민 합격	재외국민 등록	외국인 합격	외국인 등록	소계 정원	소계 등록	소계 미등록	소계 등록률	합계 정원	합계 등록	합계 미등록	합계 등록률	2021년(%)	2020년(%)	2019년(%)	2018년(%)
공연	연극	35	35	0	100.0	40	40	1	1	1	1	0	0	1	1	0	0	43	43	0	100.0	78	78	0	100.0	88.6	100.0	98.6	92.5
공연	무용	26	26	0	100.0	3	3	1	1	0	0	0	0	0	0	0	0	4	4	0	100.0	30	30	0	100.0	69.2	76.9	72.2	61.5
공연	연기	55	55	0	100.0	64	64	3	3	1	1	0	0	3	3	3	1	74	72	-2	97.3	129	127	-2	98.4	74.5	98.3	100	83.3
영상	영화	36	36	0	100.0	32	32	2	2	1	1	0	0	0	0	1	1	36	36	0	100.0	72	72	0	100.0	94.4	100.0	98.6	90.0
영상	방영	43	43	0	100.0	34	34	2	2	0	0	0	0	0	0	0	0	36	36	0	100.0	79	79	0	100.0	100.0	100.0	98.7	95.5
영상	디아	40	40	0	100.0	9	9	1	0	0	0	0	0	0	0	0	0	10	9	-1	90.0	50	49	-1	98.0	75.0	65.9	80.4	47.7
음악	한음	26	26	0	100.0	2	1	1	1	0	0	0	0	0	0	0	0	3	2	-1	66.7	29	28	-1	96.6	65.4	62.1	65.6	48.3
음악	실음	53	53	0	100.0	54	54	3	3	1	1	0	0	1	1	0	0	59	59	0	100.0	112	112	0	100.0	100.0	100.0	100	96.4
문예	문창	46	46	0	100.0	53	53	3	3	1	1	1	1	0	0	0	0	58	58	0	100.0	104	104	0	100.0	93.5	95.8	100	95.8
문예	극작	34	34	0	100.0	32	32	1	1	0	0	1	1	0	0	0	0	34	34	0	100.0	68	68	0	100.0	91.2	92.1	96.9	92.1
디자인	시디	43	43	0	100.0	12	8	1	1	1	1	0	0	0	0	0	0	14	10	-4	71.4	57	53	-4	93.0	60.5	68.8	58.6	68.8
디자인	사진	42	42	0	100.0	17	16	1	1	0	0	0	0	0	0	0	0	18	17	-1	94.4	60	59	-1	98.3	97.6	97.7	97	100.0
공간	공간	37	37	0	100.0	14	7	1	1	0	0	0	0	0	0	0	0	15	8	-7	53.3	52	45	-7	86.5	56.8	75.0	72.7	65.0
커뮤니케이션	광창	38	38	0	100.0	20	19	1	1	1	1	0	0	0	0	0	0	22	21	-1	95.5	60	59	-1	98.3	71.1	97.7	95.1	86.4
커뮤니케이션	예경	27	27	0	100.0	28	28	1	1	0	0	0	0	0	0	0	0	29	29	0	100.0	56	56	0	100.0	88.9	96.7	98.1	100.0
합계		581	581	0	100.0	414	400	23	22	7	7	3	3	4	4	4	2	455	438	-17	96.3	1,036	1,019	-17	98.4	82.6	89.5	92.5	82.7

주1) 정원외 특별전형은 지원자 부족으로 인해 실제 합격자를 정원으로 표기 했음
주2) 2021 최종 합격인원 1,036명, 최초 미등록인원 131명, 최종 등록인원은 1,019명
주2) 2020 최종 합격인원 1,049명, 최초 미등록인원 95명, 최종 등록인원은 1,030명
※ 최종 합격인원 대비 최종 등록인원이 감소한 이유는 정원외(전문대졸 등) 추가자원이 없어 충원하지 못한 경우에 해당됨

부록 2. 미네르바 대학(MINERVA SCHOOL)의 사례

정원일본 경제 주간지 '주간 동양경제'의 기사 내용이다.
(온라인 중앙일보, 2017.01.15)

벤 넬슨은 펜실베니아대에 다녔던 20년 전부터 '대학 교육 시스템이 더 이상 제 기능을 하지 못한다'는 생각을 하고 있었다. 대강당에서 오로지 교수 혼자 이야기를 진행하는 강의, 자기가 좋아하는 수업만 수강해도 졸업할 수 있는 맥락 없는 커리큘럼, 거리로 직접 나가지 않고 캠퍼스에 처박혀 공부만 하는 대학 생활 등에 대한 문제의식이었다.

학창시절 넬슨은 대학 측에 '이런 시스템으로 일국의 대통령, 최첨단 과학자와 경영자, 미디어의 오피니언 리더 등 세계를 이끌 인재를 길러 낼 수 있느냐'며 혁신을 요구했지만 대학 측은 거절했다. 그의 기억을 잊지 않았던 넬슨이 자기 손으로 만든 대학이 바로 미네르바다. '화석'이 된 대학에선 '미래 리더'를 못 키운다는 신념에서 시작되었다.

벤 넬슨은 미국 미네르바 대학의 창설자로 경영 모체인 미네르바프로젝트의 CEO를 맡고 있다. 사진 공유 애플리케이션 '스냅피쉬(Snapfish)' CEO를 거쳐, 지금은 미네르바 일에 전념하고 있다. 그가 새로운 대학 만들기에 힘쓰게 된 건 자신이 대학시절 느꼈던 불만 때문이었다.

"내가 펜실베니아대 와튼 스쿨에 다녔던 20년 전부터 이미 대학은 기능 부전에 빠져 있었다. 학생들을 단련시켜 사회의 요구에 걸맞은 인재를 배출한다는 목적을 달성하지 못했다. 이수하는 수업 중 자신의 전공과 관련 있는 것은 3분의 1뿐이었다. 나머지 3분의 2는 좋아하는 것을 들으면 됐는데 체계가 없었다. 수업과 수업 간에 전혀 관련성이 없었고, 간단히 학점을 이수할 수 있는 과목도 많았다.

그리고 대부분은 대강의실 강의였다. 100명이 넘는 학생 앞에서 단지 교수가 이야기할 뿐이다. 놀랍게도 내가 이수했던 수강생 12명짜리 도스토예프스키 문학 수업도 강의 형식이었다. 교수가 오로지 혼자 이야기를 계속한다. 학생들에게 질문조차 던지지 않는다. 차라리 녹음 테이프를 재생하는 게 낫지 않은가?"

더구나 팬데믹 시대에 우리나라의 대학현실과 너무나 비슷하다고 본다. 벤치마킹을 해서 우리 대학의 리포지셔닝과 개혁과제로 삼아야 할 것이다.

● 맥도날드처럼 어디에나 있는 대학이 아니라 모두에게 영감을 주는 대학

미국의 명문 하버드보다 들어가기 힘든 대학이 있다. 합격률 1.9%. 지원자 100명 중 단 2명만 합격의 영광을 누린다. 캠퍼스는 없지만 학생들은 기숙사에서 공동 생활을 하고, 4년간 전 세계 7개 도시를 돌며 생활한다. 그런데도 수업료는 하버드대의 약 5분의 1수준이다. 모든 수업은 온라인으로 진행한다.

2014년에 개교해 기존 대학과는 전혀 다른 모습을 보여주는 미국 종합대학 '미네르바'다. 지금 전 세계가 이 대학을 주목하고 있다. 혁신 아이콘, 미네르바 대학이다.

미네르바는 학생들에게 제 마음대로 수업을 선택하게 하거나, 지식을 주입하려고 하지 않는다. 강의를 듣기만 할거라면 책을 읽는 것과 다르지 않다는 생각이다. '사물에 대한 사고방식을 가르치는 대학'을 지향한다. 미지의 과제에 도전하는 인재를 키우는 게 이 대학의 목표다.

처음 1년간은 학생 전원이 같은 수업을 이수한다. '비판적으로 생각한다', '상상력을 발휘해 생각한다'는 두 가지 개인 스킬과 '원만한 커뮤니케이션', '인터랙션(상호교류)'이라는 두 가지 대인 스킬 등 총 4가지 강의를 듣는다.

'미국은 세계에서 최강의 나라다', '비타민C는 감기에 좋다'와 같은 일반적 주장이 정말 타당한 것인지 이론적으로 생각하고, 데이터를 활용해 검증한다. 이를 통해 설득력 있는 논리를 조직하는 훈련을 한다. 설립자 넬슨은 이 과정을 '뇌 수술'이라 부른다.

이 네 가지 스킬은 대학이 설정한 118개 학습목표로 나뉜다. 이 학습목표를 학생들이 하나하나 몸에 익히고 있는지 교수진이 세세하게 평가해 성적을 결정한다.

2학년에 진급하면 예술·인문학, 컴퓨터과학, 자연과학, 사회과학, 비즈니스 5가지 중 자신의 전공을 선택한다. 이후에도 역시 같은 방식으로 평가를 받는다.

이러한 섬세한 지도와 평가를 대강당 강의에서 실현하는 것은 거의 불가능하다. 수업을 모두 온라인으로 실시하는 것도 이런 이유에서다. '액티브 러닝 포럼'이라 불리는 비디오 채팅이 바로 미네르바의 교실 모습이다. 전원의 얼굴이 일렬로 표시되므로 사적인 이야기를 하거나 졸 수 없다. 수업에 집중하고 있는지 한눈에 알 수 있다.

특이한 것은 온라인 수업이라 가능한 최첨단 평가 기법이다. 예를 들어 시스템은 학생 한 사람, 한 사람의 음성을 인식하고 교수의 컴퓨터 화면에 발언 빈도를 색으로 표시해준다. 교수는 발언이 부족한 학생을 '공격 목표'로 삼아 수업의 이해도를 측정한다. 사고방식 스킬을 몸에 익힌 다음에는 적극적으로 수업에 임하는 것이 필요하다는 교육 방침 때문이다.

미네르바의 수업에는 강의가 없다. 학생은 사전에 지정된 책이나 논문을 읽고 과제를 한다. 교수는 철저히 논의를 촉구할 뿐이다. 듣기만 하는 학생은 적응 못한다. 무슨 말이든 계속해야 한다. 이런 개개인의 발언뿐 아니라 대인관계가 요구되는 그룹 과제도 중요하다. 교수가 그룹을 나누면 그룹별로 구성된 대화 화면으로 자동 전환된다. 여기서도 논의 내용이 실시간으로 공유되며, 누가 입력했는지도 표시된다.

수업 영상은 모두 녹화된다. 학생의 복습을 위한 것도 있지만, 교수가 성적 평가를 제대로 하기 위해서도 빼놓을 수 없다. 평가 대상인 학생을 지정하면 수업중 발언한 장면이 표시되며 장면마다 5점 만점으로 점수를 매긴다.

아날로그식의 공부도 필요하다는 생각이 든다는 얘기다. 이 부족한 부분은 거리에서 채운다. 온라인 수업은 기본적으로 월요일부터 목요일까지 오전에 약 3시간 동안 진행된다. 오후와 금요일은 과제에 전념하거나 기숙사 밖으로 나간다. 넬슨은 "거리 자체가 캠퍼스"라고 자주 이야기한다. 수업에서 배운 것을 현실 세계에 적용시켜 보라는 주문이다.

학생들은 4년간 전 세계 7개 도시를 돌며 그곳에 거주한다. 처음 1년은 미국 샌프란시스코에서 지내며, 2학년 이후에는 학기마다 바뀐다. 각 도시에는 빌딩이나 아파트를 개조한 학생 기숙사가 있다.

거주지를 이동할 때마다 그 나라와 관련이 있는 과제를 낸다. 예를 들어 샌프란시스코에서는 정보기술(IT)을 활용해 정치적 참여를 촉구하는 방법을 중학생과 함께 생각해보는 이벤트를 개최했다. 베를린에서는 전쟁을 피해 넘어온 난민이나 현지 대학생과 함께 난민 위기 해결책을 생각하는 프로젝트를 했다.

현재 2학년인 요르단 출신 여학생은 샌프란시스코에서 생활하면서 '히잡(이슬람교도 여성이 머리를 가리는 스카프)'에 대해 사람들이 다양한 반응을 보이는 것을 깨달았다고 한다. 영감을 얻은 그는 학기말 프로젝트로 각각 다른 3개의 장소에 서서 히잡을 썼을 때와 쓰지 않았을 때 보행자들의 반응을 분석해 논문으로 정리했다.

베트남 출신의 1학년 학생 듀이 단 테프는 미네르바에 입학하기 전 일본 오이타현에 있는 리쓰메이칸 아시아태평양대학(APU)에 다녔다. 그는 "미네르바에서는 단기간에 여러 도시를 이동하기 때문에 빠르게 적응해야 한다"며 "현지인처럼 살고자 노력함으로써 단순한 유학 이상의 경험을 할 수 있다"고 말했다.

2학년 이후로는 어느 정도 비용을 절약할 필요가 있다. 지리적·문화적 다양성을 확보하면서도 학생들에게 부담을 주지 않아야 한다는 게 미네르바의 원칙이다. 비용을 억제하려는 배경에는 미국의 고질적인 대학 등록금 문제가 있다. 수업료만 본다면 미네르바는 일본의 게이오 기주쿠대과 비슷하다.

현재 미국 대부분의 대학에서는 등록금 인상 문제가 심각하다. 졸업과 함께 학자금 대출 상환 부담에 시달리는 학생이 끊이지 않는다. 넬슨은 "배움과 직결되지 않는 투자는 하지 않겠다"는 뜻을 분명히 한다.

일단 캠퍼스가 없으니 건설비나 청소·유지비가 들지 않는다. 미식축구 등 스포츠팀 육성도 하지 않는다. 호화로운 연구시설 역시 없다. 넬슨은 "교수진의 연구비를 어째서 학생이 내야 하는지 모르겠다"며 "학생이 내는 돈은 오로지 교수에게 가르침을 받는 용도로만 써야 한다"고 말했다.

전 세계 사람들에게 평등하게 배울 기회를 제공하고 싶다는 넬슨 자신의 바람도 투영돼 있다. 현재 미네르바 재학생 중 77%는 미국 외 국적자다. 미국의 다른 명문대학은 이 비중이 10% 정도다. 미네르바와 현저히 차이가 난다. 지역별로는 아시아 출신이 가장 많다. 네팔이나 파키스탄은 물론이고, 팔레스타인 자치구 출신도 있다. 이들의 국적만 해도 51개국에 달한다.

장학금 등 재정지원 제도도 탄탄하다. 현재 미네르바 전체 재학생 중 82%가 재정지원을 받고 있다. 대부분은 저금리 학자금 대출을 받으면서 유급으로 학내 인턴으로 일한다. 이 과정을 통해 대출금을 상환해 나간다. 대학의 총무, IT 보수, 마케팅 등의 일이다.

그래도 경제적으로 힘든 경우에는 상환이 필요 없는 급부형 장학금을 신청한다. 미네르바에 다니려면 학비로 연간 300만엔(약 3100만원) 정도의 돈이 필요하지만 여러 지원제도에 따라 학생 1인당 부담액은 약 140만엔 정도면 가능하다. 입시 방법 역시 독특하다. 전 과정이 온라인으로 진행되고, 무료다.

학력 측정은 미네르바의 독자 테스트 방식을 활용한다. 토플(TOEFL)이나 미국대학입학 자격시험(SAT) 등 유료로 치러야 하는 공인 테스트는 활용하지 않는다. 각자의 경제적 상황에 좌우되지 않고 심사하겠다는 의도다.

특수한 커리큘럼과 마찬가지로 학생의 경력 관리도 눈길을 끈다. 일부 인기 기업에만 학생이 몰리는 결과를 만들지 않겠다는 게 넬슨의 생각이다. 그는 "학생 한 사람, 한 사람에게 가장 적절한 선택을 학생과 하나가 돼 찾아내고자 한다"고 말했다.

초점은 세 가지다. 우선 1학년 때부터 코칭을 시작한다. 과거 사업으로 실패한 적이 있는 기업 경영 간부 등을 초청해 꼭 필요한 업무 능력과 피해야 할 실수 등을 배운다. 또 하나는 학생을 위한 '취직 에이전트'다. 대학 측으로 도착한 채용 정보를 단순히 주지시키는 것이 아니라 적합한 학생과 면담을 거친 후에 연결하는 전문인력을 갖추고 있다. 마지막으로 홍보다.

이는 대학 내외에서 각 학생의 실적을 미디어 등을 통해 확산시킴으로써 전문성이나 매력을 널리 알릴 수 있도록 돕는 과정이다. 학생의 구직 활동을 학교가 측면 지원하는 셈이다. 이런 경력 관리 활동이 쌓인 결과 1기생은 1학년임에도 애플이나 아마존·야후·우버 등 평판이 높은 대기업에서 훌륭하게 인턴 생활을 해냈다. 캘리포니아공대 등 주요 연구기관의 프로젝트에 참여한 학생도 있다.

넬슨의 바람은 자신의 모교인 펜실베니아대와 같이 변화나 발전을 갈구하지 않는 대학들이 미네르바의 성과를 보고 변혁의 필요성을 느끼는 것이다.

그는 "우리가 지향하는 것은 맥도날드처럼 어디에나 있는 대학이 아니라 모두에게 영감을 주는 대학이 되는 것"이라고 말했다. 앞으로 2년 후, 미네르바 최초의 졸업생들이 사회로 나온다. 전례 없는 교육 방식으로 단련된 학생들이 과연 세계를 변화시킬 리더로 성장할 수 있을까(일본 경제 주간지 주간 동양경제).

한국판 미네르바 스쿨(Minerva School), '태재대학' 설립인가로 신개념 '캠퍼스 없는 미래대학' 탄생

● **기존의 대학설립인가 요건을 혁신한 태재대학, 2022년 한국인과 외국인 각 100명씩 200명 모집'**(예정)

'한국판 미네르바 스쿨'로 화제를 모은 '태재대학'이 최종 설립 인가를 받았다고 한다. 4년제 대학이 설립 인가를 받는 것은 건양사이버대 이후 11년 만이라고 한다. 태재대학은 경영권 상속을 포기하고 기업을 매각한 조창걸 한샘 창업주가 사재 3,000억 원을 들여 대학교육을 혁신할 수 있는 '한국판 미네르바 스쿨'을 만들어, 세계적인 인재를 육성한다는 포부로 설립을 추진 중인 학교로 학계의 비상한 주목을 받고 있다.

정원은 한국인 100명, 외국인 100명으로 총 200명이 될 예정이다. 고교유형별, 지원자격별 선발비중도 윤곽이 나왔다. 국내 정원 100명 중 50%는 일반고, 30%는 특목고 출신으로 선발하며 10%는 사회적 배려 대상자, 10%는 수능 성적으로 선발할 계획이다. 신입생 선발방법은 3단계 심층 면접을 거친다는 계획이다. 면접을 통해 지적 능력, 문제해결력을 확인할 방침이다.

학비 걱정 없이 배움에 전념할 수 있도록 절반 이상의 학생에게 학비를 장학금 형태로 지급하는 것을 목표로 하고 있다.

태재대학에 입학하면 4년 동안 한국 미국 중국 일본 러시아의 5개국을 돌며 100% 온라인 학습을 받게 된다. 수업은 모두 토론식이다. 미국 중국 일본 러시아에서 각 6개월간 지내며 각 교육/정부기관과 연계해 문제해결능력을 키우는 것을 목표로 한다. 모든 수업을 영어로 진행하고, 4년간 제2외국어 2개와 컴퓨터 언어를 배우게 된다. 해외 유명 석학을 교수나 자문위원으로 초빙한다는 계획이다.

교육목표는 '세계경영 인재' 육성이다. 디지털 문명사회를 이끌어갈 미래 경영인재와 지구촌 인류화합에 이바지할 인재를 양성한다는 것. 전공 모집단위를 자유롭게 변경할 수 있도록 해 '융합형 자율형 교육'을 추구한다. 현재 계획 중인 전공 모집단위로는 '인문사회융합' '자연융합' '디지털사이언스' '인공지능(AI)' '비즈니스 혁신' 등이 있다.

2021년 9월 출범한 '태재대학 설립준비위원회'는 염재호 전 고려대 총장이 위원장을 맡고 있다. 김용학 전 연세대 총장, 김도연 전 포스텍 총장, 구자문 전 선문대 부총장 등이 이사로 참여한다.

① 교육개혁의 대전환점이 될 '캠퍼스 없는 대학'으로 '미래 대학'의 모범

태재대학이 벤치마킹한 미네르바 스쿨은 미국의 대학 컨소시엄인 KGI에 인가된 공식대학으로 스타트업처럼 벤처자본의 투자를 받아 설립됐다. 인터넷기업을 운영하던 벤처창업가 벤 넬슨이 제안하고, 하버드대 사회과학대학장을 지낸 스티븐 코슬린, 버락 오바마 대통령의 과학정책자문위원을 맡았던 비키 챈들러가 참여했다.

2011년 실리콘밸리 벤처 캐피탈업체인 벤치마크가 2500만 달러(약 290억원)를 투입해 4년제 학석사 학위과정인 '미네르바 스쿨'이 탄생했다. 벤치마크는 이베이와 트위터에 투자했던 회사다. 미국 언론이 이 학교를 '스타트업 대학'이라고 부르는 이유다.

설립자인 벤 넬슨은 온라인 사진 인쇄 업체인 스냅피시에서 10년 동안 몸담으면서 최고경영자(CEO)를 지낸 벤처기업가이기도 하다. 벤처기업을 경영하며 쌓은 성공 경험을 바탕으로 20여 년 전 대학시절부터 구상해온 혁신 교육을 미네르바 스쿨에 쏟았다.

개교 준비과정을 거쳐 2014년 첫 입학생 28명을 받았다.

미네르바 스쿨은 캠퍼스 없이 100% 온라인으로 수업을 진행한다. 대신 학생들은 4년간 전 세계 7개 도시에 머무르며 토론식 온라인 수업을 수강한다. 연구실도 강의실도 도서관도 없는 미네르바 스쿨의 유일한 오프라인 건물은 기숙사다. 학생들은 전 세계 7개 도시에 퍼져 있는 기숙사를 3~6개월마다 옮겨 다니며 온라인으로 수업에 참여한다.

온라인 강의지만 일방적인 강의나 녹화된 강의를 트는 방식은 아니다. 강의는 실시간 토론식 세미나 형태로 진행된다. 온라인으로 얼굴을 마주하고 의견을 주고받는다.

미네르바 스쿨은 '능동적 학습'(active learning)을 강조한다. 기존 대학에서 수동적으로 지식을 습득하는 데만 초점을 맞춘 강의방식과 반대되는 개념이다. 모든 강의는 전부 인원을 20명 이하로 제한해 소규모 토론식 세미나 형태로 진행된다.

'미네르바'라는 이름은 그리스 신화 속 '지혜의 여신'에서 따왔다.

미네르바 스쿨은 구글 애플 아마존 등 글로벌 IT기업에서 인턴십 경력을 쌓는 등 이론과 실습을 함께 교육해 전 세계 학생들의 높은 관심을 받고 있다. 매년 아이비리그 대학보다도 높은 경쟁률을 기록하며 화제를 모은다. 2021년 신입생 200명을 뽑는 데 180개국에서 2만5000명 이상의 학생이 지원한 것으로 알려졌다. 짧은 역사를 지니고 있지만 졸업생들이 구글 애플 등에 입사하거나 창업에 성공하며 성과를 거두고 있다(베리타스 알파).

4차 산업혁명 시대와 대유행병 이후(Post Pandemic)시대의 교육과제인 '융합인재 양성'과 '국제화'와 '질문과 토론식 세미나 수업'과 '능동적 학습'은 우리 대학의 지향점과 교육이념에 일맥상통한다고 볼 수 있다.

'창작의 서울예대'는 실험적인 '뉴폼 아트'(New Form Arts)를 제작하여 구체적인 성공사례를 만들면 선도자(First Mover)의 명성을 계속 이어갈 수 있다고 생각한다.

② '태재대학'의 교수 초빙공고 (신문광고, 2022년 6월 28일)

- '미래혁신 인재, 자기주도 인재, 세계경영 인재' 양성을 교육 비전으로 제시하고 있다.
- 액티브 러닝(Active Learning), 학부 공동학습 지도(Co-Curricular Advisement) 경력자, 고등교육 및 교수학습 혁신에 열정이 있는 자, 영어 강의 가능자를 찾고 있다.

부록 3. '오징어 게임'이 한국 과학계에 던진 과제(2021.10.21.)

지난해와 올해는 한국 문화계에 기념비적인 해로 남을 것이다. 영화 '기생충'과 드라마 '오징어 게임' 등 한국의 문화 콘텐츠가 세계를 정복했다. 해외 언론들은 한류의 인기를 '침공(invasion)'에 비유하며 원인 분석에 열중하고 있다. 한국 정부의 '지원은 하되 간섭은 하지 않는다'는 원칙, 높은 교육열·민주화·경제발전 등 사회가 성숙하면서 창작의 자유가 보장된 점 등이 한류 콘텐츠 인기의 원인으로 주로 거론된다.

고개를 돌려 과학기술계를 보자. 올해 노벨과학상 수상자 발표가 이달 초 진행됐지만, 한국의 소득은 없었다. 소·부·장 사태로 소원해진 이웃 나라 일본이 1명을 추가(총 25명)한 것에 비하면 초라하기 그지없다. 원인과 대책에 대해 왈가왈부가 많지만 수십 년째 천편일률적인 얘기가 나오고 있을 뿐이다.

한국은 아직 기초과학 수준이 일천해 '축적의 시간'이 필요하고, 안정적·장기적 연구를 위한 정부의 지원이 여전히 부족하다. 권위적인 연구 문화가 청년 과학자들의 도전적이고 창조적인 연구 문화를 질식시킨다는 지적도 나온다. '공부 잘하는 애들은 죄다 의전원(의학전문대학원)으로 간다'는 등 교육 정책의 문제점 및 인재 부족에 대한 호소도 나오고 있다.

모두 맞는 얘기다. 한국 사회 전체가 특히 정부와 과학기술계가 서로 머리를 맞대고 대책을 논의해야 한다. 한국은 최근 드라마 '오징어 게임' 열풍에서 볼 수 있듯 세계를 선도해가는 '주요 국가' 반열에 올라가 있다. 이른바 '선진국(developed country)'으로 간주된다. 이를 뒷받침해 지속가능하도록 해주는 게 과학기술이다.

한국은 그동안 문화, 과학기술, 산업, 정치, 사회 등 모든 면에서 기존 국가들이 경험을 토대로 정답을 만들어 놓으면 그대로 따라가면서 빠르게 추적하는 데 성공해 왔다. 하지만 앞으로는 '왜'라는 물음에 답을 내놓아야 하는 국가가 됐다. 노벨과학상 수상은 바로 그것의 척도 중 하나라는 점에서 중요한 과제다.

문제는 한국은 여전히 패스트 팔로어에는 익숙하지만, 선도해 나가는 퍼스트 무버 역할은 영 어색하다는 것이다. 처음부터 필요에 의해 경험에 근거해 기술과 학문을 개발하고 응용해 온 나라들에 비해 무작정 도입해서 따라가기 바쁘다.

기초과학을 강화하는 것은 물론, 좀 더 우리 사회의 미래와 가치에 대해 신중한 논의를 통해 공론을 모으고 답을 내놓을 줄 아는 사회가 되지 못하고 있다. '4차산업'이라는 말을 만들어 낸 독일(산업 4.0 백서)을 보자. 독일은 동시에 2년간의 사회적 토론을 거쳐 '노동 4.0'이라는 녹서도 작성했다. 기술 발달에 따른 사회의 변화에 어떻게 대응할 것인지에 대해 총의를 모아 내고 사회 각 주체들이 준비·대응하도록 했다. 그러나 우리나라는 '4차산업'이라는 말만 따오고 산업적·기술적 대응책만 얘기하고 있을 뿐 '사람'은 빠져 있다.

가장 걱정되는 것은 안주에 빠지는 것이다. 한국은 사실 과학기술 연구개발(R&D)에 누구보다도 열정적인 국가다. 4%대의 국내총생산(GDP) 대비 연구개발비 비율, 30조원을 돌파한 정부 R&D 예산은 세계 최고 수준이다.

그런데 이상한 생태계가 조성돼 있다. 정치인, 관료, 과학자들이 서로 필요한 것들을 주고 받으며 안이하게 공존하고 생색만 내면서 결과적으로 예산만 낭비하는 늪이다. 정부의 연구개발 과제 성공률이 98%대라는 것이 대표적 사례. 어려운 연구, 실패할 가능성이 있는 연구, 도전적 연구는 하지 않고 성공 확률이 높은 연구만 하고 있다는 얘기다.

이 뿐만 아니라 한국에서 작성되는 대부분의 연구개발제안서의 서식에는 '해외 선진 사례'가 포함돼 있다고 한다. 적당히 남들이 앞서간 길을 따라 가기만 하겠다는 거다. 그러니 노벨과학상이 선호하는 '가장 중요한 발견'이 가능하겠나. 문화계의 성공을 돌이켜 보자.

　우선 정부는 지원만 하고 간섭은 하지 말자. 10년 전 모두에게 거절당했던 오징어 게임 시나리오가 대박을 냈듯이, 어떤 '해괴망측'한 아이디어라도 과학자들의 '창작의 자유'를 보장해 주자. 그러면 'R&D계의 기생충·오징어 게임'이 나오는 것도 시간 문제일 것이다.

〈아시아경제(www.asiae.co.kr), 김봉수 기자〉

부록 4. 조직 개편도(안)

◆ 3대학(학장) · 3본부(부총장) 중심 조직개편(안) ◆

2022.07.26(화) 작성

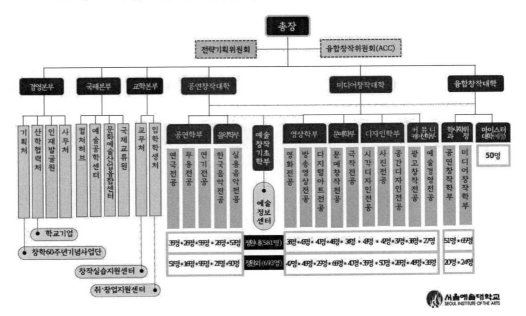

3대학(학장) · 3본부(부총장)제
연계 · 순환 시스템 (2Passion Circulations) 조직 개편 (안)

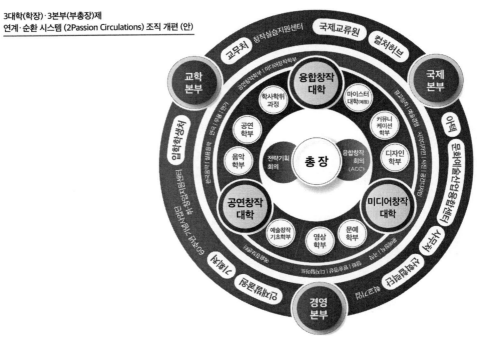

참고문헌

강준만(2013). 대중문화의 겉과 속[전면개정판]. 인물과사상사.

경희대학교(2015). 미래대학리포트2015. 경희대학교.

고혁진 외 4인(2015). 산학협력의 내일, 그 길을 말하다. 공감.

권오윤 외(2019). 검색광고의 이해. 한울아카데미.

권오현(2019). 초격차. 썸앤파커스.

기시미 이치로, 고가 후미타케, 전경아 역(2015). 미움받을 용기 – 자유롭고 행복한 삶을 위한 아들 러의 가르침. 인플루엔셜.

김병희(2018). 광고와 PR의이론과 실제. 학지사.

김영석(2019). 설득커뮤니케이션. 나남.

김현정 외(2020). 스마트 광고기술을 넘어서. 학지사.

니코스 스탠고스, 성완경 외 역(2014), 현대미술의 개념(Concepts of modern art). 문예출판사.

대릴 콜린스 외, 오경희 역(2016). 뉴노멀 시대 어떻게 생존할 것인가?. 경향미디어.

데이비드 즈와이그, 박슬라 역(2015). 인비저블. 민음인.

리베카 실, 박세연 역(2021). 솔로 워커. 푸른숲.

리처드 코치, 공병호 역(2018). 80/20 법칙(20주년 기념). 21세기북스.

리처드 탈러, 캐스 선스타인, 안진환 역(2017). 넛지(Nudge). 리더스 북.

마샬 벤 엘스타인 외, 이현경 역(2019). 플랫폼레볼루션. 부케.

마셜 밴 앨스타인, 상지트 폴 초더리, 제프리 파커, 이현경 역(2017). 플랫폼 레볼루션: 4차 산업혁 명 시대를 지배할 플랫폼 비즈니스의 모든 것. 부키.

말콤 글래드웰, 노정태 역(2009). 아웃라이어: 성공의 기회를 발견한 사람들(Outliers: TheStory of Success). 김영사.

말콤 글래드웰, 노정태 역(2019). 아웃라이어(10주년 리커버 에디션). 김영사.

미래창조과학부 미래준비위원회, KISTEP, KAIST, 이광형(2017). 10년후 대한민국 뉴노멀 시대 의 성장전략 미래전략보고서. 진한엠앤비.

미셸 부커, 이주만 역(2016). 회색 코뿔소가 온다 – 보이지 않는 위기를 포착하는 힘. 비즈니스북스.

민태기(2021). 판타 레이 – 혁명과 낭만의 유체 과학사. 사이언스북스.

바실리 칸딘스키, 권영필 역(2019). 예술에서의 정신적인 것에 대하여(개정3판). 열화당.

바실리 칸딘스키, 차봉희 역(2019). 점,선,면(회화적인 요소의 분석을 위하여)(개정판). 열화당.

박영준(2017). 혁신가의 질문. 북샵일공칠.

빌 올레 저, 백승빈 옮김(2016). 스타트 업 바이블. 비즈니스북스.

사이먼 사이넥, 이영민 역(2013). 나는 왜 일을 하는가?. 타임비즈.

서현석, 김성희(2016). 미래예술. 작업실유령.

성소라, 롤프 회퍼, 스콧 맥러플린(2021). NFT 레볼루션 - 현실과 메타버스를 넘나드는 새로운 경제 생태계의 탄생. 더퀘스트.

소스타인 베블런, 박홍규 역(2019). 유한계급론. 문예출판사.

슬라보예 지젝, 이택광(2020). 포스트 코로나 뉴노멀. 비전C&F.

안희경, 제러미 리프킨 외(2020). 오늘부터의 세계 - 세계 석학7인에게 코로나 이후 인류의 미래를 묻다. 메디치미디어.

애덤 그랜트(2016). 오리지널스. 한국경제신문.

오잔 바롤, 이경식 역(2020). 문샷, 극한상황에서 더 크게 도약하는 로켓과학자의 9가지 생 각법. 알에이치코리아.

오창일(2017). 4차 산업혁명 시대의 우리 대학 발전전략 연구(보고서). 서울예술대학교.

요코야마 류지, 제일기획 역(2011). 트리플 미디어 전략: 일본 최고의 마케터가 전하는 미디어 마케팅의 변화와 그 활용법. 흐름출판.

월터 아이작슨, 신봉아 역(2019). 레오나르도 다빈치. 아르테(arte).

윌 곰퍼츠, 김세진 역(2014), 발칙한 현대미술사 - 천재 예술가들의 크리에이티브 경쟁(What are You Looking At?). 알에이치코리아.

유건식(2019). 넥플릭소노믹스. 한울아카데미.

유발 하라리, 김명주 역(2017). 호모데우스. 김영사.

이건우(2015). 서울대학교 공과대학 백서.서울대 공과대학.

이상길(2020). 상징권력과 문화(부르디외의 이론과 비평). 컬처룩.

이장우(2017). 퍼스트 무버, 4차 산업혁명의 선도자들. 21세기북스.

이정기, 김정기(2014). 이공계열과 인문계열 대학생들의 이러닝(e-learning)이용동기와 효과에 관한 연구. 스피치와 커뮤니케이션 24호.

이정동(2015). 축적의 시간. 지식노마드.

이정동(2017). 축적의 길. 지식노마드.

이혜정(2014), 서울대에서는 누가 A+를 받는가. 다산에듀.

전경일(2009). 초영역인재 - 회사가 원하는 미래형 인재들. 다빈치북스.

조광수(2017). 연결지배성. 클라우드나인.

조너선 갓셜, 노승영 역(2017). 스토리텔링 애니멀. 민음사.

조이 이토 외, 이지연 역(2017). 더 빨라진 미래의 생존원칙 9. 민음사.

조이 이토, 제프 하우, 이지연 역(2017). 9(나인) - 더 빨라진 미래의 생존원칙. 민음사.

조준웅(2015). 창의융합 프로젝트 아이디어북. 한빛아카데미.

진중권(2013). 진중권의 서양미술사 – 후기 모더니즘과 포스트모더니즘 편. 휴머니스트.

질 들뢰즈, 펠릭스 과타리, 김재인 역(2014). 안티 오이디푸스: 자본주의와 분열증. 민음사.

차두원 외(2017). 4차 산업혁명과 빅뱅 파괴의 시대 – 15인의 전문가가 말하는 미래 한국의 성장조건. 한스미디어.

최형욱(2018). 버닝맨, 혁신을 실험하다(북저널리즘 17). 스리체어스.

최호성, 박창언, 최병옥(2014). 교육과정 이론과 실천. 교육과학사.

칼 세이건, 홍승수 역(2004). 코스모스. 사이언스북스.

콜린 브라이어, 빌 카, 유정식 역(2021). 순서 파괴 – 지구상 가장 스마트한 기업 아마존의유일한 성공 원칙. 다산북스

피터 힌센, 이영진 역(2014). 뉴 노멀–디지털 혁명 제2막의 시작. 흐름출판.

하워드 가드너, 문용린 역(2007). 다중지능. 웅진지식하우스.

한스 로슬링 외, 이창신 역(2019). 팩트풀니스. 김영사.

Alvin Toffler, 김중웅 역(2007). 부의 미래. 청림출판.

Jay Barney, William S. Hersterly, 신형덕 역(2007). 전략경영과 경쟁우위. 시그마프레스.

KBS(2016). 명견만리: 윤리, 기술, 중국, 교육 편. 인플루엔셜.

Tom Peters. 정성묵 역(2005). 미래를 경영하라. 21세기북스.

서울예술대학교 발전전략 2025 보고서.

서울예술대학교(2015). 서울예술대학교 비전 및 발전전략(비전2020).

서울예술대학교(2015). 교육특성화와 세계화.

서울예술대학교(1985). 시간 · 공간 · 리듬.

서울예술대학교(1981). 리듬 · 시간 · 공간.

서울예술대학교 교육과정 운영지침.

교육부 홈페이지.

문화콘텐츠진흥원 홈페이지.

삼성경제연구소 홈페이지.

한국전자통신연구원(ETRI).

EBS 교육방송.

www.naver.com(지식백과).

www.google.com(학술검색).

에필로그

"우리 대학 구성원의 공유가치가
창학이념과 '하나됨'(ONENESS)으로 바뀌어야 한다.

'변화의 시대'에는
'지금까지 잘 해왔다'는 말을 우리 사전에서 찾을 수 없어야 한다.

창학 60주년의 의미와 제 2 창학의 사명을 달성하기 위해서
혁신(Innovation)과 '능동적인 참여'로
구체적인 실행력을 발휘해야 한다.

이제
우리는, 우리 대학은
더 좋은 창작(the Better Creativity)과 교육을 위해,
'예술의 프로'가 되고, '프로의 예술'을 지향한다."